民間委託
行政實務

민간위탁의 법리와 행정실무

홍정선

박영사

머리말

[1] 헌법 제7조 제1항은 "공무원은 국민전체에 대한 봉사자이며, 국민에 대하여 책임을 진다"고 규정하고 있다. '헌법이 공무원에 관해 규정하고 있다'는 것은 '공적 사무, 즉 국가나 지방자치단체의 사무는 공무원이 수행한다'는 것을 전제로 한 것이다. 하지만 근년에 이르러 일정 영역의 공적 사무는 민간에 맡겨 수행하는 것(민간위탁)이 국가나 지방자치단체의 인력과 예산을 줄이고, 주민에 대한 서비스를 향상시키는 데 유익하다는 사고가 증대하고 있고, 실제로도 공적 사무를 민간에 위탁하는 경향이 강하게 나타나고 있다. 한편, 민간위탁이 인력과 예산을 줄이는 의미도 갖지만, 그럼에도 민간위탁의 증대에 따르는 비용은 적지 않다. 2014년의 경우, 서울특별시 행정사무의 민간위탁에 소요된 비용은 1조원 내외에 이를 것이다.

[2] 서울특별시는 2009년 7월 30일 공포하고 2010년 1월 1일부터 시행한 "서울특별시 행정사무의 민간위탁에 관한 조례"에서 서울특별시 행정사무를 민간위탁하는 경우에는 민간위탁운영평가위원회의 심의를 의무적으로 받도록 규정하였다. 저자는 서울특별시 민간위탁운영평가위원회가 출범한 시점부터 지금까지 이 위원회에 관여하고 있다. 자화자찬일 수 있겠지만, 서울특별시 민간위탁운영평가위원회는 계속 발전을 거듭하고 있다고 말하고 싶다.

[3] 저자는 민간위탁 사무의 선정 및 운영상황의 평가 등의 심의를 위해 민간위탁운영평가위원회에 참여하면서 민간위탁과 관련하여 학문상 정리되어야 할 문제가 많다는 점, 그럼에도 민간위탁운영평가위원회의 운영은 민간위탁 본래의 취지를 살리기 위해 필수적이고도 중요하다는 점, 서울특별시의 민간위탁운영평가위원회를 전국의 지방자치단체에 소개하여 모든 지방자치단체가 민간위탁운영평가위원회를 운영한다면 민간위탁 관련 행정이 보다 건실하고 투명할 것이라는 점 등을 확신하게 되었다. 이러한 믿음을 바탕으로 하여 민간위탁에 관계하거나 관심 있는 이들에게 도움이 되었으면 하는 바람으로 이 책을 출간하게 되었다.

[4] 이 책은 민간위탁의 법리(PART A), 민간위탁의 추진절차(PART B), 민간위탁 협약서

예문(PART C)의 세 부분으로 구성되어 있다. 그리고 부록으로 서울특별시에서 사용되고 있는 민간위탁 관련 서식을 붙였다. 민간위탁의 법리(法理)는 저자가 쓴 『행정법원론(박영사 간)』, 『신지방자치법(박영사 간)』 등을 활용하면서 기술하였다. 민간위탁의 추진절차와 민간위탁 협약서 예문은 서울특별시에서 이루어지고 있는 민간위탁의 추진절차와 실제 사용되고 있는 협약서를 활용하면서 저자의 생각을 가미하여 작성하였다.

[5] 이제 이 책의 내용에 도움을 준 고마운 분들에게 감사를 표하고자 한다. 먼저, 민간위탁 협약서 예문을 면밀히 검토해준 이화여자대학교 법학전문대학원 송덕수 교수님에게 감사한다. 민법학의 최고권위자이신 송 교수님이 『민법총칙』, 『물권법』, 『채권법총론』, 『채권법각론』의 출간에 이어 『친족상속법』을 출간함으로써 민법시리즈의 대작을 완성하는 바쁜 시기임에도 불구하고 민간위탁 협약서 예문을 감수해준 데 대하여 깊은 감사를 표한다. 송 교수님의 감수는 이 책의 의미를 업그레이드 해주는 것이라 믿는다. 그리고 이 책의 내용을 비판적으로 검토해준 단국대학교 법과대학의 홍강훈 교수, 지방자치단체사무 민간위탁의 법적 근거에 관한 논문을 발표하고 아울러 이 책 내용의 점검과 교정을 도와준 최윤영 박사에게 감사를 표한다. 이분들에게 학문하는 즐거움이 늘 함께하기를 기원한다. 또한 이 책을 집필할 수 있는 기초자료를 제공해 주었을 뿐만 아니라 저자가 갖는 서울특별시 민간위탁사무의 실무상 문제에 대한 의문을 해소하는 데 적극적으로 도움을 준 서울특별시 조직담당관실 민간위탁관리팀 송준석 팀장과 김혜령 주무관의 도움에 감사를 표하지 않을 수 없다. 이 기회를 이용하여 이분들이 서울특별시의 민간위탁업무의 처리에 철저를 기하고 있다는 것도 알리고 싶다. 이 책을 출간해주신 박영사 안종만 회장님, 편집과 교정을 맡아준 문선미 대리님에게도 감사한다.

[6] 끝으로 이 책은 민간위탁사무를 담당하는 공무원뿐만 아니라 국가나 지방자치단체로부터 공공사무를 위탁받거나 위탁받고자 하는 민간수탁자에도 유익할 것이라는 점도 또한 지적하고 싶다. 독자들의 건승을 기원하면서

2015년 1월 1일

우거에서 홍 정 선 씀

차 례

Part A 민간위탁의 법리

Part B 민간위탁 추진절차 — 서울특별시의 경우

Part C 민간위탁 협약서 예문

〈부록〉

참고문헌

김남진 "행정사무의 민간위탁 관련판례: 대법원 2011. 2. 10. 선고 2010추11판결을 중심으로," 자치행정, 지방행정연구소, 2012.

김남진 · 김연태 행정법 (Ⅰ), (Ⅱ), 법문사, 2014.

김남철 행정법 강론, 박영사, 2014.

김동희 행정법 (Ⅰ), (Ⅱ), 박영사, 2014.

김명용 사인에 의한 행정의 한계와 신장을 위한 법제개선방안, 한국법제연구원, 2004－17.

김성수 일반행정법: 행정법이론의 헌법적 원리, 홍문사, 2014.

김영진 "현행 위임 · 위탁 관련 제도의 법적 명확성 확보 방안에 대한 고찰," 법제, 2013.08, 법제처.

김중권 김중권의 행정법, 법문사, 2013.

류숙원 "지방자치단체 민간위탁 운영실태 분석," 감사논집 통권 제22호, 감사원, 2014.

류지태 · 박종수 행정법신론, 박영사, 2011.

문상덕 "지방자치단체의 노인복지사무 민간위탁의 현황과 법적 통제," 행정법연구 통권23호, 한국행정법연구소, 2009.

박균성 행정법론 (상), (하), 박영사, 2014.

석종현 · 송동수 일반행정법 (상), (하), 삼영사, 2013.

신봉기 행정법개론, 삼영사, 2012.

유병훈 "행정사무의 민간위탁법제에 관한 고찰," 법제연구 총서, 법제처, 1993.

이원우 "민영화에 대한 법적 논의의 기초," 한림법학 제7권, 1998.

장태주 행정법개론, 법문사, 2011.

정하중 "민간에 의한 공행정수행," 공법연구 제30집 제1호, 2001,

______ 행정법개론, 법문사, 2014.

최우용 지방자치법의 주요쟁점, 동방문화사, 2014.

최윤영 "지방자치단체 사무 민간위탁의 법적 근거," 지방자치법연구 제14권 제4호 통권 제44호, 한국지방자치법학회, 2014.

최정일 행정법개론, 동방문화사 2011.
최철호 "행정권한의 민간위탁에 관한 법적 기준의 설정과 한계," 법학논총 제20집, 숭실대학교, 2008.3.
한견우 현대행정법신론 1-2 , 세창출판사, 2014.
한견우 · 최진수 현대행정법: 총론, 각론, 세창출판사, 2011.
홍정선 "지방자치법상 민간위탁의 개념: 행정실무상 유사개념과의 비교를 중심으로," 지방자치법연구 제13권 제4호 통권 제40호, 한국지방자치법학회, 2013.
_____ (新)지방자치법, 박영사, 2013.
_____ 행정법특강, 박영사, 2015.
_____ 행정법원론 (상), (하), 박영사, 2015.
홍준형 행정법, 법문사, 2011

감사원 지방자치단체 민간위탁 관리실태 2013.12.
국민권익위원회 지방자치단체 사무의 민간위탁 운영 합리화 제도개선 방안, 국민권익위원회, 2010.
서울특별시[민간위탁지침(2012)] 서울특별시민간위탁관리지침(기획조정실), 2012.3.
[민간위탁지침(2014)] 서울특별시 행정사무의 민간위탁 관리지침(기획조정실), 2014. 8.
행정자치부[민간위탁 실무편람] 지방자치단체 사무의 민간위탁 실무편람, 2003. 11.

Burgi, Martin Kommunalrecht, 2006.
Detterbeck, Steffen Allgemeines Verwaltungsrecht mit Verwaltungsprozessrecht, 9.Aufl., 2011.
Erbguth, Wilfried Allgemeines Verwaltungsrecht, 4.Aufl., 2011.
Erichsen/Ehlers(Hrsg.) Allgemeines Verwaltungsrecht, 14.Aufl., 2010.
Gern, Alfons Kommunalrecht, Baden-Württemberg, 9.Aufl., 2005.
Gerrit Stadler Die Beleihung in der neuern Bundesgesetzgebung, 2002.
Grabbe, Jürgen Verfassungsrechtliche Grenze der Privatisierung kommunaler Aufgaben, 1979.
Ipsen, Jörn Allgemeines Verwaltungsrecht, 7.Auflage, 2011.
Krieger, Heinz-Jurgen Schranken der Zulässigkeit der Privatisierung öffentlicher Einrichtungen der Daseinsvorsorge mit Anschluss- und Benutzungszwang, 1981.

Maurer, Hartmut　Allgemeines Verwaltungsrecht(18.Aufl.), 2011.

Peine, Franz-Joseph　Allgemeines Verwaltungsrecht, 10.Auflage, 2011.

Seewald, Otfried in: Udo Steiner(Hrsg.)　Besonderes Verwalungsrecht, 8.Aufl., 2006.

Stober, Rolf　Kommunalrecht in der BundesrepublikDeutschland, 3.Aufl., 1996.

Storr/Schröder　Allgemeines Verwaltungsrecht, 2010.

Suckow/Weidemann　Allgemeines Verwaltungsrecht, 15.Auflage, 2008.

Tettinger/Erbguth/Mann　Besonderes Verwaltungsrecht, 9.Aufl., 2007.

Waibel, Gehard　Gemeindeverfassungsrecht Baden-Württemberg, 5.Aufl., 2006.

Wallerath, Maximilian　Allgemeines Verwaltungsrecht, 6.Auflage, 2009.

Weisel, Klaus　Das Verhältnis von Privatisierung und Beleihung, 2003.

Wolff/Bachof/Stober　Verwaltungsrecht, Band 3(5.Aufl.), 2004.

PART

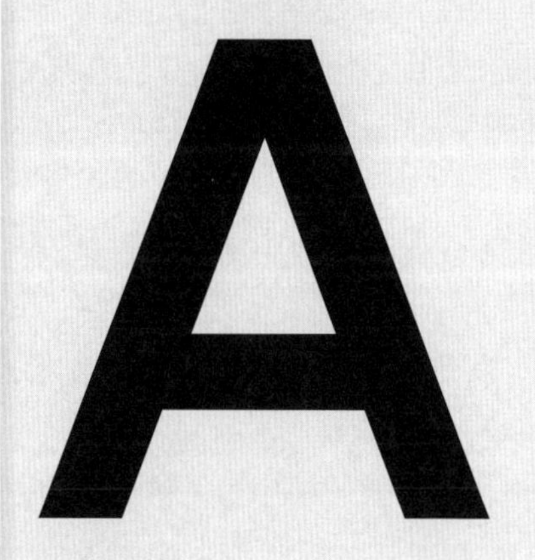

민간위탁의 **법리**

1 민간위탁의 관념
2 민간위탁의 법적 근거
3 민간위탁의 주체
4 민간위탁의 상대방
5 민간위탁의 대상
6 민간위탁의 형식
7 민간위탁의 법관계
8 민간위탁의 내부적 통제
9 이용자의 권리보호

제1장 민간위탁의 관념 A1

제1절 공공사무의 민간영역화(민영화) A2

Ⅰ. 민영화의 의의 A3

근년에 이르러 국가나 지방자치단체의 공공사무(국가사무 + 지방자치단체사무)의 수행에 많은 변화가 일어나고 있다. 예컨대, 공공사무가 민간사무로 전환되기도 하고, 공공사무를 민간으로 하여금 수행하게 하기도 하고,[1] 공공사무를 사법의 형식으로 수행하기도 한다. 이와 같이 공공사무가 민간의 협력을 통해 수행되는 경우가 증대하는 경향을 이 책에서는 민간영역화(民間領域化, Privatiesierung)[2] 또는 민영화(民領化)로 부르기로 한다.[3] 한편, 민영화(民營化)는 후술하는 사무의 민영화를 중심으로 하는 개념으

1) 법적 용어로서 공공사무의 개념은 헌법상 국가의 목표, 국가의 여러 기관(지방자치단체 포함)의 관장사무 등을 고려하여 파악될 수 있다고 하겠으나, 실제상 법학자들의 일치된 견해를 찾아내는 것은 불가능에 가까울 것이다. 한편, 민간이 공공사무를 수행하는 방식에는 ① 사인이 바로 국가(지방자치단체 포함)의 기관으로서 공공사무를 수행하는 방식(예: 헌법제정·개정 투표참여, 국민투표참여)과 ② 사인이 국가(지방자치단체 포함)의 기관구성자(공무원)가 아니면서 공공사무를 수행하는 방식이 있다. 이 책은 ②와 관련된다.

2) 독일의 경우, 1970년 국법학자대회 주제로서 "사인에 의한 행정 임무수행"이 다루어진 후 공적 임무의 민영화의 가능성과 한계에 관한 연구가 법학상의 문헌에서 증대하고 있다. 이에 관해서 Grabbe, Verfassungsrechtliche Grenze der Privatisierung kommunaler Aufgaben, S. 50ff. 참조. 그리고 Seewald, in: Steiner(Hrsg.), Besonderes Verwalungsrecht, Rn. 307; Stober, Kommunalrecht, S. 112; 346. 참조. 졸저, 신지방자치법, 455쪽에서 인용.

3) 필자는 종래 사임무화라 불렀다. 그러나 필자가 쓴 행정법원론(상), 제17판(2007)년부터는 민간의 협력을 통

로 보인다. 이 책에서는 민간위탁이나 민영화(民營化)는 모두 민간영역화 내지 민영화(民領化)의 한 부분에 해당하는 것으로 보기로 한다.

Ⅱ. 민영화의 형태 A4

민영화는 독일의 경우 아래의 여러 형태로 나타난다. 현재로서 민영화의 완결적인 유형화와 행정법적 체계화는 어렵다. 문헌에서 나타나는 바를 아래에 옮겨본다.[1]

1. 조직의 민영화 A5

조직의 민영화(Organisationsprivatisierung)란 공행정이 사법의 조직형식을 활용하는 경우를 말한다. 조직의 민영화는 업무수행의 탄력성을 제고하기 위한 것이다. 사법으로 조직된 공기업(예: 국가나 지방자치단체가 사법에 근거하여 주식회사를 설립하는 경우)이 예가 된다. 형식적 민영화(Formelle Privatisierung)라고도 한다.

2. 사무의 민영화 A6

사무의 민영화(Aufgabenprivatisierung)란 일정한 사무를 사인에게 이양하는 경우를[2] 말한다.[3] 행정주체에 의해서 생산, 공급, 분배되어온 재화나 용역이 개인의 손으로 넘어가는 경우를 말한다.[4] 사무의 민영화에는 사무에 대한 책임도 넘어간다. 사무의 민영화는 탈국가화 · 탈지방화를 뜻하는 것으로서 진정 민영화 또는 좁은 의미의 민영화라고도 한다. 탈국가화는 국가가 경쟁구조의 시장에서 받는 부담에서 벗어나는 것을 의미한다. 사무의 민영화는 「국가가 수행의무를 부담하지 않는 사무」의 경우에 가

한 공공사무의 수행의 형태가 다양해지는 현상을 반영하여 사임무화를 민간영역화(民間領域化) 내지 민영화(民領化)로 부르기로 하였다. 졸저, 신지방자치법, 제3판, 455쪽에서 인용.

1) Wolff/Bachof/Stober, Verwaltungsrecht, Band 3(5.,Aufl.), Rn 11; Erbguth, Allgemeines Verwaltungs-recht, §§25, Rn. 13ff. 졸저, 신지방자치법, 455쪽 이하 및 졸저, 행정법원론(상), 옆번호 348 이하에서 인용.

2) 예컨대 1981. 12. 31.로 개정되기 이전의 정부조직법에서는 전화사무가 체신부장관의 소관사무로 규정되었으나 이 개정 법률에서 전화사무가 삭제되었다. 이것은 이 개정법률로 전화사무는 국가사무에서 민간사무로 전환된 것을 의미한다. 바꾸어 말하자면 전화사무는 과거에는 국가사무였지만, 지금은 민간사무(민간사업)이다.

3) 헌법재판소 2007. 6. 28, 2004헌마262.

4) 조인성, "독일 지방자치행정에 있어서 지방임무의 민영화에 대한 법적 한계," 지방자치법연구, 통권 제9호, 306쪽.

능하다. 업무의 민영화[1] 또는 실질적 민영화(Materielle Privatisierung)라고도 한다.[2]

3. 기능적 민영화 A7

기능적 민영화(Funktionaleprivatisierung)란 공적 사무의 수행에 필요한 실제행위를 사인에게 이전하는 경우를 말한다. 사인은 다만 공법적 사무를 기능적으로 행사하며, 책임은 행정주체가 부담하는 경우이다. 일반적으로 행정주체가 감독권을 갖는다. 아웃소싱(outsourcing) 또는 서비스의 민영화(Dienstleistungsprivatisierung) 등이 이에 해당한다. 기능적 민영화는 실질적인 부분 민영화의 한 경우로 보기도 한다. 행정의 보조자는 기능적 민영화에 속한다. 수탁사인도 기능적 민영화의 한 경우로 볼 수 있다.

4. 재산의 민영화 A8

① 재산의 민영화(Vermögensprivatisierung)란 행정주체가 「공법상 재산적 가치가 있는 것」을 사인에게 매각하는 것(예: 토지의 매각)과 관련한다. 국가 등이 공기업이나 사기업 등에 투자한 주식과 출자지분을 개인에게 양도하는 것을 포함한다.[3] 이를 실질적 민영화(Materielle Privatisierung)라고 하는 견해도 있다. 재산의 민영화는 사인을 통한 국가작용을 위한 재정조달의 형식이다. 즉, 사인에 의한 재정조달을 말한다.[4] 한편, ② 공공사업의 실현을 위해 민간으로부터 직접 자금을 조달하는 것을 재정조달의 민영화(Finanzierugsprivatisierung)라 부르기도 한다.

5. 절차의 민영화 A9

절차의 민영화(Verfahrensprivatisierung)란 행정절차의 한 단계나 모든 단계를 민간에게 넘기는 것을 말한다. 공행정주체가 민간의 전문가 등의 도움을 받아서 행정을 하는 것이다.[5] 시민의 행정절차의 참여와 구별된다. 예컨대 경찰법상 승인절차를 민간

---

1) 김성수, "민간협력과 지방공기업," 지방자치법연구, 통권 제3호, 63쪽; 조인성, "독일 지방자치행정에 있어서 지방임무의 민영화에 대한 법적 한계," 지방자치법연구, 통권 제9호, 306쪽.
2) Klaus Weisel, Das Verhältnis von Privatisierung und Beleihung, S. 47.
3) 조인성, "독일 지방자치행정에 있어서 지방임무의 민영화에 대한 법적 한계," 지방자치법연구, 통권 제9호, 306쪽.
4) Klaus Weisel, Das Verhältnis von Privatisierung und Beleihung, S. 48.
5) Klaus Weisel, Das Verhältnis von Privatisierung und Beleihung, S. 49.

에 맡기는 경우가 이에 해당한다.

6. 기타 A10

① 공적인 사무를 이윤추구가 아니라 공동체의 복지를 추구하는 조직에 넘기는 것을 사회적 민영화(Sozial Privatisierung), ② 공법상 근무관계에서 공법적 신분을 가진 자(공무원)의 투입을 줄이는 경우를 인적 민영화(Personalprivatisierung)라 부르기도 한다.

7. 민영화와 민관협력제도 A11

일설은 민영화와 공사협력을 구분한다. 즉 민영화는 공공부문과 민간부문의 업무의 구분을, 공사협력은 공공부문과 민간부문의 협조와 상호주의를 통한 양자의 공통이익의 극대화를 관심의 대상으로 한다고 한다.[1] 그러나 필자는 민영화의 개념을 넓게 보면서, 민관협력도 일종의 민영화의 성질(분량적 관점에서 부분 민영화)을 갖는 것으로 본다.

제2절 민간위탁의 개념 A12

기능적 민영화의 성질을 갖는 것으로 이해될 수 있는 민간위탁의 학문상 개념은 아직까지 정립되었다고 보기 어렵다. 이 책에서는 실정법상 민간위탁 관련 규정을 분석함으로서 민간위탁개념을 정리해 보고자 한다.

Ⅰ. 실정법상 개념의 정의 A13

1948년 제헌 헌법 이래 현행 헌법까지 민간위탁에 관하여 규정하는 조문은 찾아볼 수 없다. 민간위탁의 개념은 정부조직법과 지방자치법 등 여러 법령(자치법규 포함)

1) 김성수, "민간협력과 지방공기업," 지방자치법연구, 통권 제3호, 64~65쪽.

A

에서 나타난다.

1. 정부조직법상 개념 A14

(1) 정부조직법 A15

정부조직법 제6조 제3항에 근거하여 “행정기관이 법령으로 정하는 바에 따라 행정기관의 소관사무 중 조사·검사·검정·관리 업무 등 국민의 권리·의무와 직접 관계되지 아니하는 사무를 지방자치단체가 아닌 법인·단체 또는 그 기관이나 개인에게 위탁하는 것”을 정부조직법상 민간위탁의 개념이라 정의할 수 있다.

▣ 정부조직법 제6조(권한의 위임 또는 위탁) ③ 행정기관은 법령으로 정하는 바에 따라 그 소관사무 중 조사·검사·검정·관리 업무 등 국민의 권리·의무와 직접 관계되지 아니하는 사무를 지방자치단체가 아닌 법인·단체 또는 그 기관이나 개인에게 위탁할 수 있다.

(2) 행정권한의 위임 및 위탁에 관한 규정 A16

정부조직법 제6조 제3항 등을 구체화하기 위해 제정된 대통령령인 행정권한의 위임 및 위탁에 관한 규정 제2조 제3호는 정부조직법상 민간위탁개념에 「수탁사무를 민간수탁자의 명의로 한다」는 것과 「민간수탁자가 그에 대한 책임을 진다」는 부분을 추가하고 있다.

▣ 행정권한의 위임 및 위탁에 관한 규정 제2조(정의) 이 영에서 사용하는 용어의 뜻은 다음과 같다.
3. “민간위탁”이란 법률에 규정된 행정기관의 사무 중 일부를 지방자치단체가 아닌 법인·단체 또는 그 기관이나 개인에게 맡겨 그의 명의로 그의 책임 아래 행사하도록 하는 것을 말한다.

2. 지방자치법상 개념 A17

(1) 지방자치법 A18

지방자치법 제104조 제3항에[1] 근거하여 “지방자치단체의 장이 조례나 규칙으로

---

1) 지방자치단체는 이 조문을 근거로 민간위탁에 관한 조례를 두고 있다. 예컨대, 지방자치법 제104조를 근거로 “서울특별시 행정사무의 민간위탁에 관한 조례”가 제정되어 있다.

정하는 바에 따라 그 권한에 속하는 사무 중 조사·검사·검정·관리업무 등 주민의 권리·의무와 직접 관련되지 아니하는 사무를 법인·단체 또는 그 기관이나 개인에게 위탁하는 것"을 지방자치법상 민간위탁의 개념이라 정의할 수 있다.

▣ 지방자치법 제104조(사무의 위임 등) ③ 지방자치단체의 장은 조례나 규칙으로 정하는 바에 따라 그 권한에 속하는 사무 중 조사·검사·검정·관리업무 등 주민의 권리·의무와 직접 관련되지 아니하는 사무를 법인·단체 또는 그 기관이나 개인에게 위탁할 수 있다.

(2) 서울특별시 행정사무의 민간위탁에 관한 조례(서울특별시의 경우) A19

지방자치법 제104조에 따라 "서울특별시장의 권한에 속하는 사무 중 법인·단체 또는 그 기관이나 개인에게 위탁할 사무를 정하여 민간의 자율적인 행정참여기회를 확대하고 사무의 간소화로 인한 행정능률 향상을 목적"으로 제정된 서울특별시 행정사무의 민간위탁에 관한 조례 제2조 제1호는 지방자치법상 민간위탁개념에 「수탁사무를 민간수탁자의 명의로 한다는 것」과 「민간수탁자가 그에 대한 책임을 진다」는 부분을 추가하고 있다.

▣ 서울특별시 행정사무의 민간위탁에 관한 조례 제2조(정의) 이 조례에서 사용하는 용어의 정의는 다음과 같다. <개정 2009. 07. 30, 2014. 5. 14>
1. "민간위탁"이란 각종 법령 및 조례, 규칙에 규정된 서울특별시장(이하 "시장"이라 한다)의 사무 중 일부를 법인·단체 또는 그 기관이나 개인에게 맡겨 그의 명의와 책임하에 행사하도록 하는 것을 말한다.

Ⅱ. 실정법상 개념의 분석[1] A20

1. 민간위탁개념의 기본요소 A21

정부조직법과 행정권한의 위임 및 위탁에 관한 규정, 지방자치법과 서울특별시 행정사무의 민간위탁에 관한 조례 모두 국가나 지방자치단체의 사무 중 일부를 민간에게 위탁하여 처리토록 하는 것을 민간위탁의 기본적인 개념요소로 하고 있다. 요컨대 이러한 법령은 민간위탁의 주체로 행정기관과 지방자치단체의 장, 민간위탁의 상

1) 이 부분은 졸고, "지방자치법상 민간위탁의 개념," 지방자치법연구, 통권 제40호(2013. 12.)에 게재된 내용을 약간 수정한 것이다.

대방(수탁자)으로 민간, 민간위탁의 대상으로 공공사무(국가사무, 지방자치단체사무), 그리고 민간위탁의 절차로 위탁행위(맡기는 행위)를 민간위탁개념의 필수적 요소로 하고 있다. 이러한 법령상 민간위탁은 사무의 민영화가 아니라 경영의 민영화 내지 기능적 민영화의 한 형태로서 민간위탁을 규정하고 있는 것으로 판단된다.

2. 민간위탁의 주체(위탁기관) A22

정부조직법 제6조 제3항과 행정권한의 위임 및 위탁에 관한 규정 제2조 제3항은 "행정기관"을 민간위탁의 주체(위탁기관)로 규정하고 있다. 지방자치법 제104조 제3항은 "지방자치단체의 장"을 민간위탁의 주체(위탁기관)로 규정하고 있는데, 이에 따른 서울특별시 행정사무의 민간위탁에 관한 조례 제1조는 서울특별시장을 민간위탁의 주체(위탁기관)로 규정하고 있다.[1)]

3. 민간위탁의 상대방(민간수탁자) A23

정부조직법 제6조 제3항과 행정권한의 위임 및 위탁에 관한 규정 제2조 제3항은 민간위탁의 상대방(민간수탁자)으로 지방자치단체가 아닌 법인·단체 또는 그 기관이나 개인으로 규정하고 있다. 지방자치법 제104조 제3항과 서울특별시 행정사무의 민간위탁에 관한 조례 제2조 제1호는 민간위탁의 상대방(민간수탁자)으로 법인·단체 또는 그 기관이나 개인으로 규정하고 있다.[2)]

4. 민간위탁의 대상(공공사무) A24

(1) 국가·지방자치단체의 사무 A25

정부조직법 제6조 제3항 등에 따른 행정권한의 위임 및 위탁에 관한 규정 제2조 제3호는 위탁의 대상인 공공사무를 법령에서 정하는 바에 의한다고 규정하고, 지방자치법 제104조 제3항 등에 따른 서울특별시 행정사무의 민간위탁에 관한 조례 제2조 제1호는 위탁의 대상인 공공사무를 법령 등에서 정하는 바에 의한다고 규정하는바, 민간위탁개념요소의 하나로서 위탁의 대상은 법령이 정하는 국가사무나 지방자치단

---

1) 자세한 것은 제3장(A201 이하)에서 살핀다.
2) 자세한 것은 제4장(A301 이하)에서 살핀다.

체사무의 사무이다.[1)]

(2) 외부적 공공사무 A26

(가) 민간위탁사무의 국민 · 주민 관련성 A27

행정권한의 위임 및 위탁에 관한 규정 제2조 제3호와 서울특별시 행정사무의 민간위탁에 관한 조례 제2조 제1호는 모두 민간위탁의 개념을 정의함에 있어 민간수탁자의 명의와 책임부분을 규정하고 있다. 수탁사무의 처리에 있어서 민간수탁자의 명의와 책임으로 한다는 것은 민간수탁자의 수탁사무처리에 있어서 자기의 이름을 밝히고 책임을 져야 할 이용자(국민 · 주민)가 있다는 것을 전제로 한다. 따라서 국가나 지방자치단체로부터 위탁받은 사무가 위탁자와 수탁자 사이에서만 직접적인 관련성을 가질 뿐, 이용자(국민 · 주민)와 직접적인 관련성을 갖지 아니한다면(예: 단순연구용역), 그것은 정부조직법과 지방자치법이 예정한 민간위탁은 아니다. 정부조직법과 지방자치법이 규정하는 민간위탁은 민간수탁자가 위탁사무를 처리함에 있어 이용자(국민 · 주민)와 직접적인 관련성을 갖는 경우(예: 이용자(국민 · 주민)가 민간수탁자가 관리하는 시설을 이용하거나 민간수탁자로부터 교육이나 지원을 받는 경우)를 말한다고 볼 것이다.

(나) 공공사무의 종류 A28

이 책에서는 국가나 지방자치단체가 민간에 위탁하는 사무 중 민간수탁자와 이용자(국민 · 주민)와의 관계에서 직접적인 관련성을 갖는 사무를 외부적 공공사무라 부르고, 민간수탁자와 위탁기관 사이에서만 직접적인 관련성을 갖고 이용자(국민 · 주민)와의 관계에서 직접적인 관련성을 갖지 아니하는 사무를 내부적 공공사무라 부르기로 한다. 이러한 용어를 사용하게 되면, 민간위탁의 대상으로서 공공사무는 모든 공공사무가 아니라 외부적 공공사무만을 뜻하게 된다.

5. 민간위탁의 발생사유 (위탁행위) A29

정부조직법 제6조 제3항 등에 따른 행정권한의 위임 및 위탁에 관한 규정 제2조 제3호와 지방자치법 제104조 제3항 등에 따른 서울특별시 행정사무의 민간위탁에 관한 조례 제2조 제1호는 민간위탁을 "…법인 · 단체 또는 그 기관이나 개인에게 맡겨 그의 명의로 그의 책임 아래 행사하도록 하는 것"으로 규정하고 있는바, 위탁하는 행

---

1) 자세한 것은 제5장(A401 이하)에서 살핀다.

위는 "공공사무를 법인·단체 또는 그 기관이나 개인에게 맡겨 그의 명의로 그의 책임 아래 행사하도록 하는 「민간위탁관계의 발생」을 가져오는 행위"라 말할 수 있다. 민간위탁관계의 발생을 가져오는 구체적인 행정의 행위형식으로 공법상 계약, 행정행위, 사법상 계약 등을 생각할 수 있다.[1)]

6. 정리 A30

상기의 분석으로부터 실정법상 민간위탁의 개념을 "법령이 정하는 공공사무(국가사무, 지방자치단체사무)를 민간(국가나 지방자치단체가 아닌 법인·단체 또는 그 기관이나 개인)에게 위탁하고, 민간은 위탁받은 사무(수탁사무)를 자기의 이름과 책임으로 수행하는 것"이라고 정리할 수 있다.[2)]

Ⅲ. 형식적 의미의 민간위탁과 실질적 의미의 민간위탁 A31

1. 형식적 의미의 민간위탁 A32

(1) 의의 A33

형식적(제도적) 의미의 민간위탁이란 개별 법령(법률·명령, 조례·규칙)에서 민간위탁이라고 명시하고 있는 경우에 이루어지는 「민간에 대한 사무의 위탁」을 말한다. 형식적 의미의 민간위탁은 실질적 의미의 민간위탁의 성질을 갖는다.

(2) 민간위탁의 법리의 적용 여부 A34

형식적 의미의 민간위탁의 경우, 해당 법령에서 규정하는 대상사무가 민간위탁의 법리에 따라 시행되어야 함은 당연하다. 말하자면 서울특별시의 경우, 지방자치법 제104조 제3항·제4항, 서울특별시 행정사무의 민간위탁에 관한 조례, 민간위탁에 관한

---

1) 자세한 것은 제6장(A501 이하)에서 살핀다.
2) 안전행정부(현 행정자치부)의 한 자료(민간위탁 실무편람, 3쪽)에서 "민간위탁이라 함은 지방자치단체의 사무를 공무원을 통해 직접 처리하지 않고 법인·단체 또는 개인에게 맡겨 그의 명의와 책임하에 행사하도록 하여 공공의 목적을 달성하는 것을 말한다"고 하는 것도 같은 입장일 것이다.

규정을 두고 있는 개별 조례에 따라야 한다.

2. 실질적 의미의 민간위탁 A35

(1) 의의 A36

실질적 의미의 민간위탁이란 명칭 여하를 불문하고 앞에서 언급한 민간위탁개념의 4요소, 즉, 민간위탁의 주체로서 행정기관과 지방자치단체의 장, 민간위탁의 상대방(민간수탁자)으로 민간, 민간위탁의 대상으로 공공사무(국가사무, 지방자치단체사무), 그리고 민간위탁의 절차로 위탁행위(맡기는 행위)를 구비한 경우에 이루어지는 「민간에 대한 사무의 위탁」을 말한다. 따라서 개별 법률이나 명령, 조례나 규칙 등에서 「민간위탁」이라는 용어를 사용하지 않는다고 하여도 민간위탁 개념의 3요소를 구비한, 민간에 대한 사무의 위탁은 실질적 의미의 민간위탁에 해당한다. 예컨대 법령상 또는 실무상 공공청사관리를 민간에 맡기는 것을 청사관리민간위탁이라 부르지 않고 단순히 청사관리용역이라 부른다고 하여도, 공공청사관리가 실질적 의미의 민간위탁개념의 4요소를 구비한다면, 공공청사관리의 민간에 위탁은 실질적 의미의 민간위탁에 해당한다.

(2) 민간위탁의 법리의 적용 여부 A37

형식적 의미의 민간위탁에는 해당하지 아니하지만, 실질적 의미의 민간위탁에 해당하는 경우에 민간위탁의 법리가 적용되어야 할 것인가의 여부가 문제된다. ① 개별 법령에 특별한 규정이 있다면, 그에 따라야 한다. ② 만약 개별 법령에 특별한 규정이 없다면, 내용이 형식에 우선하여야 할 것이므로 민간위탁의 법리가 적용되어야 할 것이다.

제3절 유사개념과의 비교[1] A38

Ⅰ. 문제상황 A39

1. 공무수행주체와 관련된 유사 개념과의 비교(구분) A40

앞에서 민간위탁을 "법령이 정하는 공공사무(국가사무, 지방자치단체사무)를 민간(국가나 지방자치단체가 아닌 법인·단체 또는 그 기관이나 개인)에게 위탁하고, 민간은 위탁받은 사무를 자기의 이름과 책임으로 수행하는 것"이라 정의한 바 있다. 이러한 정의는 법령이 정하는 공공사무를 민간이 수행한다는 점을 핵심으로 한다. 즉, 민간위탁개념은 기본적으로 공무를 수행하는 주체와 관련된 개념이다. 여기서 민간위탁개념의 명료화를 위해 공무수행의 주체와 관련하여 비교를 요하는 개념으로서 공공사무를 민간이 아니라 공행정주체나 그 기관이 수행하는 위임, 위탁, 전결·대결, 대리, 대표자의 행위, 대행, 이양 등이 있다.

2. 민간위탁 발생원인과 관련된 개념과의 비교(구분) A41

지방자치법 제104조 등에서 표현된 민간위탁의 개념이 민간위탁관계를 발생시키는 사유까지 특정하고 있는 것인지의 여부가 문제된다. 생각건대 지방자치법 제104조 등에서 표현된 민간위탁의 개념은 민간위탁관계를 발생시키는 사유까지 특정하고 있는 것으로 볼 것은 아니다. 왜냐하면 민간위탁관계의 발생원인은 민간위탁의 의미가 제대로 실현되는 데 적합한 것이어야 하는바, 그것은 민간위탁의 대상사무의 성질을 고려하면서 판단되어야 할 것이기 때문이다. 따라서 지방자치법 제104조 등에서 표현된 민간위탁의 개념은 위탁계약, 행정재산의 사용·수익의 허가, 대부계약 또는 보조금의 교부 등과 구별되는 행정의 특정한 행위형식을 뜻하는 개념은 아니라 볼

---

1) 졸고, "지방자치법상 민간위탁의 개념," 지방자치법연구, 통권 제40호(2013.12)에 게재된 내용을 약간 수정한 것임.

것이다. 이와 관련하여 아웃소싱, 용역, 행정재산의 사용·수익의 허가, 대부계약, 보조금의 교부 등과의 비교 내지 관계를 살펴볼 필요가 있다.

Ⅱ. 공무수행주체와 관련된 유사 개념과의 비교(구분) A42

1. 위임과 민간위탁 A43

(1) 실정법상 위임의 정의 A44

정부조직법 제6조 제1항·제2항, 그리고 지방자치법 제104조 제1항·제2항 등은 위임이라는 용어를 사용하고 있으나, 위임의 의미를 명시하고 있지는 않다. 정부조직법 제6조 제3항 등에 따른 행정권한의 위임 및 위탁에 관한 규정 제2조 제1호는 위임을 "법률에 규정된 행정기관의 장의 권한 중 일부를 그 보조기관 또는 하급행정기관의 장이나 지방자치단체의 장에게 맡겨 그의 권한과 책임 아래 행사하도록 하는 것을 말한다"고 규정하고 있다.

(2) 학문상 위임의 정의 A45

학문상 위임은 행정관청이 자기에게 주어진 권한을 스스로 행사하지 않고 법령에 근거하여 타자에게 사무처리권한의 일부를 실질적으로 이전하여 그 자의 이름과 권한과 책임으로 처리하게 하는 것을 넓은 의미에서 권한의 위임이라 하고, 이 중에서 법제상 지휘·감독의 관계에 있는 자에게 이전하는 것을 좁은 의미의 권한의 위임이라 부른다.1) 실정법상 위임의 개념은 학문상 좁은 의미의 위임에 해당한다.

넓은 의미의 위임 = 좁은 의미의 위임(지휘·감독의 관계에 있는 기관에게 권한 이전)
+ 위탁(지휘·감독의 관계에 있지 아니한 자에게 권한 이전)

1) 김성수, 일반행정법, 137쪽; 김철용, 행정법Ⅱ, 18쪽; 류지태·박종수, 행정법신론, 758쪽; 박균성, 행정법론(하), 28쪽; 졸저, 행정법원론(하), 옆번호 81.

(3) 위임의 성질 등 A46

권한의 위임에 따라 위임된 권한은 실질적으로 권한을 위임받은 기관(수임기관)의 권한이 된다. 따라서 수임기관은 자기의 명의 · 책임 · 권한으로 사무를 수행한다. 행정쟁송법상 수임기관(수임청)은 피청구인 또는 피고가 된다.[1] 수임기관은 시행령 등을 근거로 권한을 건네받는 것이고, 법률상 권한은 여전히 위임한 기관에 유보되어 있다.

(4) 민간위탁과의 관계 A47

민간위탁은 넓은 의미의 위임의 한 부분이다. 그러나 민간위탁은 후술하는 위탁의 한 부분인 점에서 좁은 의미의 위임과 구분된다.

2. 위탁과 민간위탁 A48

(1) 실정법상 위탁의 정의 A49

정부조직법 제6조 제1항 · 제2항, 그리고 지방자치법 제104조 제1항 · 제2항 등은 위탁이라는 용어를 사용하고 있으나, 위탁의 의미를 명시하고 있지는 않다. 정부조직법 제6조 제3항 등에 따른 행정권한의 위임 및 위탁에 관한 규정 제2조 제2호는 위탁을 "법률에 규정된 행정기관의 장의 권한 중 일부를 다른 행정기관의 장에게 맡겨 그의 권한과 책임 아래 행사하도록 하는 것을 말한다"고 규정하고 있다.

(2) 학문상 위탁의 정의 A50

학문상 위탁은 학문상 넓은 의미에서 권한의 위임 중에서 법제상 지휘 · 감독의 관계에 있지 아니하는 자에게 이전하는 것을 말하며, 권한의 위탁이라 부른다.[2] 법제상 지휘 · 감독의 관계에 있지 아니하는 자란 보조기관 · 하부행정기관 등과 같은 하위기관이 아닌 동등한 수준의 다른 행정기관의 장이나 법인 · 단체 또는 그 기관이나 개인 등을 말한다. 하위기관이 아닌 동등한 수준의 다른 행정기관의 장에 대한 위탁을 좁은 의미의 위탁이라 부를 수 있다. 실정법상 위임의 개념 중 학문상 좁은 의미의 위임을 제외한 부분이 이에 해당한다.

---

1) 졸저, 행정법원론(하), 옆번호 81 이하 참조.

2) 졸저, 행정법원론(하), 옆번호 81.

(3) 다른 행정기관 · 지방자치단체 또는 그 기관에 위임가능성 A51

정부조직법 제6조 제1항 제1문 후단을 보면, "다른 행정기관 · 지방자치단체 또는 그 기관에 위탁 또는 위임할 수 있다"라는 부분이 나타난다. 일설은[1] 이 부분에 의하면 대등한 지위의 다른 행정기관에 위탁이 아니라 위임이 적용될 수 있다고 하면서, 이 부분은 본래의 위임 · 위탁의 상호 개념 구별(지휘 · 감독의 관계를 기준으로 한 위임과 위탁의 구분)을 아예 반영하지 못하는 법조문의 표현이라고 지적한다. 그러나 특정의 행정기관과 보조기관 또는 하급행정기관이 아닌 "다른 행정기관 · 지방자치단체 또는 그 기관"의 관계는 대등관계일 수도 있고(예: 서울시장이 경기도지사에 사무를 위탁하는 경우), 지휘 · 감독의 관계에 있을 수도 있는바(예: 서울시장이 강남구청장에 기관위임을 하는 경우), 전자의 경우를 대비하여 위탁, 후자를 대비하여 위임이라는 용어를 사용한 것으로 이해한다면, 정부조직법 제6조 제1항 제1문 후단의 표현이 본래의 위임 · 위탁의 상호 개념 구별을 아예 반영하지 못하는 법조문이라는 지적은 반드시 타당한 것이라 단언하기 어렵다.

(4) 위탁의 성질 등 A52

권한의 위탁에 따라 위탁된 권한은 실질적으로 수임기관의 권한이 된다. 따라서 수임기관은 자기의 명의 · 책임 · 권한으로 사무를 수행한다. 행정쟁송법상 수임청이 피청구인 또는 피고가 되는 것은 위임의 경우와 다를 바 없다.[2]

(5) 민간위탁과의 관계 A53

권한의 위탁 중 민간에 대한 위탁이 민간위탁에 해당한다. 법인 중 공법인을 제외하고 사법인만 민간위탁의 상대방인가에 관해서는 뒤에서 검토하기로 한다.[3]

위탁 = 협의의 위탁(지휘 · 감독의 관계에 있지 아니한 행정기관 등에 권한의 이전) + 민간위탁

(6) 공무수탁사인과 민간위탁과의 관계 A54

민간위탁에는 행정권한의 행사를 대상으로 하는 것도 있지만, 단순히 서비스의

1) 김영진, "현행 위임 · 위탁 관련 제도의 법적 명확성 확보 방안에 대한 고찰," 98쪽.
2) 보다 자세한 것은 졸저, 행정법원론(하), 옆번호 81 이하 참조.
3) 이 책 A305 이하에서 살핀다.

제공만을 내용으로 하는 경우(예: 공공청사의 관리를 위한 용역)도 있다. 여기서 민간위탁에 따라 행정권한을 위탁받은 사인, 즉 민간을 공무수탁사인이라 한다.[1] 말하자면 공무수탁사인은 민간위탁으로 인해 공무를 위탁받은 모든 사인이 아니라, 그중에서 행정권한을 위탁받은 사인을 말하는 것이 일반적인 시각이다. 한편, 민간위탁에서 수탁자의 지위와 공무수탁사인의 지위를 동일시하는 견해도 있으나,[2] 공무수탁사인을 공법상 권한(고권)이 부여된 사인으로 정의하는 한, 이러한 견해에는 동의하기 어렵다.

3. 전결 · 대결과 민간위탁 A55

(1) 전결 · 대결의 의의 A56

실무상 전결은 행정기관의 장이 사무의 중요도에 따라 일정한 사항의 결정권을 그 보조기관 또는 보좌기관으로 하여금 그의 권한을 외부에 표시함이 없이 내부적으로 위임하여 사실상 대리 행사하는 경우로 이해되고 있다.[3] 한편, 실무상 대결은 결재권자가 휴가 · 출장 기타의 사유로 일시 부재 시에 보조기관이 그에 갈음하여 외부에 표시함이 없이 결재하는 것으로 이해되고 있다.[4] 실정법상 근거로 행정업무의 효율적 운영에 관한 규정을 볼 수 있다.

■ 행정업무의 효율적 운영에 관한 규정 제10조(문서의 결재) ① 문서는 해당 행정기관의 장의 결재를 받아야 한다. 다만, 보조기관 또는 보좌기관의 명의로 발신하는 문서는 그 보조기관 또는 보좌기관의 결재를 받아야 한다.
② 행정기관의 장은 업무의 내용에 따라 보조기관 또는 보좌기관이나 해당 업무를 담당하는 공무원으로 하여금 위임전결하게 할 수 있으며, 그 위임전결 사항은 해당 기관의 장이 훈령이나 지방자치단체의 규칙으로 정한다.
③ 제1항이나 제2항에 따라 결재할 수 있는 사람이 휴가, 출장, 그 밖의 사유로 결재할 수 없을 때에는 그 직무를 대리하는 사람이 대결하고 내용이 중요한 문서는 사후에 보고하여야 한다.

(2) 전결 · 대결의 성질 등 A57

전결이나 대결 모두 공문서에서 명의는 행정기관의 장의 이름으로 표시된다. 양

---

1) 김남진 · 김연태, 행정법 I , 94쪽; 김동희, 행정법 I , 81쪽; 김중권, 김중권의 행정법, 130쪽; 박균성, 행정법론(상), 90쪽; 신봉기, 행정법개론, 71쪽; 정하중, 행정법개론, 64쪽; 졸저, 행정법원론(상), 옆번호 334.
2) 류지태 · 박종수, 행정법신론, 759쪽.
3) 민간위탁 실무편람, 6쪽.
4) 민간위탁 실무편람, 6쪽.

자 모두 행정관청의 권한에는 변경이 없다는 점에서 권한의 변경이 따르는 권한의 위임이나 위탁과 구분된다.

(3) 민간위탁과 비교 A58

전결이나 대결은 모두 행정청의 권한을 행정기관이 행사하는 것이지만, 민간위탁은 민간이 행사한다는 점에서 기본적으로 다르다.

4. 대리와 민간위탁 A59

(1) 대리의 의의 A60

권한의 대리란 일정한 사유에 의거하여 행정관청이 자신의 권한의 전부 또는 일부를 타기관으로 하여금 행사하게 하는 경우로서, 이때 대리관청은 피대리관청을 위한 것임을 표시하면서 대리관청 자신의 이름으로 행위하되 그 효과는 직접 피대리관청에 귀속하게 하는 제도를 말한다.

(2) 대리의 종류 A61

권한의 대리는 대리권의 발생원인에 따라 임의대리와 법정대리로 나누어진다. ① 임의대리란 행정관청이 스스로의 의사에 기해 타기관에게 대리권을 부여함으로써, 즉 수권행위로써 이루어지는 대리를 말한다. 위임대리 또는 수권대리라고도 한다. ② 법정대리란 법정사실이 발생하는 경우에 직접 법령의 규정에 의거하여 이루어지는 대리를 말한다. 법정대리에는 수권행위의 문제가 생기지 아니한다. 행정기관의 법정대리에 관한 규정으로 직무대리규정을 볼 수 있다.

▣ 직무대리규정 제1조(목적) 이 영은 기관장, 부기관장이나 그 밖의 공무원에게 사고가 발생한 경우에 직무상 공백이 생기지 아니하도록 하고 직무대리자의 책임을 명확하게 하기 위하여 직무대리자 결정 방식 및 직무대리 운영 원칙 등을 규정함을 목적으로 한다. <개정 2011. 6. 7>
제2조(정의) 이 영에서 사용하는 용어의 뜻은 다음과 같다. <개정 2011. 6. 7>
1. "직무대리"란 기관장, 부기관장이나 그 밖의 공무원에게 사고가 발생한 경우에 직무상 공백이 생기지 아니하도록 해당 공무원의 직무를 대신 수행하는 것을 말한다.
2. "기관장"이란 중앙행정기관 또는 이에 준하는 기관(대통령 소속기관 및 국무총리 소속기관을 포함한다. 이하 "중앙행정기관등"이라 한다)의 장을 말한다.
3. "부기관장"이란 기관장의 바로 아래 보조기관을 말한다.

4. "사고"란 다음 각 목의 어느 하나에 해당하는 경우를 말한다.
가. 전보, 퇴직, 해임 또는 임기 만료 등으로 후임자가 임명될 때까지 해당 직위가 공석인 경우
나. 휴가, 출장 또는 결원 보충이 없는 휴직 등으로 일시적으로 직무를 수행할 수 없는 경우

(3) 대리의 성질 A62

권한의 위임이나 위탁은 권한이 법률상 이전이 아니라 다만 시행령 등에 의해 실질적으로 이전되는 것이지만, 대리의 경우에는 법률상이나 실질적으로도 권한의 이전이 없다.[1)]

(4) 민간위탁과 비교 A63

권한의 대리는 행정청의 권한을 행정기관이 행사하는 것이지만, 민간위탁은 민간이 행사한다는 점에서 기본적으로 다르다.

5. 대표자의 행위와 민간위탁 A64

(1) 대표자의 행위의 의의 A65

대표자의 행위는 그 대표자가 대표하는 기관이나 행정조직의 행위이다. 대표자의 행위는 그 기관이나 행정조직으로부터 위임이나 위탁받은 것도 아니고, 그 기관이나 행정조직을 대리하는 것도 아니다. 말하자면 대한민국을 대표하는 대한민국 대통령의 행위는 바로 대한민국의 행위이고, 국가를 당사자로 하는 소송에 관한 법률에 따른 법무부장관의 행위는 바로 국가의 행위가 되며, 지방자치단체를 대표하는 지방자치단체의 장의 행위는 바로 그 장이 대표하는 지방자치단체의 행위가 된다.

▣ 헌법 제66조 ① 대통령은 국가의 원수이며, 외국에 대하여 국가를 대표한다.

▣ 국가를 당사자로 하는 소송에 관한 법률 제2조 국가를 당사자 또는 참가인으로 하는 소송(이하 "국가소송"이라 한다)에서는 법무부장관이 국가를 대표한다. <전문개정 2009. 1. 30>

▣ 지방자치법 제101조(지방자치단체의 통할대표권) 지방자치단체의 장은 지방자치단체를 대표하고, 그 사무를 총괄한다.

---

1) 졸저, 행정법원론(하), 옆번호 59.

(2) 민간위탁과 비교 A66

대통령, 장관, 시 · 도지사, 시장 · 군수 · 구청장 등 대표자의 행위는 대표자 자신의 고유한 권한의 행사이지만, 민간위탁은 민간 자신의 고유권한이 아니라 국가 등으로부터 위탁받은 권한의 행사라는 점에서 기본적으로 다르다.

6. 대행과 민간위탁 A67

학문상으로 확립된 대행의 의미는 보이지 아니한다. 실정법상 대행이라는 용어는 다양하게 사용되고 있다. 실정법상 사용되는 대행의 의미는 아래와 같이 여러 유형으로 나누어 볼 수 있다.

(1) 법정대리로서의 대행 A68

(가) 의의 A69

헌법 제71조에서 말하는 국무총리의 대통령 권한대행은 법정대리의 일종이다. 권한의 대행자가 자기의 명의로 권한을 행사하지만(예: 대통령 권한대행 국무총리 ○○○), 그 법적 효과는 본래의 권한자인 피대행자가 행한 것과 동일한 것으로 간주된다.

▣ 헌법 제71조 대통령이 궐위되거나 사고로 인하여 직무를 수행할 수 없을 때에는 국무총리, 법률이 정한 국무위원의 순서로 그 권한을 대행한다.

(나) 민간위탁과 비교 A70

법정대리로서의 대행과 민간위탁의 차이점은 앞에서 대리와 민간위탁의 비교에서 언급한 바와 다를 바 없다.

(2) 위임 · 위탁으로서 대행 A71

(가) 의의 A72

판례는 국세징수법 제61조(공매) 제5항에 따른 성업공사(현재는 한국자산관리공사)의 공매를 세무서장의 공매권한의 위임에 의하여 압류재산을 공매하는 것으로 보았다.[1]

---

1) 대법원 1996. 9. 6, 95누12026; 대법원 1997. 2. 28, 96누1757.

▣ 국세징수법 제61조(공매) ⑤ 세무서장은 압류한 재산의 공매에 전문 지식이 필요하거나 그 밖에 특수한 사정이 있어 직접 공매하기에 적당하지 아니하다고 인정할 때에는 대통령령으로 정하는 바에 따라 한국자산관리공사로 하여금 공매를 대행하게 할 수 있으며 이 경우의 공매는 세무서장이 한 것으로 본다. <개정 2011. 12. 31>

(나) 민간위탁과 비교 A73

위임·위탁으로서 대행과 민간위탁의 차이점은 앞에서 위임과 민간위탁과의 관계, 위탁과 민간위탁과의 관계에서 언급한 바와 다를 바 없다.

(3) 행정사무지원으로서 대행 A74

(가) 의의 A75

여권법 제21조, 자동차관리법 제20조 등의 대행은 대행하는 자(기관)의 이름이 아니라 피대행기관, 즉 대행을 맡긴 기관(여권법 제21조의 외교부장관)의 이름으로 하는바, 이 점에서 위임 또는 위탁과 다르다. 말하자면 행정기관이 법령상의 권한을 그(여권법 제21조의 외교부장관)의 명의와 책임 하에 행사하되 권한의 행사에 따른 실무를 대행기관으로 하여금 행하게 하는 것을 말한다. 이러한 권한의 대행은 행정사무의 지원을 위한 것으로서 이해될 수 있다.[1)]

(나) 대행기관과 피대행기관의 지위 A76

권한을 대행하는 자는 대행을 맡긴 기관의 집행기관의 성질을 갖는다. 따라서 대행기관의 위법행위는 피대행기관의 위법이 되고, 따라서 피대행기관이 배상법상 책임을 진다. 피대행기관이 행정소송상 피고가 된다.

▣ 여권법 제21조(사무의 대행 등) ① 외교부장관은 여권 등의 발급, 재발급과 기재사항변경에 관한 사무의 일부를 대통령령으로 정하는 바에 따라 영사(領事)나 지방자치단체의 장에게 대행(代行)하게 할 수 있다. <개정 2013. 3. 29>

▣ 자동차관리법 제20조(등록번호판발급대행자의 지정 등) ① 시·도지사는 필요하다고 인정하면 국토교통부령으로 정하는 바에 따라 제19조에 따른 등록번호판의 제작·발급 및 봉인 업무를 대행하는 자(이하 "등록번호판발급대행자"라 한다)를 지정할 수 있다. 이 경우 그 지정방법 및 대행기간은 해당 지방자치단체의 조례로 정할 수 있다. <개정 2013. 3. 23>

---

1) 행정사무지원으로서 대행이라 하든 실무대행이라 하든 이러한 경우는 대행하는 자의 명의로 하는 것이 아니라는 점에서 위탁받은 자의 명의로 하는 민간위탁과는 구별된다.

(다) 민간위탁과 비교 A77

행정사무지원으로서 대행은 행정기관이 하는 것이고, 민간위탁에서 수탁행위의 이행은 민간이 한다는 점에서 기본적으로 다르다.

7. 이양과 민간위탁 A78

(1) 이양의 의의 A79

권한의 이양은 권한 자체가 법률상 이전되는 것이지만, 권한의 위임은 권한 자체가 모법(수권법)상으로는 위임자에게 유보되고 위임입법에 의해 권한행사의 권한·의무와 책임이 수임자에게 이전되는 것을 말한다. 권한의 이양은 수권규범의 변경이 있으나, 권한의 위임의 경우에는 수권규범의 변경 없이 위임의 근거규정을 통해 이루어진다. 따라서 법률의 개정이 없는 한 권한의 이양의 경우에는 권한회수가 불가능하나, 권한의 위임의 경우에는 가능하다.[1] 말하자면 위임 및 위탁은 권한을 본래의 권한자에게 유보되는 것을 전제로 하지만, 이양은 권한자체가 제3자에게 넘어가는 것을 말한다.[2] 권한의 이양에는 행정주체 사이의 이양도 있지만, 행정권한(행정사무)을 민간사무로 전환하는 이양도 있다.

(2) 민간위탁과 비교 A80

권한의 이양은 권한의 귀속주체가 법률상 변경되는 것이지만, 민간위탁의 경우에는 법률상 권한의 귀속주체에 변경이 없고, 다만, 시행령 등을 통해 권한을 실제로 행사하는 주체가 행정기관에서 민간으로 변경된다는 점에서 기본적으로 다르다.

---

1) 김동희, 행정법 Ⅱ, 20쪽; 졸저, 행정법원론(하), 옆번호 82.

2) 민간위탁 실무편람, 6쪽.

Ⅲ. 민간위탁 발생원인과 관련된 개념과의 비교(구분) A81

1. 아웃소싱(외주, 외부조달)과 민간위탁 A82

(1) 아웃소싱의 의의 A83

아웃소싱은 원래 민간기업이 자신의 내부적인 활동 중 일부를 외부의 제3자에게 위탁하여 처리하는 것(예: 조선일보사가 주식회사 어문조선에게 교열 업무를 도급하는 경우),[1] 즉 스스로 재화나 서비스를 생산하지 않고, 다른 기업으로부터 구매하는 의미로 사용되어 온 것으로 보인다. 아웃소싱은 비용절감과 효율의 극대화를 위한 것으로 이해되고 있다. 공행정의 영역에서는 행정기관이 필요로 하는 물품을 외부에서 구매하는 조달작용이 아웃소싱의 예가 될 수 있을 것이다.[2] 공행정상 아웃소싱의 의미는 법령상 정의된 바 없다. 넓게 본다면, 민간영역화를 의미하는 것으로 정의해 볼 수도 있을 것이고, 좁게 보면, 조달작용을 지칭하는 것으로 볼 수 있을 것이다. 이 글에서는 좁은 의미로 보기로 한다. 아웃소싱은 외주 또는 외부조달이라 부를 수도 있을 것이다.

(2) 민간위탁과 비교 A84

아웃소싱은 행정에 필요한 물품을 민간으로부터 조달받는다는 점을 중심으로 한 개념이고, 민간위탁은 행정기관의 사무를 민간에 맡겨 행사하게 한다는 점을 중심으로 하는 개념이라는 점에서 기본적으로 다르다. 아웃소싱은 민간위탁의 발생원인, 즉 민간위탁을 하는 행위형식의 한 종류일 수 있다.

2. 용역과 민간위탁 A85

(1) 용역의 의의 A86

부가가치세법 등에서 용역이라는 용어가 사용되지만, 용역의 의의를 일반적으로 정의하는 법령은 찾아보기 어렵다. 부가가치세법에서 용역은 재산적 가치있는 역무에 초점을 두고 정의되고 있다. 일반적으로는 용역이란 용어는 역무의 제공이라는 의미

---

1) 대법원 2007. 9. 7, 2005두16901 참조.
2) 민간위탁 실무편람, 7쪽.

로 사용되는 것으로 보인다(예: 연구목적을 위한 21세기 성장산업발굴을 위한 용역, 신축 공행정기관의 시설관리를 위한 용역). 용역이 사법(私法)상 법률효과를 발생시키는 법형식이라 단언하기 어렵다.

▣ 부가가치세법 제2조(정의) 이 법에서 사용하는 용어의 뜻은 다음과 같다.
1. "재화"란 재산 가치가 있는 물건 및 권리를 말한다. 물건과 권리의 범위에 관하여 필요한 사항은 대통령령으로 정한다.
2. "용역"이란 재화 외에 재산 가치가 있는 모든 역무와 그 밖의 행위를 말한다. 용역의 범위에 관하여 필요한 사항은 대통령령으로 정한다.

▣ 부가가치세법 시행령 제3조(용역의 범위) ① 법 제2조 제2호에 따른 용역은 재화 외에 재산 가치가 있는 다음 각 호의 사업에 해당하는 모든 역무와 그 밖의 행위로 한다.
1. 건설업
2. 숙박 및 음식점업
3. 운수업 (이하 각호 생략)

(2) 용역과 민간위탁의 관계 A87

민간위탁은 민간에 의한 행정사무의 수행이라는 점에 초점을 둔 개념이지만, 용역은 민간에 의한 서비스 확보라는 점에 초점을 둔 개념으로서 사용되고 있는 것으로 보인다. 양자의 개념은 방향을 달리한다. 용역은 외부적 공공사무의 용역과 내부적 공공사무의 용역으로 구분할 수 있다. 정부조직법과 지방자치법상 전자(예: 공공청사의 관리를 위한 용역)는 민간위탁의 성격을 갖지만, 후자(예: 토목공사에서 기본계획용역)는 민간위탁의 성격을 갖지 아니한다. 민간위탁으로서의 용역은 예산상 민간위탁금 계정으로 편성될 것이고, 그러한 않은 경우에는 사업비 비목하에 용역비 계정 등으로 편성될 것이다.

[참고] 외부적 공공사무의 용역이 민간위탁의 성질을 갖는다고 하였는데, 실무상 외부적 공공사무의 용역을 민간에게 맡기는 경우, 위탁계약의 형식으로 할 것인지, 아니면 용역계약의 형식으로 할 것인지가 문제된다. 예컨대 상수도 계량기 교체나 검사업무는 외부적 공공사무의 용역이라 할 수 있겠는데, 이러한 사무는 서비스제공 그 자체에 중점이 있다고 보아 단순 용역계약의 형식으로 처리하는 것이 바람직할 것이다.

3. 행정재산의 사용 · 수익의 허가와 민간위탁 A88

(1) 행정재산의 사용 · 수익의 허가의 의의 A89

국유재산법 제30조 제1항과 공유재산 및 물품관리법 제20조 제1항은 행정재산의 사용허가를 규정하고 있다. 행정재산의 사용 · 수익허가는 국가나 지방자치단체의 행정재산을 사인으로 하여금 유상이나 무상으로 사용하게 하는 것을 말한다. 행정재산의 사용 · 수익의 허가는 기본적으로 사인의 이익을 위한 것이지, 국가나 지방자치단체의 공적 사무를 사인으로 하여금 수행하게 하거나 사인에게 이전하는 것은 아니다.

▣ 국유재산법 제30조(사용허가) ① 중앙관서의 장은 다음 각 호의 범위에서만 행정재산의 사용허가를 할 수 있다. <개정 2011. 3. 30>
1. 공용 · 공공용 · 기업용 재산: 그 용도나 목적에 장애가 되지 아니하는 범위
2. 보존용재산: 보존목적의 수행에 필요한 범위

▣ 공유재산 및 물품관리법 제20조(사용 · 수익허가) ① 지방자치단체의 장은 행정재산에 대하여 그 목적 또는 용도에 장애가 되지 아니하는 범위에서 사용 또는 수익을 허가할 수 있다.

(2) 민간위탁과 비교 A90

행정재산의 사용 · 수익의 허가는 기본적으로 사용 · 수익의 허가를 통한 사인의 수익을 중심적인 목적으로 하는 제도이고, 민간위탁은 민간에 의한 공익사무의 실현을 중심으로 하는 제도라는 점에서 관심방향을 달리한다. 그러나 행정재산의 사용 · 수익의 허가도 공익을 위해 이루어질 수 있는 것이므로 행정재산의 사용 · 수익의 허가도 민간위탁의 발생원인, 즉 민간위탁을 하는 행위형식의 한 종류로 볼 수 있다.

(3) 위탁계약의 형식과 행정재산의 사용 · 수익의 허가 A91

실정법(예: 국유재산법 제29조; 공유재산 및 물품관리법 제27조; 사회복지사업법 제34조)은 행정재산의 사용 · 수익허가를 내용으로 하는 민간위탁을 위탁계약의 방식으로 이루어지도록 규정하고 있다.

▣ 국유재산법 제29조(관리위탁) ① 중앙관서의 장은 행정재산을 효율적으로 관리하기 위하여 필요하면 국가기관 외의 자에게 그 재산의 관리를 위탁(이하 "관리위탁"이라 한다)할 수 있다. <개정 2011. 3. 30>

■ 국유재산법 시행규칙 제13조(관리위탁의 계약 등) ① 법 제29조 제1항에 따른 관리위탁(이하 "관리위탁"이라 한다)을 하는 경우에는 다음 각 호의 사항을 명시한 계약서에 의하여야 한다. (각 호 생략)

■ 공유재산 및 물품 관리법 제27조(행정재산의 관리위탁) ① 지방자치단체의 장은 행정재산의 효율적인 관리를 위하여 필요하다고 인정하면 대통령령으로 정하는 바에 따라 지방자치단체 외의 자에게 그 재산의 관리를 위탁(이하 "관리위탁"이라 한다)할 수 있다.
② 제1항에 따라 행정재산의 관리위탁을 받은 자는 제20조에 따라 해당 행정재산의 사용·수익허가를 받은 자로 본다. <신설 2010. 2. 4>

실정법이 국유 또는 공유재산의 사용·수익의 허가를 내용으로 하는 민간위탁을 위탁계약의 방식으로 하도록 규정하고 있다고 하여도 국유 또는 공유재산의 사용·수익 허가의 성질은 변하지 아니한다. 따라서 실무상 「협약 또는 계약」을 통해 국유 또는 공유재산의 사용·수익이 정해진다고 하여도, 행정재산의 사용·수익의 허가의 의미로 새겨야 할 부분이 있다. 판례의 입장이기도 하다.[1)]

[실제상 사례] 잠실야구장의 경우, 서울특별시립체육시설의 설치 및 운영에 관한 조례 제16조 등에 따라 민간위탁의 방식으로 관리되고 있다. 생각건대 수탁자가 야구장을 사용·수익한다는 점에 초점을 맞춘다면 민간위탁이 아니라 행정재산의 사용허가의 방식으로 관리토록 조례개정이 필요하다는 주장도 가능할 것이다. 그러나 ① 야구장의 관리는 프로야구를 통한 국민들의 여가선용이라는 공익성과 직접적인 관련성이 있다는 것, ② 행정재산의 허가의 방식으로는 야구장시설의 사용허가만 할 수 있고, 야구장 내의 매점의 관리, 광고탑의 운영 등의 사무는 여전히 서울시가 맡아야 하는 한계를 고려할 때, 민간위탁의 방식으로는 이 모든 사무를 위탁할 수 있다는 점에서 현행 서울특별시립체육시설의 설치 및 운영에 관한 조례가 야구장 등의 관리를 민간위탁의 방식으로 정하는 것은 나름대로 이유가 있다고 볼 것이다.

■ 서울특별시립체육시설의 설치 및 운영에 관한 조례 제16조(운영의 위탁) ① 시장은 필요하다고 인정할 때에는 체육시설의 운영과 관련되는 사무(제23조 제1항의 각 호의 사무를 말한다) 중 그 일부 또는 전부를 체육진흥에 이바지할 수 있는 법인·단체 또는 개인에게 위탁할 수 있다.

---

1) 대법원 2006. 3. 9, 2004다31074{원고는 피고(대한민국) 산하의 국립의료원 부설주차장에 관한 이 사건 위탁관리용역운영계약에 대하여 관리청이 순전히 사경제주체로서 행한 사법상 계약임을 전제로, 가산금에 관한 별도의 약정이 없는 이상 원고에게 가산금을 지급할 의무가 없다고 주장하여 그 부존재의 확인을 구한다는 것이다. 그러나 기록에 의하면, 위 운영계약의 실질은 행정재산인 위 부설주차장에 대한 국유재산법 제24조 제1항에 의한 사용·수익 허가로서 이루어진 것임을 알 수 있으므로, 이는 위 국립의료원이 원고의 신청에 의하여 공권력을 가진 우월적 지위에서 행한 행정처분으로서 특정인에게 행정재산을 사용할 수 있는 권리를 설정하여 주는 강학상 특허에 해당한다 할 것이고 순전히 사경제주체로서 원고와 대등한 위치에서 행한 사법상의 계약으로 보기 어렵다고 할 것이다}.

<개정 2009. 1. 8>
② 제1항에 따라 위탁·운영할 수 있는 체육시설은 다음 각 호와 같다. <개정 2009. 1. 8>
1. 잠실종합운동장 중 제1수영장, 제2수영장, 야구장, 풋살구장 (이하 생략)

(4) 개별법의 해석 A92

개별 법령상 위탁이라는 용어가 사용되어도 그 위탁은 국유재산법 제29조 제1항, 동법 시행규칙 제13조 제1항, 공유재산 및 물품관리법 제27조 제1항·제2항에 비추어 국유 또는 공유재산의 사용·수익의 허가의 의미로 이해되어야 할 경우가 있다. 예컨대 「서울특별시 한강공원 보전 및 이용에 관한 기본조례」 제13조 제1항에서 말하는 위탁 중 주민편익시설로서 매점 및 카페형 매점시설의 위탁은 성질상 공유재산의 사용·수익의 허가로 볼 것이다. 같은 조례 제12조 제5항에 따라 매점 및 카페형 매점시설에 "시설 운영자의 의무, 지도·감독, 취소 등에 관하여는 「서울특별시 행정사무의 민간위탁에 관한 조례」 등 관련 법령을 준용한다"고 하여도 매점 및 카페형 매점시설의 위탁의 성질이 공유재산의 사용·수익의 허가인 점은 변하지 아니한다.

▣ 서울특별시 한강공원 보전 및 이용에 관한 기본조례 제12조(공원이용시설의 설치·운영) ① 시장은 한강공원의 건전한 이용을 위하여 별표 1에 정한 공원이용시설을 설치·운영할 수 있다.
[별표 1](개정 2013. 5. 23) 공원이용시설(제3조 제3호 관련)
5. 시민편익시설
가. 매점 및 카페형 매점시설
제13조(위탁운영 등) ① 시장은 제12조에 따라 설치한 공원이용시설의 관리와 운영에 관한 사무의 전부 또는 일부를 법인, 단체 또는 개인에게 위탁 또는 사용·수익허가를 할 수 있다.
⑤ 시설 운영자의 의무, 지도·감독, 취소 등에 관하여는 「서울특별시 행정사무의 민간위탁에 관한 조례」 등 관련법령을 준용한다.

4. 대부계약과 민간위탁 A93

(1) 대부계약의 의의 A94

국유재산법 제41조 제1항과 공유재산 및 물품관리법 제28조 제1항은 일반재산의 대부 가능성 등을 규정하고 있다. 일반재산의 대부는 국가나 지방자치단체의 일반재산을 사인으로 하여금 유상이나 무상으로 사용하게 하는 것을 말한다. 일반재산의 대부는 기본적으로 사인의 이익을 위한 것이지, 국가나 지방자치단체의 공적 사무를 사인으로 하여금 수행하게 하거나 사인에게 이전하는 것은 아니라는 점은 행정재산의 사용·수익의 허가와 다를 바 없다. 일반재산의 대부를 위한 대부계약은 사법상 계약의 성질을 갖는다.

▣ 국유재산법 제41조(처분 등) ① 일반재산은 대부 또는 처분할 수 있다. <개정 2011. 3. 30>

▣ 공유재산 및 물품관리법 제28조(관리 및 처분) ① 일반재산은 대부·매각·교환·양여·신탁하거나 사권을 설정할 수 있으며, 법령이나 조례로 정하는 경우에는 현물출자 또는 대물변제를 할 수 있다. <전문개정 2008. 12. 26>

(2) 민간위탁과 비교 A95

대부계약 역시 기본적으로 대부계약을 통한 사인의 수익을 중심적인 목적으로 하는 제도라는 점에서 관심방향을 달리한다. 그러나 대부계약도 공익을 위해 이루어질 수 있는 것이므로 양자의 엄격한 구분은 어렵다. 대부계약도 민간위탁의 발생원인, 즉 민간위탁을 하는 행위형식의 한 종류로 볼 수 있다.

5. 보조금의 교부와 민간위탁 A96

(1) 의의 A97

보조금 관리에 관한 법률 등에서 정하는 보조사업, 즉 보조금의 교부의 대상이 되는 사무나 사업(보조금 관리에 관한 법률 제2조 제2호, 제9조, 보조금 관리에 관한 법률 시행령 제4조 제1항 별표 1)은 모두 공공성을 가진 사무나 사업에 해당한다. 보조사업은 사인(민간)이 추진하는 사적인 사업인데, 보조사업에 대한 보조금의 지급은 공공성을 가진 보조사업의 활성화를 도모하기 위한 것이다. 보조사업의 성격에 따라 보조금의 교부는 간접적으로 조직의 민영화, 사무의 민영화, 기능적 민영화, 재정조달의 민영화, 사회적 민영화의 의미를 가질 수도 있을 것이다. 민영화의 의미를 넓게 새긴다면, 보조금의 교부를 민영화의 한 형태로 파악하는 것도 가능할 것이다.

▣ 보조금 관리에 관한 법률 제2조(정의) 이 법에서 사용하는 용어의 뜻은 다음과 같다. <전문개정 2011. 7. 25>
1. "보조금"이란 국가 외의 자가 수행하는 사무 또는 사업에 대하여 국가(「국가재정법」 별표 2에 규정된 법률에 따라 설치된 기금을 관리·운용하는 자를 포함한다)가 이를 조성하거나 재정상의 원조를 하기 위하여 교부하는 보조금(지방자치단체에 교부하는 것과 그 밖에 법인·단체 또는 개

인의 시설자금이나 운영자금으로 교부하는 것만 해당한다), 부담금(국제조약에 따른 부담금은 제외한다), 그 밖에 상당한 반대급부를 받지 아니하고 교부하는 급부금으로서 대통령령으로 정하는 것을 말한다.
2. "보조사업"이란 보조금의 교부 대상이 되는 사무 또는 사업을 말한다.

(2) 민간위탁(민영화)과 구분 A98

예컨대, 서울특별시는 2013년 9월에 서울이주여성상담센터를[1] 설치하고 민간단체에 대한 보조사업으로 관리·운영하게 하였다가 2015년 3월 1일부터는 서울이주여성상담센터의 관리·운영을 민간위탁사무로 전환하였다.[2] 전환의 이유는 "사업의 전문성·포괄성·지속성·책임성을 더욱 확대·강화하여 양질의 상담 및 긴급보호 서비스를 안정적으로 제공하기 위한 것"이라 하였다. 여기서 민간위탁사업과 보조금사업의 구분에 대한 검토가 필요하다.

(가) 구분의 곤란성 A99

민간에 대한 보조금의 교부가 민영화의 의미도 갖는다고 하면, 민간에 대한 보조금의 교부와 민간위탁의 구분은 학문상 반드시 용이한 것은 아니다. 예컨대 국가나 지방자치단체의 A사무를 민간에 위탁하여 수행토록 하다가 A사무를 민간의 사무로 전환하고, A사무를 수행하는 민간에게 보조금을 교부하는 것도 불가능한 것은 아니므로, 민간위탁과 민간에 대한 보조금의 교부의 구분은 매우 어렵다. 법령에서 규정하고 있는 국가나 지방자치단체의 사무를 민간의 사무로 전환하기 위해서는 법령의 개정이 필요하지만, 법령에서 규정하고 있지 않은 사무 중에 국가나 지방자치단체가 수행하는 사무를 민간의 사무로 전환하기 위해서는 법령의 개정이 필요 없으므로 민간위탁과 민간에 대한 보조금의 교부의 구분은 더더욱 어렵다.

[참고] 저소득층 가정의 자녀들에게 음악이나 미술 실기교육을 지원하고자 하는 경우, 민간교육기관에 보조금을 지원하는 사업으로 하는 것이 바람직한 것인지, 아니면 민간교육기관에 민간위탁을 하는 것이 바람직한 것인지의 판단은 용이하지 않다.

---

1) 위기에 처한 이주여성·다문화가족에 대한 전문상담 및 긴급보호서비스를 제공하여 종합적 원스톱 보호체계(다문화가족 안전망) 구축을 목적으로 한다(소재지: 서울특별시 종로구 종로 38).
2) 보조사업으로 추진되던 시기에도 사업비의 100%가 보조금으로 지급되었다.

(나) 실정법상 구분 A100

현행 실정법(정부조직법 제6조 제3항, 지방자치법 제104조 제3항, 보조금의 관리에 관한 법률 제2조 등)을 기준으로 한다면, 민간위탁은 국가나 지방자치단체의 사무를 민간에 위탁하는 것이고, 보조금의 지원은 사무가 아니라 자금을 지원하는 것이며, 자금의 사용을 민간에 위탁하는 것이 아니라 자금을 민간에 이전하는 것이다.

(다) 예산과목 편성상 차이 A101

행정자치부의 예규인 "지방자치단체 세출예산 집행기준"에 의하면,[1] 예산비목 민간이전(307목) 아래에 민간경상사업보조(307－02), 민간단체 법정운영비보조(307－03), 사회복지시설 법정운영비보조(307－10), 사회복지사업보조(307－11), 민간행사사업보조

---

1) 지방자치단체 세출예산 집행기준(행정자치부 예규 제9호, 2015. 1. 22. 시행, 일부발췌)

12. 민간이전(307목)

12－1. 민간경상사업보조(307－02), 민간단체 법정운영비보조(307－03), 사회복지시설 법정운영비보조(307－10), 사회복지사업보조(307－11)(일부발췌)

○ 지방보조금의 교부결정, 수행상황 점검, 정산 및 운용평가는 지방재정법 제17조 및 제32조의2부터 제32조의10까지의 규정에 따르며, 「지방자치단체보조금관리조례」에 의한 집행절차와 「지방자치단체 재무회계규칙」에 의한 회계부서 등 합의를 받고 집행한다.

- 지방재정법 제17조 제1항 제4호에 따라 집행하는 보조금은 해당 사업에의 지출 근거가 조례에 직접 규정되어 있는 경우에만 지원이 가능하다.(2016회계연도부터 적용)
- 사업기간이 2개월을 초과하는 민간경상사업보조의 경우 사업추진계획에 따라 보조금을 매월 교부하여야 하며, 「지방재정법」 제32조의5에 따른 수행상황 점검 결과 부적절한 집행내역에 대해서는 그 금액만큼 감액 후 교부하여야 한다.
- 민간경상사업보조를 받은 자는 보조금교부조건에 특별한 규정이 없는 한 제3자에게 재위탁하여서는 아니 된다.

○ 자치단체는 보조사업자가 보조금을 사업별로 구분 계리하여 이자발생 현황을 명확히 파악할 수 있도록 하게 하여야 한다.

○ 보조사업 수행에 따른 수익금 발생시 수익금(이자 포함)의 반환 또는 수익금의 사용 용도를 별도로 명시한다.

12－2. 민간행사사업보조(307－04)(일부발췌)

○ 지방자치단체가 사실상 주관하는 행사의 경우에는 보조금을 집행하여서는 아니 되며 사무실 임대료, 상근직원 인건비 등 단체운영비는 지원할 수 없다.

○ 자치단체가 사실상 추진하는 축제·행사(자치단체공무원이 대부분 행사를 지원 또는 사실상 주관하는 형태) 등에 대하여는 민간에게 보조금을 주어 행사하는 방식을 지양하고 자치단체가 행사운영비로 편성, 직접 집행하여야 한다.

○ 장기적으로 추진의 효율성, 민간의 전문성 활용 필요 등을 감안하여 민간추진의 필요성이 있는 경우에 한하여 집행한다.

12－3. 민간위탁금(307－05)

○ 민간수탁자 선정 및 민간위탁의 이행 등에 관한 사항은 「지방계약법령」에서 정한 절차에 따라야 한다.

- 다만, 다른 법령에서 구체적인 절차를 규정하고 있는 사항(법령에서 구체적인 절차를 하위규정으로 위임한 경우 포함)은 그 법령이 정한 바에 따른다.(이하 생략)

(307-04), 민간위탁금(307-05)을 구분하고 있다. 말하자면, 민간위탁 사무를 위한 비용은 민간경상보조, 민간단체운영비보조, 사회복지시설 법정운영비보조, 사회복지사업보조, 민간행사사업보조 등과 구분하여 민간위탁금으로 편성하도록 하고 있다. 국가의 경우도 유사하다.[1)]

㈑ 관심방향의 차이 A102

민간에 대한 보조금의 교부와 민간위탁의 개념은 관심방향을 달리한다. 보조금의

---

1) 2015년도 예산안 편성 및 기금운용계획안 작성 세부지침(사업유형별·목별 매뉴얼) 2014. 4. 기획재정부 (일부 발췌)

Ⅱ. 사업유형별 지침

14. 민간보조 사업

민간단체는 사업비 중심으로 지원하고, 인건비·운영비 지원은 최소화

1. 적용대상

□ 원칙적으로 민간이 행하는 사무 또는 사업에 대해 국가정책상 장려를 위해 보조금을 지원하는 사업

○ 보조에 관한 법적 근거가 명확한 경우

○ 국제협약, 정부약속 등에 의해 지원이 불가피한 경우

○ 국가정책상* 지원이 불가피하게 요구되는 사업

* 예시) 시장실패 치유 차원: 시장에 독과점, 외부효과, 정보의 비대칭성 등이 존재하여 정부의 가격보조 필요성이 제기되는 경우

□ 민간보조 제외사업

○ 관계 부처간 협의에 의하여 지원을 중단하기로 결정한 사업 (이하 생략)

2. 세부지침

□ 중앙관서의 장은 보조사업을 수행하려는 자가 예산 계상 신청을 한 사업에 한하여 국고보조금 예산 반영 (이하 생략)

○ 다만, 보조금 관리에 관한 법률 시행령 제3조에 의한 국가시책 수행상 부득이한 경우

Ⅲ. 목별 지침

19. 민간대행사업비(320-08목)

1. 적용대상

□ 국가가 직접 추진해야 할 사업으로서 법령의 규정에 의하여 민간에 대행 또는 위탁하는 사업으로 시설물의 건설 및 유지보수를 위한 사후관리 등 자본형성적 경비

* 〈사례〉 서산(A)간척지농업기반시설 재정비(농어촌구조개선특별회계), 산업폐수 완충저류시설설치(환경개선특별회계) 등

2. 세부지침

□ 민간전문기관이 사업을 수행함에 따라 경비가 절감되거나 효율성이 제고되는 사업으로 법령에 명확한 위탁(또는 대행)규정이 있는 사업에 한하여 편성

□ 신규사업의 경우 사업착수 필요성을 면밀히 검토한 후, 인·허가 등에 소요되는 기간을 감안, 설계비 등 필수 착공소요만 반영

□ 계속사업의 경우 예상공정율 및 사업기간 등을 고려하여 대행기관이 실집행 가능한 규모만 계상

* 민간이 행하는 사무·사업을 조성하거나 지원하기 위한 시설비 등 자본형성적 경비는 민간자본보조금(320-07)으로 편성

* 청사·시설·장비유지관리 용역비, 기타 전산운영 및 행사 등은 위탁사업비(210-15)로 편성

교부도 공익을 위해 이루어지는 것이므로 민간에 대한 보조금의 교부 역시 민간위탁의 발생원인, 즉 민간위탁을 하는 행위형식의 한 종류일 수 있다.

제4절 민간위탁제도의 성격 A103

Ⅰ. 민간위탁제도의 도입배경 A104

민간위탁제도의 도입은 민간위탁에 따른 인력·예산절감(운영비 절감, 자원봉사자 활용), 국민·주민에 대한 서비스 향상(다양·전문화된 프로그램, 집중케어시스템, 계획적 각종 행사 활성화), 그리고 탄력적 시설 운영(전문성 갖춘 민간기관 참여로 응급환자 발생시 신속한 위기관리) 등을 배경으로 하는 것으로 이해된다. 판례의 입장도 같아 보인다.[1] 우리의 경우, 민간위탁은 1981년 초 정부조직법의 개정과 더불어 도입되기 시작하였다.[2] 특히 1998년 「국민의 정부」 출범 후 작은 정부를 지향하는 정부방침상 행정조직관리에 있어서 매우 중요한 과제의 하나로 정부가 지향하는 규제개혁 측면뿐만 아니라 자유경쟁 속에서 이루어지는 민간의 경영기법의 도입 등을 통한[3] 행정의 고비용·저효율 시스템을 개선하기 위해 적극적으로 추진하게 되었다고 한다.[4] 민간위탁 실무편람이 직영관리

1) 대법원 2009. 12. 24, 2009추121; 대법원 2011. 2. 10, 선고 2010추11(지방자치단체가 그 권한에 속한 업무를 민간에 위탁하는 이유는, 그 업무를 민간으로 하여금 대신 수행하도록 함으로써 행정조직의 방대화를 억제하고, 위탁되는 사무와 동일한 업무를 수행하는 자에게 이를 담당하도록 하여 행정사무의 능률성을 높이고 비용도 절감하며, 민간의 특수한 전문기술을 활용함과 아울러, 국민생활과 직결되는 단순 행정업무를 신속하게 처리하기 위한 것이라 할 것이다. 그런데 민간위탁은 다른 한편으로는 보조금의 교부 등으로 비용이 더 드는 경우가 있고, 공평성의 저해 등에 의한 행정서비스의 질적 저하를 불러올 수 있으며, 위탁기관과 수탁자 간에 책임 한계가 불명확하게 될 우려가 있고, 행정의 민주화와 종합성이 손상될 가능성도 있다. 따라서 지방자치단체장이 일정한 사무에 관하여 민간위탁을 하는 경우에는 위와 같은 단점을 최대한 보완하여 민간위탁이 순기능적으로 작용하도록 할 필요가 있다).

2) 행정업무의 민간위탁은 주민들의 다양한 서비스욕구에 부응하고, 지방자치단체의 부담을 경감하며 주민에게 보다 나은 서비스를 제공하기 위해 1980년대 초에 미국, 영국, 캐나다 등을 중심으로 확산되기 시작하였다고 한다(민간위탁 실무편람, 3쪽). 독일에서는 1970년대 이후 행정의 효율성, 공재정지출의 절감을 위해 행정임무나 기능을 민간에 위탁하여 처리하게 하는 경향이 나타났다고 한다(정하중, "민간에 의한 공행정수행," 공법연구 제30집 제1호, 2001, 463쪽).

3) 최철호, "행정권한의 민간위탁에 관한 법적 기준의 설정과 한계," 법학논총 제20집, 숭실대학교, 2008. 3, 270쪽.

4) 민간위탁 실무편람, 4쪽.

와 위탁관리(민간위탁)를 하수처리 · 오폐수처리의 예를 들어 비교하고 있는데,[1] 이를 보기로 한다.

[직영관리와 위탁관리의 비교(하수처리 · 오폐수처리)]

구 분	직 영(관리)	민 간 위 탁(관리)
기술인력 확보면	전문인력 확보의 어려움으로 적정 운영 곤란	전문인력과 경험이 축적된 기술로 효율적 운영관리
시설물의 유지관리면	고장 및 보수에 신속대응 불가	하자나 고장에 신속대응 가능, 시설물의 수명연장, 예산절감
처리효율면	기술부족으로 방류수기준 초과, 수질오염 가중 민원야기	최적 운전 처리효율 안정 및 수질 보증 책임
근무관리면	혐오시설로 인한 근무기피현상	전문운영인력을 상주케 함으로써 근무기피 보완
예산관리면	일정한 예산에 맞추어 운영하므로 예산낭비요인 발생 관리직 · 행정요원 최소화	처리시설의 운전 효율의 극대화를 도모하여 예산절감

Ⅱ. 민간위탁제도의 본질 A105

1. 상이한 견해 A106

민간위탁제도의 본질은 무엇인가에 대하여 ① 민간위탁제도는 국가나 지방자치단체의 사무를 민간에 위탁하는 것이라는 견해(임무설), ② 민간위탁제도는 국가나 지방자치단체의 지위를 민간에게 부여하는 것이라는 견해(법적 지위설), ③ 민간위탁제도는 국가나 지방자치단체의 사무를 민간에 위탁하면서 동시에 국가나 지방자치단체의 지위를 민간에게 부여하는 것이라는 견해(병합설)가 있을 수 있다.[2]

1) 민간위탁 실무편람, 79쪽.

2) 민간위탁제도의 본질에서 말하는 법적 지위설이나 병합설은 공무수탁사인의 본질에 관한 학설로서 법적 지위설이나 병합설과 동일한 것이 아니다. 개념상 공무수탁사인은 공공사무와 아울러 행정권한을 함께 위탁받는 사인을 말하지만(졸저, 행정법원론(상), 옆번호 334), 민간위탁에는 행정권한의 위탁이 반드시 수반하는 것은 아니므로, 공무수탁사인의 본질과 민간위탁의 본질을 동일시할 수는 없기 때문이다.

2. 사견 A107

① 임무설은 국가나 지방자치단체의 「임무영역」이 내용상 정의될 수 있을 때에 의미를 갖는다. 그런데 국가나 지방자치단체의 임무(사무)영역은 망라적으로 정의될 수 없는바, 여기에 임무설의 결함이 있다. ② 민간위탁은 민간에 의한 「사무의 수행」이라는 점을 핵심적인 요소의 하나로 한다. 그런데 법적 지위설은 「사무의 수행」이 아니라 「사무를 수행하는 자의 지위」에만 초점을 맞추고 있다는 점에 결함이 있다. ③ 생각건대 국가나 지방자치단체의 임무(사무)영역은 망라적으로 정의될 수 없다고 하여도 임무(사무)영역을 도외시할 수 없다는 점, 그리고 사무를 현실적으로 수행하는 자가 국가나 지방자치단체에서 사인으로 전환되는바, 국가나 지방자치단체의 지위가 사인에게 부여된다는 점을 생각할 때,[1] 병합설이 타당하다.

Ⅲ. 민간위탁의 유용성과 문제점 A108

1. 민간위탁의 유용성 A109

(1) 비용의 절감 A110

민간위탁을 통해 비용절감(예산절감)을 할 수 있다. 말하자면 민간위탁은 경제적 효율성의 제고에 기여한다. 예컨대 신규사무를 개발하여 지방자치단체가 직접 처리·경영하려고 하면 새로운 인력 충원이 필요하지만, 이미 인력을 갖춘 민간에게 위탁을 하면 인건비 등을 상당히 절약할 수 있다. 이것은 민간위탁을 통해 지방자치단체의 재정적 부담을 완화시킬 수 있음을 의미한다.

(2) 전문성 제고 A111

전문성을 가진 민간에의 위탁을 통해 행정의 전문성을 확보·제고할 수 있다. 유능한 민간에게 위탁함으로써 그 민간의 전문성을 활용할 수 있을 뿐만 아니라 그 민

1) 국가나 지방자치단체의 법적 지위가 사인에게 부여된다는 것은 국가나 지방자치단체의 공법적(公法的) 지위뿐만 아니라 사법적(私法的) 지위도 부여될 수 있다는 것을 내포한다.

간인과 다른 전문가인 민간의 연계 협력을 통한 전문성 강화를 기대할 수 있다. 예컨대 중증장애인에게 안정된 일자리를 제공할 목적으로 중증장애인에게 직업재활교육 등을 하는 사무는 사회복지사 등 전문자격을 가진 사람을 확보하고 있는 민간의 전문교육기관에 맡기는 것이 바람직할 것이다.

(3) 서비스 질의 제고 A112

민간의 전문성의 활용을 통해 행정서비스의 질 향상이 가능하다. 말하자면 민간의 창의적인 프로그램 운영과 민간의 각종 네트워크의 활용을 통해 현장의 수요에 즉각적으로 대응할 수 있다. 예컨대 전문자격을 가진 사회복지사 등이 중증장애인에게 직업재활교육을 한다면, 일반 공무원에 의한 직업재활교육보다 더 양질의 서비스 제공이 가능할 것이다. 또한 각 지역의 사회복지사의 네트워크 활용을 통해 사회복지사의 직업재활교육도 더 높은 수준의 것으로 발전할 수 있을 것이다.

(4) 행정조직의 경량화 A113

민간위탁으로 지방자치단체의 행정업무량을 줄일 수 있고, 이로 인해 행정조직을 줄일 수 있다. 요컨대, 민간위탁을 통해 민간의 전문성 · 기술성 활용, 경영쇄신노력을 통한 공공서비스 질 제고, 공익성 · 기업성의 조화로 행정능률 극대화를 도모할 수 있다.[1)]

2. 민간위탁의 문제점 A114

「비용부담은 국가 · 지방자치단체, 서비스제공은 민간」을 핵심으로 하는 민간위탁에도 문제점이 있다. 즉 종합적이고 체계적인 사업추진의 곤란, 기관간 협조체제 미흡, 공익성(공공성)의 퇴색, 무분별한 수익사업 추진 및 적자운영시 수수료(사용료)인상 추진 등 주민부담 증가, 장기적 위탁시 사명감 부족, 프로그램 개발저조, 기계설비의 무리한 가동으로 사용연한 단축 등 시설물 관리 부실화 · 노후화 촉진, 노동조합 활동 등 서비스 중단시 주민불편 초래,[2)] 장기적인 비전제시의 곤란성 등이 민간위탁의 문제점으로 언급되고 있다. 물론 국가나 지방자치단체는 이러한 문제점의 해소를 위해

1) 민간위탁 실무편람, 12쪽.
2) 민간위탁 실무편람, 12쪽.

부단히 노력하여야 한다. 민간위탁 후에 이루어지는 사후관리는[1] 그러한 노력의 일환으로 볼 수 있다.

Ⅳ. 민간위탁과 정책목적의 접목 A115

1. 의의 A116

앞에서 본 바와 같이 종래 민간위탁의 유용성과 관련하여 비용의 절감, 서비스 질의 제고, 전문성 제고와 행정조직의 경량화 등이 언급되어 왔다. 이러한 유용성에 더하여 오늘날에는 민간위탁을 국가나 지방자치단체의 정책목표를 실현하는 도구로써 활용하는 면이 강하게 나타나고 있다. 정책목표 실현의 예를 몇 가지 보기로 한다.

2. 사회적경제기업의 육성 A117

서울특별시는 "사회적경제의 이념과 구성 주체, 공통의 기본원칙을 수립하고, 관련 정책을 추진함에 있어 각 사회적경제 주체와 서울특별시의 역할에 대한 기본적인 사항을 규정함으로써 서울특별시의 사회적경제 활성화와 지속가능한 사회적경제 생태계 구축에 이바지함을 목적"으로 「서울특별시 사회적경제 기본 조례」를 제정·시행중에 있다. 이 조례 제5조는 사회적경제기업의 지원 등을 시장의 책무로 규정하고 있다. 서울특별시장은 이러한 책무의 수행을 위해 사회적경제기업에 민간수탁자가 될 수 있는 가능성을 일반적인 기업에 비해 보다 넓게 열어줄 수 있을 것이다. 기존의 민간수탁자를 사회적경제기업으로 전환하는 것을 유도할 수도 있을 것이다.

▣ 서울특별시 사회적경제 기본 조례 제5조(시장의 책무) ① 시장은 사회적경제 활성화와 사회적경제기업 간 유기적인 협력과 연대가 이루어질 수 있도록 필요한 지원 및 시책을 종합적이고 효과적으로 추진하여야 한다.
제3조(정의) 이 조례에서 사용하는 용어의 뜻은 다음 각 호와 같다.
2. "사회적경제기업"이란 제4조의 기본원칙을 준수하는 기업으로 다음 각 목의 어느 하나에 해당하는 조직을 말한다.

---

1) 민간위탁의 사후관리에 관해서는 B117 이하를 보라.

가. 「사회적기업 육성법」 제2조 제1호에 따른 사회적기업과 「서울특별시 사회적기업 육성에 관한 조례」 제2조 제2호에서 정한 예비사회적기업
나. 「협동조합 기본법」 제2조 또는 개별 법률에 따라 설립된 협동조합 또는 협동조합연합회 (사회적협동조합, 사회적협동조합연합회를 포함한다)
다. 「도시재생 활성화 및 지원에 관한 특별법」 제2조 제1항 제9호에 따른 마을기업 및 서울특별시장(이하 "시장"이라 한다)이 정하는 마을기업
라. 「국민기초생활 보장법」 제18조에 따른 자활기업, 보건복지부 장관이 인정하는 자활근로사업단 및 시장이 인증하는 자활기업
마. 「중증장애인생산품 우선구매 특별법」 제9조의 중증장애인생산품 생산시설
바. 그 밖에 공유경제, 공정무역 등 시장이 정하는 기준에 따라 사회적 가치 실현을 주된 목적으로 경제적 활동을 하는 기업 및 비영리법인 또는 비영리민간단체 등
제4조(기본원칙) ① 사회적경제기업은 다음 각 호의 기본원칙에 따라 행위한다.
1. 조직의 주 목적이 사회적 가치 실현
2. 민주적이고 참여적인 의사결정구조 및 관리 형태를 통해 개인과 공동체의 역량강화
3. 주로 구성원이 수행하는 업무나 서비스, 활동을 토대로 하는 경제활동에서 획득되는 결과를 구성원이나 사회적 가치 실현에 사용하거나 그 수익을 자본보다는 사람과 노동에 우선하여 배분
4. 경영의 투명성과 윤리성 준수 등
② 시장은 사회적경제기업 지원에 대한 세부기준을 관계법규 및 제1항의 원칙에 따라 마련할 수 있다.

3. 근로자의 보호 A118

위탁기관은 민간수탁자와의 위탁협약의 체결 시에 기존에 고용된 근로자를 계속 고용할 것, 비정규직을 정규직으로 전환할 것, 임금체불을 하지 말 것, 근로관련 법령상 규정된 근로기준을 준수할 것, 인사를 공정히 할 것, 남녀고용을 평등하게 할 것, 일정 비율의 장애인을 채용할 것 등을 정함으로써 근로자의 지위를 보다 강하게 보장할 수도 있을 것이다. 민간위탁 기간의 연장 또는 재계약을 통해 고용안정을 도모하는 것도 근로자 보호에 기여할 것이다.

4. 공익제보자 보호 및 지원 A119

서울특별시는 "공익제보를 활성화하고 공익제보자 등을 보호 지원함으로써 시민의 권익을 보호하고, 공정하고 정의로운 서울특별시를 만드는 것을 목적"으로 「서울특별시 공익제보 보호 및 지원에 관한 조례」를 제정 · 시행 중에 있다. 이 조례 제16

조는 시장이 민간기업의 참여 확대를 위한 조치를 할 수 있음을 규정하고 있다. 서울시는 민간기업 참여 확대를 위한 시장의 조치가 보다 실효적인 것으로 하기 위하여 민간위탁·수탁협약에 공익제보자 보호 및 지원에 관한 사항을 포함시킬 수도 있을 것이다.

> ▣ 서울특별시 공익제보 보호 및 지원에 관한 조례 제16조(민간기업 등의 참여 확대) 시장은 지역 내 민간기업·단체·기타 법인 등이 공익제보자 보호 및 지원에 참여할 수 있도록 다음 각 호의 조치를 강구할 수 있다.
> 1. 지역 내 기업, 경제단체, 시민단체 등과의 공익제보자 보호제도 정착을 위한 협의체 구성·운영
> 2. 지역 내 공익제보자 보호 우수기업 등의 홍보 지원

5. 행정에 민간참여의 확대 A120

민간수탁자가 수탁사무를 수행한다는 것 자체가 민간이 행정에 참여한다는 의미를 갖지만, 또 한편으로 위탁기관은 민간수탁자와의 위탁·수탁협약 체결 시에 자원봉사자의 참여를 유도할 수 있는 방안을 정함으로써 민간의 행정참여의 확대를 도모할 수도 있을 것이다. 민간참여의 확대는 행정의 민주화 내지 주민참여의 의미를 보다 내실화하는 의미를 갖는다고 볼 것이다.

Ⅴ. 민간위탁제도의 보장 A121

1. 의의 A122

국가행정이나 지방자치행정에 민간위탁을 보장하여야 한다는 헌법규정이나 법률규정은 보이지 아니한다. 다만 지방자치의 영역에서는 민간위탁을 보장하는 규정으로 「지방자치단체의 행정기구와 정원기준 등에 관한 규정」 제5조 제2항을 볼 수 있다. 말하자면 이 조항에서 "위탁이 가능한 사무…에 대하여는 기구를 설치하여서는 아니 된다"는 부분은 지방자치의 영역에서 협의의 민간위탁을 법적으로 보장하는 것으로 볼 수 있다. 왜냐하면 이 조항은 지방자치단체의 장이 기구를 설치하거나 개편하려는

경우에 준수하여야 할 사항을 규정하는 것이지만, 그 효과는 바로 민간위탁을 보장하는 것으로 볼 수 있기 때문이다.

▣ 지방자치단체의 행정기구와 정원기준 등에 관한 규정 제5조(기구의 설치시 고려사항) ① 지방자치단체의 장이 기구를 설치하거나 개편하려는 때에는 다음 각 호의 사항을 고려하여야 한다.
1. 기구의 목적과 기능의 명확성 · 독자성 · 계속성
2. 기구가 수행하여야 할 사무 또는 사업의 성질과 양에 따른 규모의 적정성
3. 규모와 기능이 유사한 다른 기관과의 균형성
4. 주민편의, 행정능률 등을 고려한 효율성
5. 통솔범위, 기능의 중복유무 등 기구의 능률성
6. 사무의 위탁가능성
② 지방자치단체는 위탁이 가능한 사무나 지방공사 · 지방공단 · 지방자치단체조합이나 행정협의회의 설립을 통하여 보다 효율적으로 추진할 수 있는 사무에 대하여는 기구를 설치하여서는 아니 된다.

2. 기본권과의 관계

A123

민간위탁제도를 보장한다는 것이 민간수탁자가 제3자와의 관계에서 사적 자치(법률행위의 자유)를 누리는 것을 보장하는 것은 아니다. 민간수탁자는 수탁사무를 처리하는 한에 있어서 공행정의 한 부분이기 때문에 공행정기관과 동일하게 「법치행정의 원칙」의 적용을 받아야 한다. 따라서 민간수탁자는 제3자와의 관계에서 헌법에 규정된 기본권(예: 인간의 존엄 가치권, 평등권, 재산권, 재판청구권 등)을 존중하여야 하며, 침해하여서는 아니 된다.[1)]

1) 졸저, 행정법원론(하), 옆번호 2157 참조.

제2장 민간위탁의 법적 근거

A151

헌법 제96조는 "행정각부의 설치·조직과 직무범위는 법률로 정한다"고 규정하고, 제118조 제2항은 "… 지방자치단체의 장의 선임방법 기타 지방자치단체의 조직과 운영에 관한 사항은 법률로 정한다"고 규정하고 있다. 이러한 조문의 해석상 국가의 사무와 지방자치단체의 사무는 법률로 정하여야 한다. 법률로 정한 국가의 사무와 지방자치단체의 사무는 국가나 지방자치단체가 직접 처리하여야 함이 마땅할 것이다. 따라서 법률에서 규정되고 있는 정부나 지방자치단체의 사무를 민간에 위탁하여 처리하기 위해서는 법령의 근거가 필요하다. 아래에서 국가와 지방자치단체로 나누어서 민간위탁의 법적 근거를 보기로 한다.

제1절 국가 행정상 법적 근거 A152

Ⅰ. 헌법 A153

1. 관련 규정의 결여 A154

1948년 제헌 헌법 이래 현행 헌법까지 국가 행정의 민간위탁에 관하여 규정하는 조문은 찾아볼 수 없다. 헌법상 민간위탁이 가능한 것인지의 여부는 헌법해석의 문제가 된다. 헌법에서 민간위탁에 관하여 규정하는 바가 없다는 것만으로 헌법이 민간위탁을 금지하는 것이라 단언할 수는 없다. 헌법제정권력자가 헌법에 민간위탁에 관한 규정을 두지 아니한 것은 국가나 지방자치단체의 공공사무의 효율적 수행 등을 위해 민간위탁의 도입 여부 등을 입법자의 판단에 맡긴 것으로 볼 수 있을 것이다.

2. 헌법 제7조의 의미 A155

헌법 제7조는 공무원에 관한 규정을 두고 있다. 헌법제정권력자가 헌법 제7조 등에 공무원에 관한 규정을 둔 것은 공적인 사무는 공무원으로 하여금 수행하도록 하기 위한 것으로 이해된다. 그러나 이러한 조문이 모든 공적 사무는 반드시 공무원이 수행하여야 한다는 것을 규정하는 것이라고 말하기는 어렵다. 가능성에 초점을 맞추고 극단적으로 말한다면, 특정한 공적 사무를 수행할 수 있는 능력을 가진 공무원이 없는 경우에도 그러한 공적 사무가 수행되어야 하는 것이라면, 그러한 공적 사무를 수행할 수 있는 민간에 위탁하여서라도 수행하여야 할 것이다. 요컨대 공무원에 의한 공적 사무의 수행은 독일 기본법 제33조 제4항에서 보는 바와 같이 일반적인 것이며, 예외는 있을 수 있다고 볼 것이다. 그 예외는 입법자가 정할 사항이다. 우리의 입법자는 정부조직법과 지방자치법 등에서 민간위탁에 관해 규정하고 있다.

▣ 헌법 제7조 ① 공무원은 국민전체에 대한 봉사자이며, 국민에 대하여 책임을 진다.
② 공무원의 신분과 정치적 중립성은 법률이 정하는 바에 의하여 보장된다.

▣ 독일 기본법 제33조 ④ 고권적 권능의 행사는, 영속적인 사무로서, 일반적으로 공법상 근무관계·성실관계에 있는 공무원(공직 종사자)에게 맡겨진다(Die Ausübung hoheitsrechtlicher Befugnissse ist als ständiger Aufgabe in der Regel Angehörigen des öffentlichen Dienstes zu übertragen, die in einem öffentlich-rechtlichen Dienst- und Treueverhältnis stehen).

Ⅱ. 법률 A156

1. 일반법으로서 정부조직법 A157

1981. 4. 8.에 시행된 개정 정부조직법 제5조 제3항에서 처음으로 민간위탁에 관한 규정이 나타났다. 이 법률의 규정 내용은 현행 정부조직법에도 거의 그대로 유지되고 있다.

▣ 정부조직법(1981. 4. 8. 시행) 제5조(권한의 위임 또는 위탁) ③ 행정기관은 법령이 정하는 바에 의하여 그 소관사무중 조사·검사·검정·관리업무등 국민의 권리·의무와 직접 관계되지 아니하는 사무를 지방자치단체가 아닌 법인·단체 또는 그 기관이나 개인에게 위탁할 수 있다.

▣ 정부조직법(현행, 2014. 11. 19) 제6조(권한의 위임 또는 위탁) ③ 행정기관은 법령으로 정하는 바에 따라 그 소관사무 중 조사·검사·검정·관리 업무 등 국민의 권리·의무와 직접 관계되지 아니하는 사무를 지방자치단체가 아닌 법인·단체 또는 그 기관이나 개인에게 위탁할 수 있다.

2. 개별법 A158

민간위탁에 관한 규정을 두고 있는 법률(예: 사회복지사업법 제34조, 노인복지법 제35조)도 적지 않다.

▣ 사회복지사업법 제34조(사회복지시설의 설치) ① 국가나 지방자치단체는 사회복지시설(이하 "시설"이라 한다)을 설치·운영할 수 있다. <개정 2011. 8. 4>
④ 제1항에 따라 국가나 지방자치단체가 설치한 시설은 필요한 경우 사회복지법인이나 비영리법인에 위탁하여 운영하게 할 수 있다. <개정 2012. 1. 26>

▣ 노인복지법 제35조(노인의료복지시설의 설치) ① 국가 또는 지방자치단체는 노인의료복지시설을 설치할 수 있다.
제53조(권한의 위임 · 위탁) ② 보건복지부장관, 시 · 도지사 또는 시장 · 군수 · 구청장은 이 법에 의한 업무의 일부를 대통령령이 정하는 바에 의하여 법인 또는 단체에 위탁할 수 있다. <개정 2010. 1. 18>

3. 개별법이 없는 경우, 일반법의 적용문제[1] A159

개별법에 민간위탁에 관한 규정을 둔 경우, 그 개별법의 규정에 따라 민간위탁이 이루어질 수 있음은 분명하다. 문제는 개별법에 규정이 없는 경우, 일반법인 정부조직법 제6조 제3항에 따라 민간위탁이 이루어질 수 있는가의 여부이다. 정부조직법 제6조 제1항의 성격과 관련하여 견해는 나뉘고 있다.

(1) 학설 A160

학설은 ① 정부조직법 제6조 제1항이 위임의 근거가 된다는 적극설(긍정설),[2] ② 정부조직법 제6조 제1항은 행정관청의 권한은 위임이 가능하다는 일반원칙을 선언한 것에 불과한바, 위임의 근거가 될 수 없다는 소극설(부정설)로[3] 나뉜다.

(2) 판례 A161

판례는 적극설을 취한다. 즉 정부조직법 제6조 제1항을 위임과 재위임의 일반적 근거규정으로 본다.[4]

---

1) 이 부분은 최윤영, "지방자치단체 사무 민간위탁의 법적 근거," 지방자치법연구 통권 제44호, 385~387쪽 내용의 상당부분을 활용하였다.

2) 김남진 · 김연태, 행정법Ⅱ, 28쪽; 류지태 · 박종수, 행정법신론, 759쪽.

3) 박균성, 행정법론(하), 32쪽; 정하중, 행정법개론, 924쪽.

4) 대법원 1995. 7. 11, 94누4615(구 건설업법 관련규정에 의하면 건설부장관의 권한에 속하는 같은 법 제50조 제2항 제3호 소정의 영업정지 등 처분권한은 서울특별시장 · 직할시장 또는 도지사에게 위임되었을 뿐 시 · 도지사가 이를 구청장 · 시장 · 군수에게 재위임할 수 있는 근거규정은 없으나, 정부조직법 제5조(현행법 제6조) 제1항과 이에 기한 행정권한의위임및위탁에관한규정 제4조에 재위임에 관한 일반적인 근거규정이 있으므로 시 · 도지사는 그 재위임에 관한 일반적인 규정에 따라 위임받은 위 처분권한을 구청장 등에게 재위임할 수 있다); 대법원 1990. 2. 27, 89누5287(정부조직법 제5조 제1항은 법문상 권한의 위임 및 재위임의 근거규정임이 명백하고 같은 법이 국가행정기관의 설치, 조직, 직무범위의 대상을 정하는 데 그 목적이 있다는 이유만으로 권한위임, 재위임에 관한 위 규정마저 권한위임 등에 관한 대강을 정한 것에 불과할 뿐 권한위임의 근거규정이 아니라고 할 수는 없으므로 충청남도지사가 자기의 수임권한을 위임기관인 동력자원부장관의 승인을 얻은 후 충청남도의 사무 시, 군위임규칙에 따라 군수에게 재위임하였다면 이는 위 조항 후문 및 행정권한의위

(3) 사견 A162

(가) 소극설의 타당성 A163

정부조직법 제6조가 권한의 위임의 일반적인 근거가 된다고 하면, 그것은 권한을 법령으로 명확히 정하라는 행정조직법정주의에 상치되는 결과를 가져오고, 아울러 시민의 입장에서는 권한의 소재를 판단하는 데에 많은 어려움을 갖게 된다. 따라서 소극설이 타당하다고 본다. 다만 이하에서는 판례의 입장에 따라 정부조직법 제6조 제3항이 민간위탁의 직접적인 근거규정이 된다는 전제하에 기술하기로 한다.

(나) 권리 · 의무와 직접 관련된 사무의 경우 A164

판례가 정부조직법 제6조 제1항을 위임과 재위임의 일반적 근거규정으로 본다고 하여도, 정부조직법 제6조 제1항은 「국민의 권리 · 의무와 직접 관계되지 아니하는 사무」에 관한 것일 뿐, 「국민의 권리 · 의무와 직접 관계되는 사무」의 위임과 재위임의 일반적 근거규정이 된다고 한 것은 아니다. 「국민의 권리 · 의무와 직접 관계되는 사무」의 위임과 재위임은 개별 법률에 규정이 있는 경우에만 가능하다.

4. 일반법과 개별법의 우열문제[1] A165

(1) 일반법과 특별법 A166

개별 법률에서 민간위탁에 관한 규정을 두는 경우, 정부조직법 제6조 제3항에 반하는(다른) 사항을 규정할 수 있는지의 여부가 문제된다. 정부조직법 제6조 제3항은 민간위탁에 관한 특별 규정이라 할 수는 없고, 일반법일 뿐이다. 오히려 개별법을 특별법이라 할 수 있다. 따라서 개별 법률에서 정부조직법 제6조 제3항에 반하는(다른) 내용을 규정할 수도 있을 것이다.

(2) 기본법과 구체화법 A167

정부조직법 제6조 제3항은 기본법이고, 개별법은 기본법의 구체화이므로 개별법은 기본법에 반할 수도 없다는 주장이 나올 수도 있다. 기본 법률에서 '기본 법률에 반하는(다른) 사항을 규정하는 구체화 법률은 무효'라고 규정하는 경우가 아니라

임및위탁에관한규정 제4조에 근거를 둔 것으로서 적법한 권한의 재위임에 해당하는 것이다).

1) 이 부분은 최윤영, "지방자치단체 사무 민간위탁의 법적 근거," 지방자치법연구, 통권 제44호, 385쪽의 내용을 요약 · 활용하였다.

면,[1] 기본 법률에 반하는 구체화 법률을 위법한 것이라 하기 어렵다. 왜냐하면 기본 법률이나 구체화 법률 모두 국회의 일반적인 법률제정절차에 따른 것이기 때문이다. 물론 기본 법률과 구체화 법률이 상반된 내용을 갖는다면, 경우에 따라서는 조정하는 입법이 필요할 것이다. 다만, 기본 법률의 내용이 헌법적 차원의 것인데, 구체화 법률의 내용이 이에 반한다면, 그것은 헌법위반의 문제가 될 것이다.

5. 정부조직법의 구체화로서 행정권한의 위임 및 위탁에 관한 규정 A168

정부조직법 제6조 제3항은 대통령령인 행정권한의 위임 및 위탁에 관한 규정에 의해 구체화되고 있다. 민간위탁사무에 관하여는 다른 법령에 특별한 규정이 없으면 이 영(행정권한의 위임 및 위탁에 관한 규정)에서 정하는 바에 따른다(같은 규정 제10조).

제2절 지방자치 행정상 법적 근거 A169

Ⅰ. 헌법과 지방자치 A170

1. 제도보장과 지방자치의 구체적 형성 A171

헌법은 제117조와 제118조에서 지방자치에 관해 규정하고 있다. 이 조항들은 지방자치를 헌법상 제도로서 보장할 뿐만 아니라[2] 지방자치의 구체적인 형성을 입법자에게 맡겨두고 있다.[3] 이 때문에 헌법제정권력자는 지방자치의 영역에서 민간위탁을 도입할 것인지의 여부 등을 입법자의 판단에 맡긴 것으로 볼 수 있다. 지방자치단체

1) 기본 법률에서 "'기본 법률에 반하는 사항을 규정하는 구체화법률'은 무효이다"라는 규정을 둘 수 있는가의 여부가 문제될 수 있다. 입법자는 헌법에 반하지 않는 범위 안에서 입법형성의 자유를 갖는다고 보면, 그러한 규정을 두기는 어려울 것이다. 구체화 법률이 위헌적이라면, 그것은 기본 법률과 구체화 법률의 관계의 문제는 아닐 것이다.

2) 자세한 것은 졸저, 신지방자치법, 37쪽 이하; 헌법재판소 2008. 5. 29, 2005헌라3; 헌법재판소 1994. 12. 29, 94헌마201 참조.

3) 이에 관해 졸저, 신지방자치법, 68쪽 이하 참조.

에 민간위탁을 도입할 것인지의 여부 등에 대한 입법자들의 판단은 지방자치에 관한 일반법인 지방자치법에 대한 검토의 문제가 된다.

▣ 헌법 제117조 ① 지방자치단체는 주민의 복리에 관한 사무를 처리하고 재산을 관리하며, 법령의 범위안에서 자치에 관한 규정을 제정할 수 있다.
② 지방자치단체의 종류는 법률로 정한다.
제118조 ① 지방자치단체에 의회를 둔다.
② 지방의회의 조직·권한·의원선거와 지방자치단체의 장의 선임방법 기타 지방자치단체의 조직과 운영에 관한 사항은 법률로 정한다.

2. 지방자치법 A172

초기의 지방자치법(1949. 8. 15 시행)에는 민간위탁에 관한 규정이 없었다. 1988. 5. 1.에 시행된 개정 지방자치법 제95조 제3항에서 처음으로 민간위탁에 관한 규정이 나타났다. 현행 지방자치법에서는 제104조에서 규정하고 있으나, 아래 조문에서 보는 바와 같이, 양자의 민간위탁 규정방식에 다소 차이가 보인다.

▣ 지방자치법(시행 1988. 5. 1) 제95조 (사무의 위임등) ③ 지방자치단체의 장은 조례가 정하는 바에 의하여 그 권한에 속하는 사무의 일부를 법인 또는 단체에 위탁할 수 있다. 이 경우 법인 또는 단체에 위탁하는 사무가 주민의 권리·의무와 직접 관계되는 때에는 법령의 근거가 있는 경우에 한한다.

▣ 지방자치법(현행, 2012. 9. 22) 제104조(사무의 위임 등) ③ 지방자치단체의 장은 조례나 규칙으로 정하는 바에 따라 그 권한에 속하는 사무 중 조사·검사·검정·관리업무 등 주민의 권리·의무와 직접 관련되지 아니하는 사무를 법인·단체 또는 그 기관이나 개인에게 위탁할 수 있다.
④ 지방자치단체의 장이 위임받거나 위탁받은 사무의 일부를 제1항부터 제3항까지의 규정에 따라 다시 위임하거나 위탁하려면 미리 그 사무를 위임하거나 위탁한 기관의 장의 승인을 받아야 한다.

[참고] 각종 업무의 예[1] A173

조사업무의 예: 도로교통량 조사, 통계조사
검사·검정업무의 예: 신체검사, 고엽제후유증환자의 재분류
관리업무의 예: 공원시설의 관리, 도서관·박물관의 시설관리

---

1) 민간위탁 실무편람, 8쪽.

Ⅱ. 조례 A174

1. 일반 조례 A175

지방자치단체는 지방자치법 제104조에 근거하여 일반법으로서 「○○시 행정사무의 민간위탁에 관한 조례」라는 일반 조례를 두고 있다. 이러한 일반 조례는 해당 지방자치단체의 자치법으로서 일반법의 성격을 갖는다.

▣ 서울특별시 행정사무의 민간위탁에 관한 조례 제1조(목적) 이 조례는 「지방자치법」 제104조에 따라 서울특별시장의 권한에 속하는 사무 중 법인·단체 또는 그 기관이나 개인에게 위탁할 사무를 정하여 민간의 자율적인 행정참여기회를 확대하고 사무의 간소화로 인한 행정능률 향상을 목적으로 한다. <개정 2009. 7. 30>
제3조(적용범위) 위탁사무에 관하여는 다른 법령 또는 조례에 특별한 규정이 있는 경우를 제외하고는 이 조례가 정하는 바에 따른다. <개정 2009. 7. 30>

2. 개별 조례 A176

민간위탁에 관한 규정을 두고 있는 개별 조례(예: 서울특별시 사회복지시설 설치 및 운영에 관한 조례 제6조)도 적지 않다. 이러한 개별 조례는 해당 지방자치단체에서 자치법으로서 특별법의 성격을 갖는다.

▣ 서울특별시 사회복지시설 설치 및 운영에 관한 조례 제6조(관리 · 운영의 위탁) ① 시장은 사회복지시설의 효율적인 운영을 위하여 사회복지법인이나 비영리법인에게 사회복지시설의 관리·운영을 위탁할 수 있다. <전문개정 2011. 7. 28>

▣ 서울특별시 기후변화기금의 설치 및 운용에 관한 조례 제7조(기금의 운용 · 관리) ① 시장은 기금을 시금고에 예치·관리하되, 기금의 자금을 서울특별시재정투융자기금에 예탁할 수 있다.
⑤ 시장은 필요하다고 인정되는 경우에는 규칙으로 정하는 바에 따라 기금의 일부에 대한 운용·관리를 금융기관이나 법인·단체 등에 위탁할 수 있다. <개정 2013. 10. 4>

Ⅲ. 개별 조례에 없는 경우, 일반 조례의 적용문제[1] A177

1. 권리 · 의무와 직접 관련되지 아니한 사무의 경우 A178

개별 조례에 민간위탁의 근거규정이 없는 경우에 일반 조례(예: 서울특별시 행정사무의 민간위탁에 관한 조례)에 근거하여 민간위탁을 할 수 있는가의 문제는 개별 법률에 위임의 근거규정이 없는 경우, 정부조직법 제6조 제1항이 위임의 근거규정이 될 수 있는가의 문제와 동일한 논리의 문제가 된다. 필자는 소극설을 취하지만, 정부조직법 제6조 제1항이 위임의 직접적인 근거규정이 된다는 판례의 입장에서 보면, 일반 조례가 민간위탁의 근거규정이 된다고 볼 것이다. 실무의 경우도 같다(아래 참고를 보라). 이 글에서는 판례의 입장에 따라 일반 조례가 민간위탁의 직접적인 근거규정이 된다는 전제하에 기술하기로 한다.

[참고] 일반 조례를 법적 근거로 민간위탁한 서울특별시의 사례 A179

■ 사례 1 ■ 서울특별시 돈화문국악예술당 운영
[사업목적]
궁중문화예술인 정재(궁중무용) · 정악(궁중음악) 중심의 상설 · 전문 공연장을 건설 · 운영하여 서울을 대표하는 관광자원으로서 궁중문화의 세계화 도모
[위탁사무]
돈화문국악예술당의 인력 및 시설물의 관리 · 운영
돈화문국악예술당의 홍보, 마케팅, 예산 및 프로그램 운영 등
[법적 근거]
▣ 문화예술진흥법 제5조(문화예술 공간의 설치 권장) ① 국가와 지방자치단체는 문화예술 활동을 진흥시키고 국민의 문화 향수 기회를 확대하기 위하여 문화시설을 설치하고 그 문화시설이 이용되도록 시책을 강구하여야 한다.
③ 국가와 지방자치단체는 제1항에 따른 문화시설의 효율적인 관리와 이용을 촉진하기 위하여 필요하면 그 문화시설의 관리를 비영리 법인 · 단체 또는 개인에게 위탁할 수 있다.
▣ 지방자치법 제9조(지방자치단체의 사무범위) ① 지방자치단체는 관할 구역의 자치사무와 법령에 따라 지방자치단체에 속하는 사무를 처리한다.
② 제1항에 따른 지방자치단체의 사무를 예시하면 다음 각 호와 같다. 다만, 법률에 이와 다른 규정이 있으면 그러하지 아니하다. <개정 2007. 4. 6., 2007. 5. 17., 2009. 12. 29., 2011. 7. 14.>

---

1) 이 부분은 최윤영, "지방자치단체 사무 민간위탁의 법적 근거," 지방자치법연구, 통권 제44호, 391쪽 내용의 상당부분을 활용하였다.

5. 교육 · 체육 · 문화 · 예술의 진흥에 관한 사무
나. 도서관 · 운동장 · 광장 · 체육관 · 박물관 · 공연장 · 미술관 · 음악당 등 공공교육 · 체육 · 문화시설의 설치 및 관리
▣ 지방자치법 시행령 제8조(지방자치단체의 종류별 사무) 법 제10조 제2항에 따른 지방자치단체의 종류별 사무의 예시는 별표 1과 같다. 다만, 다른 법령에 이와 다른 규정이 있는 경우에는 그러하지 아니하다.
[별표 1] 지방자치단체의 종류별 사무(제8조 관련)

구분	시 · 도 사무	시 · 군 · 자치구 사무
5. 교육 · 체육 · 문화 · 예술의 진흥에 관한 사무 나. 도서관 …공연장…문화시설의 설치 및 관리 (생략)	6) …문화시설의 운영 · 관리 및 지원	생략

▣ 서울특별시 행정사무의 민간위탁에 관한 조례 제6조(민간위탁 사무내용) 제4조에 따라 민간에 위탁할 수 있는 사무는 다음 각 호와 같다.
3. 문화 · 관광시설의 운영에 관한 사무

■ 사례 2 ■ 서울시 행복플러스작업장 운영
[사업목적]
성인기 중증 발달장애인을 대상으로 직업재활 등 사회적응을 통한 자립을 종합적으로 지원할 수 있는 허브역할의 복합기능 센터 건립
[위탁사무]
보호작업장 운영, 단기보호시설 운영
[법적 근거]
▣ 장애인복지법 제59조(장애인복지시설 설치) ① 국가와 지방자치단체는 장애인복지시설을 설치할 수 있다.
▣ 서울특별시 행정사무의 민간위탁에 관한 조례 제4조(민간위탁 사무의 기준) ① 시장은 법령이나 조례에 정한 시장의 소관사무 중 조사 · 검사 · 검정 · 관리업무 등 시민의 권리 · 의무와 직접 관계되지 아니하는 다음의 사무를 민간위탁 할 수 있다.
3. 특수한 전문지식이나 기술을 요하는 사무
제6조(민간위탁 사무내용) 제4조에 따라 민간에 위탁할 수 있는 사무는 다음 각 호와 같다.
1. 노인 · 장애인 · 여성 · 청소년 · 노숙인 등 복지시설의 운영에 관한 사무

2. 권리 · 의무와 직접 관련된 사무의 경우 A180

국가행정의 경우에 언급한 바와 같다.[1] 즉, 지방자치법 제104조 제3항은 「주민의 권리 · 의무와 직접 관계되지 아니하는 사무」에 관한 것일 뿐, 「주민의 권리 · 의무

1) 관련 사항의 해설, 옆번호 A164를 보라.

와 직접 관계되는 사무」의 위임과 재위임의 일반적 근거규정이 된다고 할 것은 아니다. 「주민의 권리·의무와 직접 관계되는 사무」의 위임과 재위임은 개별 법률에 규정이 있는 경우에만 가능하다.

Ⅳ. 일반 조례와 개별 조례의 우열문제[1) A181

1. 일반법으로서 일반 조례와 특별법으로서 개별 조례 A182

개별 조례에서 민간위탁에 관한 규정을 두는 경우, 일반 조례에 반하는(다른) 사항을 규정할 수 있는지의 여부가 문제된다. 일반 조례는 민간위탁에 관한 특별규정이라 할 수는 없고, 일반법일 뿐이다. 오히려 개별 조례가 특별법이라 할 수 있다. 따라서 개별 조례에서 일반 조례에 반하는(다른) 내용을 규정할 수도 있을 것이다.

2. 기본법으로서 일반 조례와 구체화법으로서 개별 조례 A183

일반 조례는 기본법이고, 개별 조례는 기본법의 구체화법이므로 개별 조례는 일반 조례에 반할 수도 없다는 주장도 보인다.[2)] 일반 조례에서 일반 조례에 반하는 사항을 규정하는 개별 조례는 무효라고 규정하는 경우가 아니라면, 일반 조례에 반하는 개별 조례를 위법한 것이라 하기 어렵다. 왜냐하면 일반 조례나 구체화조례인 개별 조례 모두 지방의회의 일반적인 조례제정절차에 따른 것이기 때문이다. 물론 일반 조례과 개별 조례가 상반된 내용을 갖는다면, 조정하는 입법이 필요할 것이다. 다만, 일반 조례의 내용이 헌법적 차원의 것인데, 개별 조례의 내용이 이에 반한다면, 그것은 헌법위반의 문제가 될 것이다.

---

1) 이 부분은 최윤영, "지방자치단체 사무 민간위탁의 법적 근거," 지방자치법연구, 통권 제44호, 391쪽 내용의 상당부분을 활용하였다.

2) 민간위탁 실무편람, 58쪽(민간위탁조례는 민간위탁에 관한 기본조례이므로 각 시설의 설치·운영에 관한 조례를 별도로 정할 수는 있으나 민간위탁 조례에 배치되는 내용을 규정할 수 없음).

제3절 행정실무상 법적 근거의 유형 – 서울특별시의 경우 A184

이 절에서는 민간위탁의 법적 근거가 행정실무상 어떠한 형태로 반영되고 있는지를 살펴보기로 한다. 민간위탁이 가장 활발하고 질서있게 규율되고 있다고 보이는 서울특별시의 경우를 중심으로 살펴보기로 한다.

Ⅰ. 일반 조례를 민간위탁의 근거로 하는 경우 A185

개별 법률이나 개별 조례에 민간위탁에 관한 규정이 없지만, 일반 조례(서울특별시 행정사무의 민간위탁에 관한 조례)에 근거하여 민간위탁이 이루어지는 경우가 있다(아래의 예를 보라). 개별법이 없는 경우에 일반법인 정부조직법 제6조 제1항이 법적 근거가 될 수 있다는 판례 입장을[1] 유추하면, 일반 조례에 의한 민간위탁도 가능하지만, 행정조직법의 관점에서 보면 문제가 있다. 개별 조례로 문제를 해결할 필요가 있다.

[관련 사례] **A186**

■ 사례 1 ■ 사회적 배려기업 등의 유통판로 지원을 위한 공동전시 · 판매장 설치 및 운영 사무의 민간위탁(사무위탁형)
[사업목적]
사회적 배려기업의 유통 마케팅 활성화를 통한 판로개척 지원
[위탁사무]
공동판매전시장 설치, 입점기업(제품) 모집 및 선정, 공동판매전시장 운영 등
[법적 근거]
▣ 서울특별시 행정사무의 민간위탁에 관한 조례 제4조(민간위탁 사무의 기준 등), 제6조(민간위탁 사무내용)
[참고조문]
▣ 중소기업제품 구매촉진 및 판로지원에 관한 법률 제26조(판로지원사업) ④ 중소기업청장은 중소기업의 경쟁력 강화를 위하여 필요하다고 인정하면 매년 특별시장 · 광역시장 · 도지사 및

---

1) A161을 보라.

특별자치도지사(이하 "시·도지사"라 한다)와 공동으로 국내외 판로 개척을 위한 지원사업을 실시할 수 있다.

■ 사례 2 ■ 서울특별시 돈화문국악예술당 운영 사무의 민간위탁(시설 · 사무위탁형)
[내용] A179의 첫 번째 사례를 보라.

■ 사례 3 ■ 서울특별시 행복플러스작업장 운영 사무의 민간위탁(시설 · 사무위탁형)
[내용] A179의 두 번째 사례를 보라.

Ⅱ. 개별 조례를 민간위탁의 근거로 하는 경우 A187

개별 법률에 민간위탁에 관한 규정이 없지만, 개별 조례에 근거하여 민간위탁이 이루어지는 경우가 있다(아래의 예를 보라).

[관련 사례] **A188**

■ 사례 1 ■ 청년종합활동공간 관리 및 운영사무의 민간위탁(시설 · 사무위탁형)
[사업목적]
청년들이 네트워킹과 협업을 통해 청년문제(일자리·생활안전망·건강 등)를 스스로 고민하고 해결하는 청년활동 거점공간 마련 등
[위탁사무]
청년종합활동공간 설치 및 시설 관리·운영, 청년단체 활동(공간 및 청년문제를 해결하고자 하는 사업) 공모 지원, 청년층의 노동권리보호 및 청년일자리 지원사업(진로상담, 교육, 취업알선 등), 문화·복지사업 등
[법적 근거]
▣ 구 서울특별시 청년일자리 기본 조례 제11조(청년 일자리 허브의 설치·운영) ③ 시장은 허브 구내·외에 청년문화·복지·공동체 형성을 위한 청년종합공간을 설치·운영할 수 있다.
④ 시장은 「서울특별시 행정사무의 민간위탁에 관한 조례」에 따라 허브를 민간에 위탁하여 운영하거나 별도의 독립 법인을 설립할 수 있다.
⑤ 시장은 제3항에 따라 민간위탁하는 경우에는 경비의 전부 또는 일부를 예산의 범위에서 지원할 수 있다.
* 2015. 1. 2. 개정으로 현재는 삭제된 조문임.

■ 사례 2 ■ 서울특별시 부모학습지원센터 운영 사무의 민간위탁(사무위탁형)
[사업목적]
서울시 모든 시민이 건강한 부모로 성장하고 올바른 부모역할을 실현할 수 있도록 평생학습체계로서의 부모교육을 체계화하고자 부모학습지원센터 운영

[위탁사무]
부모학습의 재개념화를 통한 특화된 부모학습프로그램 제공, 부모학습기관 간 프로그램 공유 및 네트워크 관리 등
[법적 근거]
▣ 서울특별시 부모학습 지원 조례 제12조(부모학습기관의 설립 및 위탁) ② 시장은 이 조례에서 정하는 시장의 권한에 속하는 사무의 일부를 제1항의 부모학습 허브기관이나 관련 법인 또는 단체에 위탁 운영하게 할 수 있다.
③ 제2항에 따라 부모학습을 위탁하는 경우 필요한 절차, 방법 등에 관한 사항은 「서울특별시 행정사무의 민간위탁에 관한 조례」를 준용한다.

■ 사례 3 ■ 몽촌토성 관리 사무의 민간위탁(시설 · 사무위탁형)
[사업목적]
서울올림픽공원 내 위치한 몽촌토성의 효율적 관리
[위탁사무]
몽촌토성 및 몽촌해자, 88호수 등 부속시설에 대한 미화, 경비, 조경 등
[법적 근거]
▣ 서울특별시 문화재 보호 조례 제41조(시 소유 문화재의 운영위탁) ① 시장은 시 소유 문화재의 효율적 관리 · 운영을 위하여 다음 각 호의 어느 하나에 해당하는 자에게 시 소유 문화재의 관리 및 운영을 위임 또는 위탁할 수 있다.
1. 문화재 보전, 전승 또는 문화예술 창달을 목적으로 하는 법인, 단체 또는 자치구
2. 시 소유 문화재를 관광자원화하거나 명소(名所)화할 수 있는 법인, 단체 또는 자치구
② 제1항에 따라 위임 또는 위탁을 할 수 있는 시 소유 문화재는 별표 2와 같다.
③ 시 소유 문화재 운영의 위탁절차 등에 관하여는 「서울특별시 행정사무의 민간위탁에 관한 조례」를 준용한다.

Ⅲ. 개별 법률과 일반 조례를 민간위탁의 근거로 하는 경우 A189

개별 법률에 민간위탁에 관한 규정이 있으나, 개별 조례에 민간위탁에 관한 규정이 없는바, 일반 조례(서울특별시 행정사무의 민간위탁에 관한 조례)에 근거하여 민간위탁이 이루어지는 경우가 있다(아래의 예를 보라). 판례 입장에 따르면, 일반 조례에 의한 민간위탁도 가능하지만, 행정조직법의 관점에서 보면 역시 문제가 있다. 개별 조례로 문제를 해결할 필요가 있다.

[관련 사례] A190

■ 사례 1 ■ 서울특별시 지하철 제9호선 2 · 3단계 구간 운영사무의 민간위탁(시설 · 사무위탁형)

[사업목적]

서울의 강남지역의 동서간을 연결하고, 상대적으로 교통 소외지역인 송파, 강동 외곽지역에 도시철도 서비스 제공과 지역간 균형발전 도모

[위탁사무]

서울시 지하철 제9호선 2·3단계 구간 도시철도운송사업(여객운송, 열차운행, 차량정비)

[법적 근거]

▣ 도시철도법 제42조(도시철도운송사업의 위탁) ① 국가나 지방자치단체가 도시철도운영자인 경우에는 도시철도운송사업을 법인에 위탁할 수 있다.

▣ 서울특별시 행정사무의 민간위탁에 관한 조례 제4조(민간위탁 사무의 기준), 제6조(민간위탁 사무내용)

■ 사례 2 ■ 여성긴급전화 1366 서울센터 사무의 민간위탁(사무위탁형)

[사업목적]

폭력상황에 처한 피해여성들에게 긴급 서비스 제공

[위탁사무]

365일, 24시간 여성폭력 긴급전화 신고 접수 및 상담. 피해자에 대한 긴급한 구조의 지원

[법적 근거]

▣ 가정폭력방지 및 피해자보호 등에 관한 법률 제4조의6(긴급전화센터의 설치·운영 등) ① 여성가족부장관 또는 특별시장·광역시장·도지사·특별자치도지사(이하 "시·도지사"라 한다)는 다음 각 호의 업무 등을 수행하기 위하여 긴급전화센터를 설치·운영하여야 한다. …

② 여성가족부장관 또는 시·도지사는 제1항에 따른 긴급전화센터의 설치·운영을 대통령령으로 정하는 기관 또는 단체에 위탁할 수 있다.

▣ 서울특별시 행정사무의 민간위탁에 관한 조례 제4조(민간위탁 사무의 기준), 제6조(민간위탁 사무내용)

■ 사례 3 ■ 발달장애 아이존[동남권] 사무의 민간위탁(사무위탁형)

[사업목적]

발달장애를 가진 아동청소년에게 전문적이고 다학제적인 조기개입을 통하여 가정, 학교, 지역사회로의 적응 및 건강한 성인으로 성장발달 도모

[위탁사무]

발달장애 아동을 위한 프로그램(개별, 집단) 개발, 정신건강의학과 전문의를 통한 치료 및 연계계획 수립, 부모 및 가족 교육 프로그램(개별, 집단) 운영, 지역사회 연계 사업 등

[법적 근거]

▣ 정신보건법 제15조(사회복귀시설의 설치·운영) ① 국가 또는 지방자치단체는 사회복귀시설을 설치·운영할 수 있다.

⑤ 국가 또는 지방자치단체는 필요한 경우 사회복귀시설을 사회복지법인 또는 비영리법인에

게 위탁하여 운영할 수 있다.
▣ 서울특별시 행정사무의 민간위탁에 관한 조례 제4조(민간위탁 사무의 기준), 제6조(민간위탁 사무내용)

Ⅳ. 개별 법률과 개별 조례를 민간위탁의 근거로 하는 경우 A191

개별 법률에 민간위탁에 관한 규정이 있고, 동시에 개별 조례에 민간위탁에 관한 규정이 있는 경우에 이루어지는 민간위탁이 있다(아래의 예를 보라).

[관련 사례]

■ 사례 1 ■ 시립 청소년단기쉼터(여성) 운영사무의 민간위탁(시설 · 사무위탁형)
[사업목적]
가출청소년에게 보호, 학업유지 및 자활지원을 통해 사회복귀지원, 위기청소년에게 문화체험 기회 등을 제공하여 균형잡힌 성장 유도
[위탁사무]
시립 청소년쉼터(이동) 관리 · 운영(시설물, 장비 등 포함), 위기개입상담 · 진로지도 등 상담서비스 제공, 가출청소년의 조기구조 · 발견 등
[법적 근거]
▣ 청소년복지 지원법 제16조(청소년 가출 예방 및 보호 · 지원) ③ 여성가족부장관 또는 지방자치단체의 장은 제1항에 따른 청소년 가출 예방 및 보호 · 지원에 관한 업무를 「청소년기본법」 제3조 제8호에 따른 청소년단체(이하 "청소년단체"라 한다)에 위탁할 수 있다.
▣ 서울특별시 청소년시설 설치 및 운영에 관한 조례 제10조(권한의 위임 또는 위탁) ① 시장은 별표 1의 청소년시설에 대한 다음 각 호의 권한을 규칙이 정하는 바에 따라 자치구청장에게 위임하거나 청소년단체에 위탁할 수 있다. …
② 제1항 각 호 외의 부분 본문에 따라 청소년시설을 청소년단체에 위탁하여 운영하는 경우 이 조례에서 정하지 아니한 사항은 「서울특별시 행정사무의 민간위탁에 관한 조례」를 준용하고, 예산 · 회계에 관하여 필요한 사항은 「사회복지법인 재무 · 회계 규칙」을 준용하게 할 수 있다.

■ 사례 2 ■ 시립 보라매 청소년수련관 운영사무의 민간위탁(시설 · 사무위탁형)
[사업목적]
청소년수련활동 지원 및 제공
[위탁사무]
청소년사업(수련 · 교류 · 문화활동, 자원봉사 등) 운영, 교육문화 · 생활체육 프로그램 운영, 생명사랑활동 등

[법적 근거]

■ 청소년활동 진흥법 제16조(수련시설 운영의 위탁) ① 국가 또는 지방자치단체, 제11조 제3항에 따라 허가를 받은 수련시설 설치·운영자는 수련시설의 효율적 운영을 위하여 청소년단체에 그 운영을 위탁할 수 있다.

② 국가 또는 지방자치단체는 제1항에 따라 수련시설의 운영을 위탁받은 청소년단체(이하 "위탁운영단체"라 한다)에 예산의 범위에서 그 위탁된 수련시설의 운영에 필요한 경비를 지원할 수 있다.

■ 서울특별시 청소년시설 설치 및 운영에 관한 조례 제10조(권한의 위임 또는 위탁) ① 시장은 별표 1의 청소년시설에 대한 다음 각 호의 권한을 규칙이 정하는 바에 따라 자치구청장에게 위임하거나 청소년단체에 위탁할 수 있다. …

② 제1항 각 호 외의 부분 본문에 따라 청소년시설을 청소년단체에 위탁하여 운영하는 경우 이 조례에서 정하지 아니한 사항은 「서울특별시 행정사무의 민간위탁에 관한 조례」를 준용하고, 예산·회계에 관하여 필요한 사항은 「사회복지법인 재무·회계 규칙」을 준용하게 할 수 있다.

■ 사례 3 ■ 서울노동권익센터 운영사무의 민간위탁(시설 · 사무위탁형)

[사업목적]

취약근로자의 권익보호 및 복지증진 사업 추진, 근로여건 실태조사, 자치구 노동복지센터 체계적 지원 등

[위탁사무]

권익보호 및 법률지원, 연구조사와 전략사업발굴, 교육훈련 및 시민홍보, 건강 및 산업안전 증진, 사업지원과 네트워킹 구축

[법적 근거]

■ 근로복지기본법 제29조(근로복지시설의 운영위탁) ① 국가 또는 지방자치단체는 제28조 제1항에 따라 설치한 근로복지시설을 효율적으로 운영하기 위하여 필요한 경우에는 공단 또는 비영리단체에 운영을 위탁할 수 있다.

② 국가 또는 지방자치단체는 제1항에 따라 근로복지시설의 운영을 위탁한 경우에는 예산의 범위에서 운영에 필요한 경비의 일부를 보조할 수 있다.

■ 서울특별시 근로자복지시설의 설치 및 운영에 관한 조례 제6조(관리·운영의 위탁) ① 시장은 복지시설의 효율적인 운영을 위하여 적정한 능력을 갖춘 법인·단체 또는 그 기관이나 개인에게 제3조에 따른 복지시설의 관리·운영을 위탁할 수 있다. 이 경우 이 조례에 따른 시장의 사무 중 제5조에 따른 복지시설 이용제한의 조치에 관한 사무는 이를 수탁기관의 장에게 위탁된 것으로 본다.

② 복지시설 관리·운영의 위탁에 관하여 필요한 절차·방법은 「서울특별시 행정사무의 민간위탁에 관한 조례」 제7조부터 제19조까지를 준용한다.

제3장 민간위탁의 주체(민간위탁기관) A201

제1절 국가의 행정기관 A202

정부조직법 제6조 제3항과 행정권한의 위임 및 위탁에 관한 규정 제2조 제3항은 "행정기관"을 민간위탁의 주체(위탁기관)로 규정하고 있다. 아래에서 행정기관의 의미를 살피기로 한다.

▣ 정부조직법 제6조(권한의 위임 또는 위탁) ③ 행정기관은 법령으로 정하는 바에 따라 그 소관 사무 중 조사·검사·검정·관리 업무 등 국민의 권리·의무와 직접 관계되지 아니하는 사무를 지방자치단체가 아닌 법인·단체 또는 그 기관이나 개인에게 위탁할 수 있다.

▣ 행정권한의 위임 및 위탁에 관한 규정 제2조(정의) 3. "민간위탁"이란 법률에 규정된 행정기관의 사무 중 일부를 지방자치단체가 아닌 법인·단체 또는 그 기관이나 개인에게 맡겨 그의 명의로 그의 책임 아래 행사하도록 하는 것을 말한다.

Ⅰ. 위탁기관으로서 행정기관의 의의 A203

국가행정의 민간위탁에 관한 일반규정인 정부조직법 제6조 제3항과 그에 따른 행정권한의 위임 및 위탁에 관한 규정 제2조 제3항은 "행정기관"을 민간위탁의 주체

(위탁기관)로 규정하고 있다. 행정기관의 의미를 살펴보기로 한다.

1. 행정기관의 개념 A204

행정기관이란 행정주체인 국가나 지방자치단체 등의 행정조직을 구성하는 기본단위를 말한다. 모든 행정기관의 체계적인 전체가 국가나 지방자치단체 등의 행정조직을 구성한다. 이 때문에 행정조직은 행정기관을 본질적인 구성부분으로 한다.[1]

2. 행정기관의 종류[2] A205

행정조직법상 행정기관은 다음과 같이 여러 종류로 나누어 볼 수 있다.

(1) 행정관청 A206

행정관청이란 법상 주어진 권한의 범위 내에서 행정주체의 행정에 관한 의사를 결정하고 이를 외부에 대하여 표시하는 권한을 가진 행정기관(예: 장관, 시·도지사)을 말한다. 행정청 또는 의사기관이라고도 한다. 정부조직법상으로는 행정기관의 장으로 불리기도 한다(정부조직법 제7조 제1항 참조).

(2) 의결기관 A207

의결기관이란 다만 의사결정권한만을 가질 뿐, 표시권한을 갖지 아니하는 행정기관을 말한다(예: 국가공무원법 제81조의 징계위원회). 참여기관이라고도 한다.

(3) 보조기관 A208

보조기관이란 행정청의 의사결정을 보조하거나 행정청의 명을 받아 사무에 종사하는 기관을 말한다. 정부조직법상 차관, 실장, 국장 등이 이에 속한다(정부조직법 제2조 제3항 참조).

---

1) 졸저, 행정법원론(하), 옆번호 17.
2) 졸저, 행정법원론(하), 옆번호 25.

A

(4) 보좌기관 A209

보좌기관이란 장관이 특히 지시하는 사항에 관하여 장관과 차관을 직접 보좌하기 위하여 차관보를 둘 수 있으며, 중앙행정기관에서 그 기관의 장, 차관·차장·실장·국장 밑에 정책의 기획, 계획의 입안, 연구·조사, 심사·평가 및 홍보 등을 통하여 그를 보좌하는 기관을 말한다(정부조직법 제2조 제5항 참조).

(5) 기타 A210

이 밖에 행정청(예: 경찰서장)의 명을 받아 행정청이 발한 의사를 집행하여 행정상 필요한 상태를 실현하는 기관(예: 진압경찰)인 집행기관, 행정기관의 업무나 회계를 감독하고 조사하는 기관(예: 감사원, 감사관)인 감독기관(감사기관), 공익사업을 경영하고 관리하는 기관(예: 우체국)인 현업기관(공기업기관), 행정기관의 지원을 목적으로 하는 기관인 부속기관(예: 각종 연구소 등 연구기관) 등이 있다.

3. 위탁의 주체로서 행정기관 A211

민간위탁의 개념을 "법령이 정하는 공공사무(국가사무, 지방자치단체사무)를 민간(국가나 지방자치단체가 아닌 법인·단체 또는 그 기관이나 개인)에게 위탁하고, 민간은 위탁받은 사무를 자기의 이름과 책임으로 수행하는 것"이라고 정의할 때,[1] 민간에 위탁하기에 적합한 공공사무를 수행하는 모든 행정기관이 민간위탁의 주체가 될 수 있을 것이다. 달리 말한다면 행정의 실제상 행정관청이 민간위탁의 주체로 나타나는 경우가 대부분일 것이지만, 그렇다고 민간위탁의 주체로서 행정기관은 행정조직법상 행정관청에 한정된다고 말할 이유는 없다.

---

1) 자세한 것은 옆번호 A30을 보라.

Ⅱ. 위탁기관으로서 행정기관의 범위 A212

1. 국가행정기관 A213

정부조직법은 국가행정기관의 설치·조직과 직무범위의 대강을 정함을 목적으로 한다(정부조직법 제1조). 따라서 정부조직법 제6조 제3항에서 말하는 행정기관은 국가행정기관을 뜻하고 지방자치행정기관은 포함하지 아니한다.

2. 직접국가행정기관 A214

(1) 의의 A215

직접국가행정기관이란 국가의 행정을 수행하는 국가 자신의 고유한 기관(예: 기획재정부장관 등 행정각부의 장, 세무서장, 경찰서장)을 말한다. 국가행정기관의 설치 등은 정부조직법에서 규정되고 있다(정부조직법 제1조). 직접국가행정기관에는 중앙행정기관, 즉 전국적으로 권한을 갖는 기관(예: 기획재정부장관 등 장관, 경찰청장, 국세청장)과 특별지방행정기관, 즉 중앙행정기관(예: 경찰청장)의 감독하에 특정의 국가사무를 수행하는 국가의 특별지방행정기관(예: 서울지방경찰청장, 경찰서장)이 있다.[1]

(2) 위탁기관으로서 지위 A216

중앙행정기관의 설치 등은 정부조직법 제2조에서 규정되고 있고, 특별지방행정기관의 설치 등은 정부조직법 제3조에서 규정되고 있으므로, 중앙행정기관과 특별지방행정기관 모두 정부조직법 제6조 제3항에서 말하는 위탁기관이 될 수 있다.

> ■ 정부조직법 제2조(중앙행정기관의 설치와 조직 등) ① 중앙행정기관의 설치와 직무범위는 법률로 정한다.
> 제3조(특별지방행정기관의 설치) ① 중앙행정기관에는 소관사무를 수행하기 위하여 필요한 때에는 특히 법률로 정한 경우를 제외하고는 대통령령으로 정하는 바에 따라 지방행정기관을 둘 수 있다.

---

1) 졸저, 행정법원론(하), 옆번호 6.

3. 간접국가행정기관 A217

(1) 의의 A218

법적으로 독립된 법인(예: 한국방송공사, 한국토지주택공사)에 의해 수행되는 국가행정을 간접국가행정이라 부른다.[1] 그 법인 또는 그 법인의 대표자는 간접국가행정기관이 된다. 간접국가행정은 타기관의 지휘·감독이 아니라, 원칙적으로 법률에만 구속되면서 해당 법인의 고유의 책임으로 수행된다.

(2) 위탁기관으로서 지위 A219

정부조직법은 간접국가행정조직에 관해 규정하는 바가 없다. 따라서 정부조직법상 민간위탁 관련사항은 간접국가행정기관에는 적용되지 아니한다. 간접국가행정조직의 설치 등은 개별 법률에서 규정된다. 간접국가행정기관이 민간위탁을 할 것인가의 여부는 개별법이 정하는 바에 의한다. 사실 간접국가행정조직은 국가의 조직으로부터 분리되어 있기 때문에 직접국가행정조직에 적용되는 법리가 그대로 적용되기는 어렵다. 요컨대 간접국가행정기관에는 정부조직법상 민간위탁 관련사항이 적용되지 아니한다.

제2절 지방자치단체의 장 A220

지방자치법 제104조 제3항은 "지방자치단체의 장"을 민간위탁의 주체(위탁기관)로 규정하고 있다. 아래에서 지방자치단체의 장의 의미를 살피기로 한다.

■ 지방자치법 제104조(사무의 위임 등) ③ 지방자치단체의 장은 조례나 규칙으로 정하는 바에 따라 그 권한에 속하는 사무 중 조사·검사·검정·관리업무 등 주민의 권리·의무와 직접 관련되지 아니하는 사무를 법인·단체 또는 그 기관이나 개인에게 위탁할 수 있다.

1) 졸저, 행정법원론(하), 옆번호 7.

Ⅰ. 보통지방자치단체의 장 A221

1. 보통지방자치단체 A222

학설은 그 조직과 수행사무가 일반적이고 보편적인 지방자치단체를 보통지방자치단체라 부르고, 지방자치법 제2조 제1항에서 규정하는 지방자치단체를 보통지방자치단체로 구분하고 있다.[1)]

▣ 지방자치법 제2조(지방자치단체의 종류) ① 지방자치단체는 다음의 두 가지 종류로 구분한다.
1. 특별시, 광역시, 특별자치시, 도, 특별자치도
2. 시, 군, 구

2. 보통지방자치단체의 장 A223

지방자치법 제93조는 "지방자치단체의 장"에 관해 규정하고 있다. 지방자치단체의 장은 지방자치단체를 대표하고, 그 사무를 총괄한다(지방자치법 제101조).

▣ 지방자치법 제93조(지방자치단체의 장) 특별시에 특별시장, 광역시에 광역시장, 특별자치시에 특별자치시장, 도와 특별자치도에 도지사를 두고, 시에 시장, 군에 군수, 자치구에 구청장을 둔다. <개정 2011. 5. 30.>

3. 지방자치단체장의 위탁기관으로서 지위 A224

특별시장, 광역시장, 특별자치시장, 도지사, 특별자치도지사와 시장, 군수, 자치구 구청장이 지방자치법 제104조 제3항에서 정하는 "지방자치단체의 장"에 해당한다.

---

1) 졸저, 신지방자치법, 112쪽.

Ⅱ. 특별지방자치단체의 장 A225

1. 특별지방자치단체 A226

학설은 특정한 목적을 수행하기 위하여 필요한 경우에 설치되는 특별한 조직의 지방자치단체를 특별지방자치단체라 부르고, 특별지방자치단체의 종류로 ① 지방자치법 제2조 제3항에 의한 특별지방자치단체와 ② 특별법에 의한 지방자치단체(예: 지방자치법 제159조)로 구분한다.[1)]

▣ 지방자치법 제2조(지방자치단체의 종류) ① 지방자치단체는 다음의 두 가지 종류로 구분한다.
1. 특별시, 광역시, 특별자치시, 도, 특별자치도
2. 시, 군, 구
③ 제1항의 지방자치단체 외에 특정한 목적을 수행하기 위하여 필요하면 따로 특별지방자치단체를 설치할 수 있다.
④ 특별지방자치단체의 설치·운영에 관하여 필요한 사항은 대통령령으로 정한다.
제159조(지방자치단체조합의 설립) ① 2개 이상의 지방자치단체가 하나 또는 둘 이상의 사무를 공동으로 처리할 필요가 있을 때에는 규약을 정하여 그 지방의회의 의결을 거쳐 시·도는 행정자치부장관의, 시·군 및 자치구는 시·도지사의 승인을 받아 지방자치단체조합을 설립할 수 있다. 다만, 지방자치단체조합의 구성원인 시·군 및 자치구가 2개 이상의 시·도에 걸치는 지방자치단체조합은 행정자치부장관의 승인을 받아야 한다.

2. 특별지방자치단체의 장 A227

(1) 지방자치법 제2조 제3항의 특별지방자치단체 A228

지방자치법 제2조 제3항이 정하는 특별지방자치단체의 조직은 지방자치법 제4조 제4항이 정하는 바에 따라 지방자치법 시행령에서 규정될 사항이다. 현재로서 지방자치법 시행령은 이에 관하여 언급하는 바가 없다. 시행령에서 규정을 둔다면, 당연히 대표기관에 관한 규정도 둘 것이다.

---

1) 졸저, 신지방자치법, 114쪽. 한편, 지방자치법 제159조의 지방자치단체조합은 지방자치법 제2조 제3항의 특별지방자치단체에 해당하지 아니한다는 견해도 있다[김철용, 행정법(2012), 822쪽].

(2) 지방자치법 제159조의 지방자치단체조합 A229

지방자치법 제160조 제1항과 제161조 제3항을 보면, 지방자치법은 지방자치단체조합의 대표자를 지방자치단체조합장이라 부르고 있다.

> ■ 지방자치법 제160조(지방자치단체조합의 조직) ① 지방자치단체조합에는 지방자치단체조합회의와 지방자치단체조합장 및 사무직원을 둔다.
> 제161조(지방자치단체조합회의와 지방자치단체조합장의 권한) ③ 지방자치단체조합장은 지방자치단체조합을 대표하며 지방자치단체조합의 사무를 총괄한다.

3. 대표기관의 위탁기관으로서의 지위 A230

지방자치법 시행령에서 지방자치법 제2조 제3항이 정하는 특별지방자치단체의 조직을 규정하는 경우에 그 대표자와 지방자치법 제159조의 지방자치단체의 대표자인 조합장이 지방자치법 제104조 제3항에서 정하는 "지방자치단체의 장"에 해당한다고 볼 것인가의 여부가 문제된다. 생각건대 특별지방자치단체가 수행하는 사무 중 민간에 위탁하기에 적합한 공공사무가 있다면, 그러한 사무를 민간에 위탁하는 것을 소극적으로 볼 필요는 없을 것이다. 이러한 시각에서 보면, 특별지방자치단체의 장을 지방자치법 제104조 제3항에서 말하는 "지방자치단체의 장"에 해당한다고 볼 것이다.

제3절 수임기관 · 수탁기관 A231

Ⅰ. 정부조직법상 수임기관 · 수탁기관 A232

1. 수임기관 · 수탁기관의 의의 A233

정부조직법 제6조 제1항 본문은 행정기관의 소관사무의 일부를 보조기관 또는 하급행정기관에 위임하거나 다른 행정기관 · 지방자치단체 또는 그 기관에 위탁 또는 위임할 수 있음을 규정하고 있다. 이 조항에 따라 행정사무의 일부를 수임 또는 수탁받은 보조기관, 하급행정기관, 다른 행정기관, 그리고 지방자치단체 또는 그 기관을 정부조직법상 수임기관·수탁기관으로 부르기로 한다.

▣ 정부조직법 제6조(권한의 위임 또는 위탁) ① 행정기관은 법령으로 정하는 바에 따라 그 소관 사무의 일부를 보조기관 또는 하급행정기관에 위임하거나 다른 행정기관·지방자치단체 또는 그 기관에 위탁 또는 위임할 수 있다. …

2. 수임기관·수탁기관의 지위 A234

정부조직법 제6조 제2항은 수임기관으로서 보조기관은 위임받은 사항에 대하여는 그 범위에서 행정기관, 즉 위임행정기관의 지위에 놓인다는 것을 규정하고 있다. 그러나 보조기관이 아닌 수임기관·수탁기관도 수임사무·수탁사무를 처리하는 경우에는 위임기관의 권한을 행사하는 것이므로 위임행정기관의 성질을 갖는다고 볼 것이다.

▣ 정부조직법 제6조(권한의 위임 또는 위탁) ② 보조기관은 제1항에 따라 위임받은 사항에 대하여는 그 범위에서 행정기관으로서 그 사무를 수행한다.

3. 수임기관·수탁기관의 민간위탁기관으로서의 지위 A235

정부조직법 제6조 제3항은 행정기관이 민간위탁할 수 있음을 규정하고 있다. 문제는 정부조직법 제6조 제3항의 행정기관에 정부조직법 제6조 제1항 본문에 따라 행정사무를 수임·수탁받은 기관도 포함되는가의 여부이다. 정부조직법 제6조 제2항 및 수임기관·수탁기관의 지위를 고려한다면, 정부조직법 제6조 제1항 본문에 따라 행정사무를 수임·수탁받은 기관도 정부조직법 제6조 제3항의 행정기관에 해당된다고 볼 것이다.

▣ 정부조직법 제6조(권한의 위임 또는 위탁) ③ 행정기관은 법령으로 정하는 바에 따라 그 소관 사무 중 조사·검사·검정·관리 업무 등 국민의 권리·의무와 직접 관계되지 아니하는 사무를 지방자치단체가 아닌 법인·단체 또는 그 기관이나 개인에게 위탁할 수 있다.

4. 재위임의 경우 A236

정부조직법 제6조 제1항 단서는 행정사무의 재위임에 관해 규정하고 있다. 위임·위탁의 경우와 마찬가지로 정부조직법 제6조 제3항의 행정기관에 정부조직법 제6조 제1항 단서에 따라 행정사무를 재수임·재수탁받은 보조기관 또는 하급행정기관도 포함되는가의 여부가 문제된다. 재수임·재수탁기관도 위임기관의 권한을 행사하는 것이므로 위임행정기관의 성질을 갖는다고 볼 것인바, 정부조직법 제6조 제1항 단서에 따라 행정사무를 수임·수탁받은 기관도 정부조직법 제6조 제3항의 행정기관에 해당된다고 볼 것이다.

▣ 정부조직법 제6조(권한의 위임 또는 위탁) ① … 이 경우 위임 또는 위탁을 받은 기관은 특히 필요한 경우에는 법령으로 정하는 바에 따라 위임 또는 위탁을 받은 사무의 일부를 보조기관 또는 하급행정기관에 재위임할 수 있다.

5. 수임·수탁기관의 유형 A237

정부조직법 제6조 제1항의 법문에 비추어 수임·수탁기관으로 보조기관, 하급행정기관, 다른 행정기관, 지방자치단체 또는 그 기관을 볼 수 있다.

(1) 보조기관 A238

보조기관에 대한 행정권한의 위임의 예로 미래창조과학부장관이 우정사업본부장에게 "우정사업의 위탁에 관한 사항"을 위탁하는 경우(행정권한의 위임 및 위탁에 관한 규정 제21조의2 제1항 제14호 나목)를 볼 수 있다.

(2) 하급행정기관 A239

하급행정기관에 대한 행정권한의 위임의 예로 농림축산식품부장관이 식품의약품안전처장으로부터 위탁받은 "농산물 안전에 관한 교육·홍보, 교육·홍보의 위탁 및 예산지원에 관한 사항"을 국립농산물품질관리원장에게 위임하는 경우를 볼 수 있다(행정권한의 위임 및 위탁에 관한 규정 제32조 제11항 제6호).

(3) 다른 행정기관 A240

하급행정기관에 대한 행정권한의 위임의 예로 식품의약품안전처장이 해양수산부장관에게 "수산물 안전에 관한 교육·홍보, 교육·홍보의 위탁 및 예산지원"에 관한 사무를 위임하는 경우를 볼 수 있다(행정권한의 위임 및 위탁에 관한 규정 제18조 제5항 제6호).

(4) 지방자치단체 A241

지방자치단체에 대한 행정권한을 위임하는 예는 현재 찾아보기 어렵다.

(5) 지방자치단체의 기관 A242

지방자치단체의 기관에 대한 행정권한의 위임의 예로 교육부장관이 교육감에게 "「고등교육법 시행령」 제38조 제2항에 따른 시험종사자에 대한 수당 및 여비의 지급"에 관한 사무를 위임하는 경우를 볼 수 있다(행정권한의 위임 및 위탁에 관한 규정 제22조 제1항 제19호).

Ⅱ. 지방자치법상 수임기관·수탁기관 A243

1. 수임기관·수탁기관의 의의 A244

지방자치법 제104조 제1항은 지방자치단체의 장의 사무의 일부를 보조기관, 소속 행정기관 또는 하부행정기관에 위임할 수 있음을 규정하고 있고, 제2항은 관할 지방자치단체나 공공단체 또는 그 기관(사업소·출장소를 포함한다)에 위임하거나 위탁할 수 있음을 규정하고 있다. 이 조항에 따라 행정사무의 일부를 수임 또는 수탁받은 보조기관, 소속 행정기관, 하부행정기관, 관할 지방자치단체나 공공단체 또는 그 기관(사업소·출장소를 포함한다)을 지방자치법상 수임기관·수탁기관으로 부르기로 한다.

▣ 지방자치법 제104조(사무의 위임 등) ① 지방자치단체의 장은 조례나 규칙으로 정하는 바에 따라 그 권한에 속하는 사무의 일부를 보조기관, 소속 행정기관 또는 하부행정기관에 위임할 수 있다.
② 지방자치단체의 장은 조례나 규칙으로 정하는 바에 따라 그 권한에 속하는 사무의 일부를

관할 지방자치단체나 공공단체 또는 그 기관(사업소·출장소를 포함한다)에 위임하거나 위탁할 수 있다.

2. 수임기관 · 수탁기관의 지위 A245

지방자치법 제104조에서는 언급하는 바가 없지만, 지방자치법 제104조 제1항, 제2항에 따른 수임기관·수탁기관은 기능상 위임·위탁받은 사항에 대하여는 그 범위에서 행정기관, 즉 위임행정기관인 지방자치단체의 장의 지위에 놓인다.

3. 수임기관 · 수탁기관의 민간위탁기관으로서의 지위 A246

지방자치법 제104조 제3항은 지방자치단체의 장이 민간위탁할 수 있음을 규정하고 있다. 문제는 지방자치법 제104조 제1항, 제2항에 따라 행정사무를 수임·수탁받은 기관이 지방자치법 제104조 제3항의 지방자치단체의 장에 해당하는가의 여부이다. 수임기관·수탁기관이 기능상 위임기관·위탁기관의 지위에 선다고 볼 때, 지방자치법 제104조 제1항, 제2항에 따라 행정사무를 수임·수탁받은 기관도 지방자치법 제104조 제3항의 지방자치단체의 장에 해당된다고 볼 것이다.

▣ 지방자치법 제104조(사무의 위임 등) ③ 지방자치단체의 장은 조례나 규칙으로 정하는 바에 따라 그 권한에 속하는 사무 중 조사·검사·검정·관리업무 등 주민의 권리·의무와 직접 관련되지 아니하는 사무를 법인·단체 또는 그 기관이나 개인에게 위탁할 수 있다.

4. 재위임의 경우 A247

(1) 재위임의 주체로서 수임 지방자치단체의 장 A248

지방자치법 제104조 제4항은 행정사무의 재위임에 관해 규정하고 있다. 그런데 지방자치법 제104조 제4항은 재위임·재위탁의 주체로 지방자치단체의 장만을 규정하고 있다. 지방자치법 제104조 제4항은 지방자치법 제104조 제3항의 규정에 따라 민간위탁을 할 수 있음을 명시적으로 규정하고 있다. 물론 재위탁을 위해서는 지방자치법 제104조 제4항이 정하는 바에 따라 미리 그 사무를 위임하거나 위탁한 기관의 장의 승인을 미리 받아야 한다.

▣ 지방자치법 제104조(사무의 위임 등) ④ 지방자치단체의 장이 위임받거나 위탁받은 사무의 일부를 제1항부터 제3항까지의 규정에 따라 다시 위임하거나 위탁하려면 미리 그 사무를 위임하거나 위탁한 기관의 장의 승인을 받아야 한다.

(2) 재위임의 주체로서 보조기관 등 A249

지방자치법 제104조 제4항은 행정사무의 재위임·재위탁의 주체로 지방자치단체의 장만을 규정하고 있을 뿐, 보조기관 등에 관해서는 규정하는 바가 없다. 반대해석상 보조기관 등은 지방자치법 제104조 제4항에 근거하여 재위임·재위탁의 주체는 될 수 없다. 그러나 개별 법률에서 규정을 둔다면, 재위임·재위탁의 주체가 될 수 있을 것이다.

5. 수임기관·수탁기관의 유형 A250

지방자치법 제104조 제1항, 제2항의 법문에 비추어 수임기관·수탁기관으로 보조기관, 소속 행정기관, 하부행정기관, 관할 지방자치단체나 공공단체 또는 그 기관(사업소·출장소를 포함한다)을 볼 수 있다.

(1) 보조기관 A251

지방자치법상 특별시·광역시 및 특별자치시에 부시장, 도와 특별자치도에 부지사, 시에 부시장, 군에 부군수, 자치구에 부구청장을 보조기관으로 둔다(지방자치법 제110조). 보조기관의 의미는 A208에서 기술한 바와 같다.

(2) 소속 행정기관 A252

지방자치법은 소속 행정기관으로 직속기관, 사업소, 출장소, 합의제행정기관, 자문기관을 규정하고 있다.

(가) 직속기관 A253

지방자치단체는 그 소관 사무의 범위 안에서 필요하면 대통령령이나 대통령령으로 정하는 바에 따라 지방자치단체의 조례로 자치경찰기관(제주특별자치도에 한한다), 소방기관, 교육훈련기관, 보건진료기관, 시험연구기관 및 중소기업지도기관 등을 직속기관으로 설치할 수 있다(지방자치법 제113조).

(나) 사업소 A254

지방자치단체는 특정 업무를 효율적으로 수행하기 위하여 필요하면 대통령령으로 정하는 바에 따라 그 지방자치단체의 조례로 사업소를 설치할 수 있다(지방자치법 제114조).

(다) 출장소 A255

지방자치단체는 원격지 주민의 편의와 특정지역의 개발 촉진을 위하여 필요하면 대통령령으로 정하는 바에 따라 그 지방자치단체의 조례로 출장소를 설치할 수 있다(지방자치법 제115조).

(라) 합의제행정기관 A256

지방자치단체는 그 소관 사무의 일부를 독립하여 수행할 필요가 있으면 법령이나 그 지방자치단체의 조례로 정하는 바에 따라 합의제행정기관을 설치할 수 있다(지방자치법 제116조 제1항).

(마) 자문기관 A257

지방자치단체는 그 소관 사무의 범위에서 법령이나 그 지방자치단체의 조례로 정하는 바에 따라 심의회 · 위원회 등의 자문기관을 설치 · 운영할 수 있다(지방자치법 제116조의2 제1항).

(3) 하부행정기관[1)] A258

(가) 하부행정기관의 의의 A259

하부행정기관이란 지방자치단체의 장에 소속하면서, 지방자치단체의 장의 지휘 · 감독을 받으나, 어느 정도 독립성을 갖고서 소속 지방자치단체의 사무를 지역적으로 분담 · 처리하는 기관을 의미한다. 하부행정기관은 스스로 사무를 처리하는 점에서 내부적으로 보조만 하는 보조기관과 구별되고, 하부행정기관은 그 처리사무가 일반적인 점에서 처리사무가 전문적인 것인 소방기관 · 교육훈련기관 · 보건진료기관 · 시험연구기관 등의 직속기관과 구분된다.

1) 졸저, 신지방자치법, 404쪽에서 인용.

(나) 하부행정기관의 종류 A260

1) 구, 읍·면·동, 리 A261

특별시·광역시 및 특별자치시가 아닌 인구 50만 이상의 시에는 자치구가 아닌 구를 둘 수 있고, 군에는 읍·면을 두며, 시와 구(자치구를 포함한다)에는 동을, 읍·면에는 리를 둔다(지방자치법 제3조 제3항). 그리고 제7조 제2항에 따라 설치된 시(도농 복합형태의 시)에는 도시의 형태를 갖춘 지역에는 동을, 그 밖의 지역에는 읍·면을 두되, 자치구가 아닌 구를 둘 경우에는 그 구에 읍·면·동을 둘 수 있다(지방자치법 제3조 제4항).

▣ 지방자치법 제7조(시·읍의 설치기준 등) ② 다음 각 호의 어느 하나에 해당하는 지역은 도농(都農) 복합형태의 시로 할 수 있다.
1. 제1항에 따라 설치된 시와 군을 통합한 지역
2. 인구 5만 이상의 도시 형태를 갖춘 지역이 있는 군
3. 인구 2만 이상의 도시 형태를 갖춘 2개 이상의 지역의 인구가 5만 이상인 군. 이 경우 군의 인구가 15만 이상으로서 대통령령으로 정하는 요건을 갖추어야 한다.
4. 국가의 정책으로 인하여 도시가 형성되고, 제115조에 따라 도의 출장소가 설치된 지역으로서 그 지역의 인구가 3만 이상이고, 인구 15만 이상의 도농 복합형태의 시의 일부인 지역

2) 행정동·리 A262

동·리에서는 행정 능률과 주민의 편의를 위하여 그 지방자치단체의 조례로 정하는 바에 따라 하나의 동·리를 2개 이상의 동·리로 운영하거나 2개 이상의 동·리를 하나의 동·리로 운영하는 등 행정 운영상 동·리(이하 "행정동·리"라 한다)를 따로 둘 수 있다(지방자치법 제4조의2 제4항). 행정동·리에 그 지방자치단체의 조례로 정하는 바에 따라 하부 조직을 둘 수 있다(지방자치법 제4조의2 제5항).

(다) 하부행정기관의 장 A263

1) 장의 종류 A264

자치구가 아닌 구에 구청장, 읍에 읍장, 면에 면장, 동에 동장을 둔다. 이 경우 동은 제4조의2 제3항 및 제4항에 따른 행정동을 말한다(지방자치법 제117조).

2) 자치구가 아닌 구의 구청장 A265

자치구가 아닌 구의 구청장은 일반직 지방공무원으로 보하되, 시장이 임명한다(지방자치법 제118조 제1항). 자치구가 아닌 구의 구청장은 시장의 지휘·감독을 받아 소관 국가사무와 지방자치단체의 사무를 맡아 처리하고 소속 직원을 지휘·감독한다(지방자

치법 제119조).

3) 읍장 · 면장 · 동장 A266

읍장 · 면장 · 동장은 일반직 지방공무원으로 보하되, 시장 · 군수 및 자치구의 구청장이 임명한다(지방자치법 제118조 제2항). 읍장 · 면장은 시장이나 군수의, 동장은 시장(구가 없는 시의 시장을 말한다)이나 구청장(자치구의 구청장을 포함한다)의 지휘 · 감독을 받아 소관 국가사무와 지방자치단체의 사무를 맡아 처리하고 소속 직원을 지휘 · 감독한다(지방자치법 제119조).

4) 이장 A267

지방자치법 제4조의2 제4항에 따른 읍 · 면의 행정리에는 이장을 둔다(지방자치법 시행령 제81조 제1항). 제1항에 따른 이장은 주민의 신망이 두터운 자 중에서 해당 지방자치단체의 규칙으로 정하는 바에 따라 읍장 · 면장이 임명한다(지방자치법 시행령 제81조 제2항). 읍장 · 면장이 제2항에 따라 이장을 임명한 경우에는 이를 해당 시장이나 군수에게 보고하여야 한다(지방자치법 시행령 제81조 제3항).

㈑ 제주특별자치도의 특례 A268

▣ 제주특별자치도 설치 및 국제자유도시 조성을 위한 특별법 제15조(지방자치단체가 아닌 시 및 읍 · 면 · 동의 설치) ① 제주자치도는 「지방자치법」 제2조 제1항 및 제3조 제2항의 규정에 불구하고 그 관할구역 안에 지방자치단체인 시와 군을 두지 아니한다.
② 제주자치도의 관할구역 안에 지방자치단체가 아닌 시(이하 "행정시"라 한다)를 두고, 행정시에는 도시의 형태를 갖춘 지역에는 동을, 그 밖의 지역에는 읍 · 면을 둔다.

1) 시장 A269

행정시에 시장을 둔다[제주특별자치도 설치 및 국제자유도시 조성을 위한 특별법(이하 '제특법'으로 부르기로 한다) 제17조 제1항]. 행정시의 시장(이하 "행정시장"이라 한다)은 일반직 지방공무원으로 보하되, 도지사가 임명한다. 다만, 제18조 제1항(「공직선거법」에 의한 도지사 선거(재선거 및 보궐선거를 포함한다)의 도지사 후보자로 등록하고자 하는 자(이하 "도지사후보자"라 한다)는 제17조 제2항 단서의 규정에 의하여 임명할 행정시장을 행정시별로 각각 1인을 예고할 수 있다)의 규정에 의하여 행정시장으로 예고한 자를 임명할 경우에는 정무직지방공무원으로 보한다(제특법 제17조 제2항). 행정시장은 도지사의 지휘 · 감독을 받아 소관 국가사무 및 지방자치단체의 사무를 맡아 처리하고 소속직원을 지휘 · 감독한다(제특법 제17조 제5항).

2) 부시장

A270

행정시에 부시장을 둔다(제특법 제20조 제1항). 행정시의 부시장은 일반직지방공무원으로 보하되, 도지사가 임명한다(제특법 제20조 제2항). 행정시의 부시장은 행정시장을 보좌하여 사무를 총괄하고, 소속직원을 지휘 · 감독한다(제특법 제20조 제3항).

(4) 관할 지방자치단체

A271

(가) 의의

A272

지방자치법상 지방자치단체에는 광역지방자치단체로 불리는 특별시, 광역시, 특별자치시, 도, 특별자치도와 기초지방자치단체로 불리는 시, 군, 구의 2종류가 있고(지방자치법 제2조 제1항), 지방자치단체인 구(이하 "자치구"라 한다)는 특별시와 광역시의 관할 구역 안의 구만을 말하며(지방자치법 제2조 제2항), 시는 도의 관할 구역 안에, 군은 광역시, 특별자치시나 도의 관할 구역 안에 두며, 자치구는 특별시와 광역시, 특별자치시의 관할 구역 안에 두게 되어 있으므로(지방자치법 제3조 제2항 제2문) 관할 지방자치단체는 광역지방자치단체의 관할 구역 안에 있는 지방자치단체를 의미한다.

(나) 유형

A273

도표로 보기로 한다.

광역 지방자치단체	자치구	시	군
특별시	○	×	×
광역시	○	×	○
특별자치시	○(현재는 없음)	×	×
도	×	○	○
특별자치도	×	×	×

[○=있음, ×=없음]

(5) 공공단체

A274

지방자치법 제104조 제2항에서 말하는 공공단체의 개념은 지방자치단체를 제외한 공법인을 뜻한다.[1)]

1) 자세한 것은 A306 이하를 보라.

(6) 공공단체의 기관

A275

지방자치법 제104조 제2항에서 말하는 공공단체를 지방자치단체를 제외한 공법인으로 이해하게 되면, 「공공단체의 기관」이란 기본적으로 공법인인 공공단체의 대표를 뜻한다. 그런데 지방자치법 제104조 제2항은 사업소, 출장소도 공공단체의 기관임을 명시하고 있으므로 지방자치법 제104조 제2항에서 말하는 「공법인의 기관」의 개념은 넓게 이해되어야 할 것이다.

제4장 민간위탁의 상대방(민간수탁자) A301

행정권한의 위임 및 위탁에 관한 규정과 서울특별시 행정사무의 민간위탁에 관한 조례는 민간위탁의 상대방을 수탁기관으로 부르면서 정의규정을 두고 있다.

▣ 행정권한의 위임 및 위탁에 관한 규정 제2조(정의) 이 영에서 사용하는 용어의 뜻은 다음과 같다.
5. "위탁기관"이란 자기의 권한을 위탁한 해당 행정기관의 장을 말하고, "수탁기관"이란 행정기관의 권한을 위탁받은 다른 행정기관의 장과 사무를 위탁받은 지방자치단체가 아닌 법인·단체 또는 그 기관이나 개인을 말한다.

▣ 서울특별시 행정사무의 민간위탁에 관한 조례 제2조(정의) 이 조례에서 사용하는 용어의 정의는 다음과 같다
2. "수탁기관"이란 시장의 권한을 위탁받은 법인·단체 또는 그 기관이나 개인을 말한다.

제1절 민간위탁의 상대방(민간수탁자)의 의의 A302

Ⅰ. 민간위탁의 상대방(민간수탁자)의 일반적 유형 A303

▣ 정부조직법 제6조(권한의 위임 또는 위탁) ① 행정기관은 법령으로 정하는 바에 따라 그 소관사무의 일부를 보조기관 또는 하급행정기관에 위임하거나 다른 행정기관·지방자치단체 또는 그 기관에 위탁 또는 위임할 수 있다. 이 경우 위임 또는 위탁을 받은 기관은 특히 필요한 경우에는 법령으로 정하는 바에 따라 위임 또는 위탁을 받은 사무의 일부를 보조기관 또는 하급행정기관에 재위임할 수 있다.
③ 행정기관은 법령으로 정하는 바에 따라 그 소관사무 중 조사·검사·검정·관리 업무 등 국민의 권리·의무와 직접 관계되지 아니하는 사무를 지방자치단체가 아닌 법인·단체 또는 그 기관이나 개인에게 위탁할 수 있다.

▣ 지방자치법 제104조(사무의 위임 등) ① 지방자치단체의 장은 조례나 규칙으로 정하는 바에 따라 그 권한에 속하는 사무의 일부를 보조기관, 소속 행정기관 또는 하부행정기관에 위임할 수 있다.
② 지방자치단체의 장은 조례나 규칙으로 정하는 바에 따라 그 권한에 속하는 사무의 일부를 관할 지방자치단체나 공공단체 또는 그 기관(사업소·출장소를 포함한다)에 위임하거나 위탁할 수 있다.
③ 지방자치단체의 장은 조례나 규칙으로 정하는 바에 따라 그 권한에 속하는 사무 중 조사·검사·검정·관리업무 등 주민의 권리·의무와 직접 관련되지 아니하는 사무를 법인·단체 또는 그 기관이나 개인에게 위탁할 수 있다.

정부조직법과 지방자치법은 아래의 그림에서 보는 바와 같이 권한(사무)의 위임·위탁의 상대방으로 행정기관, 지방자치단체, 기타 공공단체와 민간(사인)을 규정하고 있다.[1)]

---

1) [서울특별시 유형별 민간수탁자 현황(2014. 2. 현재)]

구분	계	투자출연기관		비영리 법인·단체 등							영리 법인 등
		출연 기관	투자 기관	사회 복지 법인	사단 법인	재단 법인	학교 법인	의료 법인	공공 단체	기타 단체	
건수	348	33	24	63	81	36	18	14	15	8	56
예산	10,449	867	5,647	688	616	512	209	351	67	18	1,474

(금액: 억원)

상대방의 유형	근거 조문	규정 내용
행정기관	정부조직법 제6조 제1항	보조기관, 하급행정기관, 다른 행정기관
	지방자치법 제104조 제1항	보조기관, 소속 행정기관 또는 하부행정기관
지방자치단체	정부조직법 제6조 제1항	지방자치단체 또는 그 기관
	지방자치법 제104조 제2항	관할 지방자치단체 또는 그 기관(사업소 · 출장소 포함)
기타 공공단체		
	지방자치법 제104조 제2항	공공단체 또는 그 기관(사업소 · 출장소 포함)
민간	정부조직법 제6조 제3항	지방자치단체 아닌 법인 · 단체 또는 그 기관, 개인
	지방자치법 제104조 제3항	법인 · 단체 또는 그 기관이나 개인

Ⅱ. 민간위탁의 상대방(민간수탁자)으로서 사인인 민간 A304

정부조직법 제6조 제3항과 지방자치법 제104조 제3항은 동일하게 민간위탁의 상대방으로 "법인 · 단체 또는 그 기관이나 개인"을 규정하고 있다. 사법인이 여기서 말하는 법인에 해당한다는 점에 의문이 없다. 그리고 단체란 법인격을 갖지 아니한 사적 조직체를 의미하고, 기관이란 사법인의 기관과 단체의 기관을 의미한다. 그리고 개인이란 사법인 · 단체 또는 그 기관이 아닌 모든 사인(민간)을 의미하는 것으로 이해된다. 사법상 법인 · 단체 또는 그 기관이나 개인은 본래적 의미의 민간위탁의 상대방이라 할 수 있다.

Ⅲ. 민간위탁의 상대방(민간수탁자)으로서 협의의 공공단체 (지방자치단체를 제외한 공법상 법인) A305

1. 공공단체의 의의 A306

예컨대 헌법 제29조는 공공단체라는 용어를 사용하기도 하지만, 그 개념은 정의되고 있지 않다. 공공단체라는 개념에 대한 일반적인 정의규정을 두고 있는 법률은 보이지 아니한다. 학설상 공공단체는 공법인과 같은 의미로 이해되기도 한다. 이러한 입장에서 보면, 지방자치단체도 공법인이므로(지방자치법 제3조 제1항) 공공단체에는 지방자치단체도 포함된다. 이를 광의의 공공단체라 부를 수 있다. 한편, 지방자치법 제104조 제2항은 지방자치단체와 공공단체를 구분하여 규정하고 있으므로, 제104조에 따른 공공단체는 지방자치단체를 제외한 공법인을 뜻한다. 이를 협의의 공공단체라 부를 수 있다. 이 책에서 공공단체의 개념은 협의로 사용하기로 한다.

2. 정부조직법의 규정방식 A307

정부조직법은 제6조 제1항에서 지방자치단체 또는 그 기관에 대한 위탁을 규정하고, 제6조 제3항에서 지방자치단체가 아닌 법인·단체 또는 그 기관이나 개인에 대한 위탁을 규정하고 있을 뿐, 지방자치법의 경우와 달리 협의의 공공단체에 관해 명시적으로 규정하는 바가 없다. 협의의 공공단체에 대한 위탁을 부인할 이유는 없으므로, 정부조직법 제6조 제3항에서 말하는 법인에 협의의 공공단체가 포함된다고 볼 것이다. 이렇게 새기게 되면, 정부조직법은 협의의 공공단체에 대한 위탁을 본래적 의미의 민간위탁(사인에 대한 민간위탁)과 동일한 조문(정부조직법 제6조 제3항)에서 규정하고 있는 것으로 볼 것이다.

3. 지방자치법의 규정방식 A308

지방자치법 제104조 제2항은 공공단체 또는 그 기관(사업소·출장소를 포함한다)에 대한 위탁(위임)을 규정하고 있고, 제104조 제3항에서 사인에 대한 민간위탁을 구분하여 규정하고 있다. 말하자면 지방자치법 제104조는 협의의 공공단체에 대한 위탁과 본래적 의미의 민간위탁(사인에 대한 민간위탁)을 구분하여 규정하고 있다고 할 것인바, 민간위탁의 상대방에 대한 규정방식상 지방자치법과 정부조직법에는 차이가 난다.

4. 평가(민간의 의의) A309

(1) 협의의 민간위탁과 광의의 민간위탁 A310

앞에서 살펴본 바와 같이 정부조직법은 해석상 협의의 공공단체에 대한 위탁을 민간에 대한 위탁의 한 종류로 규정하고 있지만, 지방자치법은 협의의 공공단체에 대한 위탁을 본래적 의미의 민간에 대한 위탁과 구분하여 규정하고 있다.[1] 민간위탁의 상대방에 초점을 맞춘다면, 사법상 법인·단체 또는 그 기관이나 개인에 대한 위탁을 협의의 민간위탁,[2] 협의의 민간위탁과 협의의 공공단체에 대한 위탁을 합하여 광의의 민간위탁이라 부를 수 있다. 다만 지방자치의 영역에서 협의의 민간위탁의 법적 근거는 지방자치법 제104조 제3항이고, 협의의 공공단체에 대한 위탁의 법적 근거는 지방자치법 제104조 제2항인 점이 다르다. 성질상 협의의 공공단체에 대한 위탁과 민간에 대한 위탁에는 본질적인 차이는 없다고 할 것이다.[3]

광의의 민간위탁 = 협의의 민간위탁(사법상 인[사인]에 대한 민간위탁)
+ 협의의 공공단체(지방자치단체를 제외한 공법인)에 대한 위탁

▣ 서울특별시 행정사무의 민간위탁에 관한 조례 제2조(정의) … 1. "민간위탁"이란 각종 법령 및 조례, 규칙에 규정된 서울특별시장(이하 "시장"이라 한다)의 사무 중 일부를 법인·단체 또는 그 기관이나 개인에게 맡겨 그의 명의와 책임하에 행사하도록 하는 것을 말한다.

(2) 위탁인가, 위임인가? A311

국가나 지방자치단체는 자신이 설립한 협의의 공공단체와의 관계에서 우월한 지위에 놓인다고 할 수 있다. 따라서 용례상 국가나 지방자치단체가 자신이 설립한 협의의 공공단체에 사무와 권한을 넘겨주는 것은 위탁이 아니라 위임이라 부르는 것이 바람직하다. 따라서 국가나 지방자치단체가 자신이 설립한 협의의 공공단체에 사무와 권한을 넘겨주는 것을 광의의 민간위탁에 해당하는 것으로 본다고 하여도 용례상으

---

1) 지방자치법 제104조 제2항[… 공공단체 또는 그 기관(…)에 위임하거나 위탁할 수 있다]의 위탁을 공공위탁, 제104조 제3항[… 법인·단체 또는 그 기관이나 개인에게 위탁할 수 있다]의 위탁을 민간위탁이라 하고, 원칙적으로 수탁기관 선정시 경쟁원리를 적용할 수 있다면 민간위탁이, 경쟁원리 적용이 불가능하거나 공공성이 매우 커서 경쟁 원리 적용이 바람직하지 않은 경우에는 공공위탁이 적절하지만, 다만, 양자는 권한부여 및 책임소재가 동일하고 현실적으로 수탁기관 선정결과에 따라 사후적으로 결정되는 경향이 있어 관리운영체계가 유사한 경우에는 구분 실익은 크지 않다는 지적이 있다[민간위탁관리지침(2014), 4쪽].

2) 민간위탁 실무편람에서는 "위탁과 민간위탁을 구분하자면 전자는 수탁기관이 공공단체 또는 그 기관이고 후자는 사법인·단체 또는 그 기관이나 개인이다"라 하고 있는데(민간위탁 실무편람, 5쪽), 이러한 입장은 민간위탁의 개념을 협의로 보는 것이라 하겠다. 민간위탁의 개념을 협의로 보고, 공공단체에 대한 위탁을 민간위탁으로부터 분리한다고 하여도 이것은 개념 파악의 문제일 뿐, 실제 적용될 법원리는 양자 사이에 차이가 없다고 하겠다.

3) 서울특별시 행정사무의 민간위탁에 관한 조례는 지방자치법 제104조에 따라 제정된 것이지만, 민간위탁의 개념을 정의함에 있어 협의의 공공단체에 대한 위탁(위임)과 사법상 법인을 구분하지 않고 단순히 법인이라는 용어를 사용하고 있는데, 이러한 태도는 협의의 공공단체에 대한 위탁과 민간에 대한 위탁의 성질에는 차이가 없다는 것을 전제로 한 것으로 이해될 수 있다.

로는 민간위임이라 부르는 것이 적절할 수 있다. 그러나 이 책에서는 이러한 경우도 민간위탁으로 부르기로 한다.

(3) 부정적 시각(협의의 공공단체에 대한 위탁 부정론) A312

㈎ 내용 A313

민간위탁 실무편람은 안전행정부(현 행정자치부) 2001. 8. 14.자 질의회신을 게재하고 있는데, 그 내용으로 "시에서 전액출자한 법인도 민간위탁조례 적용대상인지, 시장이 직접 공단과 사무위탁 협약체결 가능한지 여부"와 관련하여 "지방자치단체의 사무위탁은 (구)지방자치법 제95조(현행 제104조)에 의거 법인·단체·개인 등에게 위탁할 수 있으나, 지방공사·공단에게 위탁할 경우 엄격히 말해서 민간위탁이라고 할 수 없다. 따라서 지방자치단체가 설립한 지방공사·공단에게 위탁할 경우 지방자치단체의 민간위탁촉진조례 적용대상이 아니라고 보며, 지방공사·공단에게 지방자치단체의 사무를 위탁할 경우 (구)지방공기업법 제49조 및 제76조의 규정에 의거 지방공사·공단설립및운영조례의 개정을 통해 지방의회의 의결을 받아야 한다"고 하였다.[1]

㈏ 평가 A314

민간위탁 실무편람은 민간위탁을 협의로만 파악하는 입장이다. 생각건대 성질상 협의의 공공단체에 대한 위탁과 민간에 대한 위탁에는 본질적인 차이는 없다는 점, 그리고 다음의 제2절(A321 이하)에서 보는 바와 같이 관련 사무는 위탁의 대상이 될 수도 있다는 점을 고려한다면, 시에서 전액 출자한 법인이 민간위탁조례 적용대상이 아니라고 말하기 어렵다.

Ⅳ. 협의의 공공단체 설립 자체가 민간위탁에 해당하는지 여부 A315

1. 문제상황 A316

국가나 지방자치단체가 자신이 처리해야 할 사무를 협의의 공공단체(예: 한국도로공사)를 설립하여 그로 하여금 처리하게 하는 경우, 협의의 공공단체의 설립 그 자체가

1) 민간위탁 사무편람, 58~59쪽.

민간위탁에 해당하는 것이 아닌가의 여부가 문제된다.

2. 해석론 A317

(1) 민간위탁 긍정론 A318

직접국가행정조직이나 직접지방자치단체조직만을 행정조직으로 이해한다면, 협의의 공공단체는 행정조직의 일부로 보기 어려운바, 협의의 공공단체의 설립은 그 자체가 민간위탁에 해당한다고 말할 수 있을 것이다.

(2) 민간위탁 부정론 A319

정부조직법 제6조 제3항이나 지방자치법 제104조 제2항 모두 설립되어 있는 협의의 공공단체에 대한 위탁을 규정하고 있지, 협의의 공공단체의 설립단계까지 규정하는 것은 아니라는 점, 협의의 공공단체의 설립 목적이 공적 사무의 수행이라는 점, 행정조직을 직접국가행정조직이나 직접지방자치단체조직 외에 간접국가행정조직이나 간접지방자치단체조직을 포함하는 의미로 보는 것이 일반적이라는 점에 중점을 둔다면, 협의의 공공단체의 설립은 그 자체가 민간위탁에 해당된다고 보기 어려울 것이다.

(3) 사견 A320

협의의 공공단체의 설립 그 자체가 민간위탁에 해당하는가의 여부는 민간위탁의 의미를 어떻게 이해할 것인가의 문제이다. 필자로서는 정부조직법과 지방자치법의 규정태도, 협의의 공공단체의 공익성 등을 고려하여 민간위탁부정론의 입장을 취한다.

제2절 자신이 설립한 협의의 공공단체에 대한 민간위탁의 가능성 A321

Ⅰ. 문제상황 A322

서울특별시는 '시민의 다양한 복지수요에 부응하고 복지서비스의 전문성을 증진하여 시민에게 내실 있는 사회복지서비스를 제공하기 위하여 재단법인 서울시복지재단을 설립·운영하는 데 필요한 사항을 규정'함을 목적으로 「서울특별시 복지재단 설립 및 운영에 관한 조례」를 제정하였고, 이 조례를 통해 「재단법인 서울시복지재단」이 설립되어 있다. 서울특별시는 이 조례가 정하는 재단의 사무에 해당하는 새로운 사무를 발굴하고 이를 서울시복지재단에 위탁할 수 있는가의 여부가 문제된다.

▣ 서울특별시 복지재단 설립 및 운영에 관한 조례 [서울특별시조례 제5424호, 2012. 12. 31.]
제1조(목적) 이 조례는 시민의 다양한 복지수요에 부응하고 복지서비스의 전문성을 증진하여 시민에게 내실 있는 사회복지서비스를 제공하기 위하여 재단법인 서울시복지재단을 설립·운영하는데 필요한 사항을 규정함을 목적으로 한다.
제4조(재단의 사업) ① 재단은 설립목적을 실현하기 위하여 다음 각 호의 사업을 수행한다.
1. 복지시설의 보조금 교부기준 마련 및 교부액의 심사
2. 복지시설에 대한 운영 및 서비스 평가
3. 복지시설의 수탁자 선정관련 심의지원
4. 복지시설 회계절차 개선 및 회계관리 프로그램 개발·보급
5. 복지프로그램 개발·보급
6. 복지시설간 연계·교류 및 민간과의 협력지원
7. 복지시설 종사자교육
8. 복지시설을 설치·운영하고자 하는 자에 대한 상담·자문서비스
9. 장애인 전환서비스 지원 및 관련시설 운영
10. 복지 분야에 대한 조사·연구
11. 제1호부터 제10호까지에 따른 사업과 관련하여 국가·지방자치단체 또는 민간단체 등으로부터 위탁받은 사업
12. 그 밖에 법인의 목적달성에 필요한 사업

Ⅱ. 검토

1. 조례에서 규정된 협의의 공공단체의 사무(원칙적 금지) A323

서울시복지재단은 서울특별시가 수행하여야 할 사회복지 사업을 보다 효율적으로 수행하기 위하여 서울특별시가 설립한 간접지방자치단체행정조직임을[1] 고려한다면, 「서울특별시 복지재단 설립 및 운영에 관한 조례」가 명시적으로 규정하는 사무는 바로 재단의 사무이지 서울특별시의 사무로서 위탁의 대상이 될 수 있는 사무는 아니라 볼 것이다.[2] 뿐만 아니라 조례의 해석상 이 재단이 수행하여야 할 사무로 이해될 수 있는 사무를 신규사무로 개발하여, 이를 위탁사무로 정하고 서울시복지재단에 위

---

1) 간접지방자치단체행정조직의 개념에 관해서는 졸저, 행정법원론(하), 옆번호 7 참조.

2) 이러한 문제와 관련되었던 실무사례로 다음을 볼 수 있다(서울특별시 2013년 제1차 민간위탁 운영평가위원회 심의자료 안건 2.)

□ 위탁사무명: 장애인전환서비스지원센터 운영

□ 쟁점: 서울특별시가 서울시복지재단에 장애인 거주시설 입·퇴소지원 및 전환서비스 체계적 지원, 자립생활 체험홈·자립생활 가정 운영 및 관리 등의 사무를 위탁할 수 있는가의 여부

□ 민간위탁의 필요성(직영과의 비교 분석)

– 민간위탁에 따른 인력·예산절감 효과
- 조직: 장애인전환서비스지원센터
- 인력: 총 7명(부장1, 센터장 1, 대리 1, 코디네이터 4명)
- 예산: 총 1,270,485천원(인건비 제외)
- 예산절감 효과: 사업예산의 효율적 집행 및 관리로 인력, 사업내용, 네트워크 등 보유자원을 통한 실질적 예산 절감

– 서비스 향상 효과
- 거주시설 장애인에 대한 DB를 구축하고 관리함으로써 자립희망자 발굴 및 거주시설 입·퇴소 지원을 효율적으로 함
- 전문화된 서비스를 효율적으로 지원할 수 있는 전환서비스지원 모델 개발 및 보급
- 장애인 자립 사례 조사·분석을 통해 장애 생애주기별, 유형별 전환서비스 지원
- 사례관리 DB구축을 통한 입·퇴소 지원 및 특성에 맞는 맞춤형 서비스 지원

– 전문성 제고
- 퇴소장애인 자립생활지원 위한 전문가위원회 적격심사 운영
- 거주시설 입·퇴소 지원을 위한 DB관리 운영
- 개인별 전환서비스지원계획 수립 및 서비스 체계적 지원

※ 퇴소판정 ⇨ 개인 서비스 욕구 측정(상담) ⇨ 전환계획수립 및 서비스설계 ⇨ 체험홈 배치 ⇨ 주거안내 및 지역사회 서비스 연계(고용·재활 등) ⇨ 사후관리

□ 위탁가능 여부

서울특별시 복지재단 설립 및 운영에 관한 조례 제4조 제1항 제9호에 장애인 전환서비스 지원 및 관련시설 운영"이 재단의 사업으로 규정되고 있으므로, 장애인전환서비스지원센터 운영은 민간위탁의 대상이 아니라 서울시복지재단의 사무인바, 민간위탁의 대상이 될 수 없다.

탁하는 것도 곤란하다고 볼 것이다. 조례의 해석상 협의의 공공단체의 사무로 이해될 수 있는 사무와 조례가 명시적으로 규정하는 협의의 공공단체의 사무는 협의의 공공단체의 사무라는 점에서 동일하기 때문이다.

2. 관련 조례 제정시 예상하지 못한 새로운 사무(예외적 허용) A324

예컨대 「서울특별시 복지재단 설립 및 운영에 관한 조례」의 제정 당시에는 존재하지 아니하였거나 또는 전혀 문제되지 아니하였기에 서울특별시 복지재단의 사무로 예상하지 못하였으나, 조례 제정 이후 「서울특별시 복지새단 설립 및 운영에 관한 조례」상 서울시복지재단의 사무로 보아야 할 사무가 생겨난 경우, 그러한 새로운 사무는 그 사무의 내용 등이 어느 정도 정돈·정착될 때까지 일시 위탁의 대상이 될 수 있을 것이다. 그 후에는 서울시복지재단의 사무로 전환되어야 한다. 물론 전환과 관련하여 서울특별시의 출연금 교부가 문제될 수 있을 것이다.

3. 관련성 있는 사무 A325

「서울특별시 복지재단 설립 및 운영에 관한 조례」가 규정하는 사무는 아니지만, 성질상 이 조례가 규정하는 사무와 관련성을 갖는다면, 위탁의 대상이 되는 사무일 수도 있을 것이다. 예컨대, 복지프로그램 개발에 유익한 기구의 개발 등은 이 조례 제4조 제1항 제5호가 규정하고 있는 복지프로그램 개발과 관련 있는 사무로 볼 수 있고, 또한 위탁이 가능하다고 볼 것이다.

제3절 민간위탁의 상대방(민간수탁자)의 선정 A326

Ⅰ. 민간위탁의 상대방에 대한 규정방식 A327

1. 법정위탁과 임의위탁 A328

민간위탁을 규정하는 법령이 민간수탁자를 정하는 방식으로 ① 법령 자체에서 민간수탁자를 특정하는 방식과 ② 해당 행정기관으로 하여금 민간수탁자를 선택하게 하는 방식을 볼 수 있다. 이하에서 ①을 법정위탁, ②를 임의위탁으로 부르기로 한다.

2. 법정위탁의 유형과 문제점 A329

법령에서 직접 민간수탁자를 규정하는 법정위탁에도 ① 법령에서 명시적으로 특정인에게 민간위탁을 강제하는 경우와 ② 법령에서 특정인에게 민간위탁을 할 수 있는 가능성만을 규정하는 경우로 구분해 볼 수 있다. 이하에서 ①을 위탁강제형 법정위탁, ②를 위탁가능형 법정위탁으로 부르기로 한다. 요즈음 위탁강제형 법정방식의 경우는 찾아보기 어렵다. 법령에서 특정 사무를 국가나 지방자치단체의 사무를 규정하면서 동시에 그 법령에서 그 사무의 처리를 특정인에 바로 민간위탁을 하는 것은 바람직하지 않다. 왜냐하면 행정사무의 수행은 사무의 귀속주체인 국가나 지방자치단체가 직접 수행하는 것이 원칙적인 것이기 때문이다. 오늘날 법정방식에서는 위탁가능형 법정방식이 일반적이다.

▣ 도로법 제112조(고속국도에 관한 도로관리청의 업무 대행) ① 국토교통부장관은 이 법과 그 밖에 도로에 관한 법률에 규정된 고속국도에 관한 권한의 일부를 대통령령으로 정하는 바에 따라 한국도로공사로 하여금 대행하게 할 수 있다.

▣ 액화석유가스의 안전관리 및 사업법 제42조(권한의 위임 · 위탁) ② 이 법에 따른 산업통상자원부장관, 시 · 도지사 또는 시장 · 군수 · 구청장(특별자치시장 및 특별자치도지사는 제외한다)의 권한 중 다음 각 호의 업무는 대통령령으로 정하는 바에 따라 한국가스안전공사에 위탁할 수 있다.

3. 위탁가능형 법정위임과 임의위탁의 결합 A330

법령에서 따라서는 위의 법정위임 중 위탁가능형 법정위탁과 임의위탁을 결합하는 경우도 나타난다. 이러한 방식에서 위탁가능형 법정위탁은 민간수탁자의 범위 내지 수준을 제시하는 점에서 의미를 갖고, 임의위탁은 위탁가능형 법정방식이 가질 수도 있는 한계를 극복할 수 있게 한다는 점에서 의미를 갖는다.

▣ 액화석유가스의 안전관리 및 사업법 제42조(권한의 위임 · 위탁) ③ 이 법에 따른 산업통상자원부장관 또는 시장·군수·구청장의 권한 중 다음 각 호의 업무는 대통령령으로 정하는 바에 따라 한국가스안전공사나 검사기관에 위탁할 수 있다. (각호 생략)

Ⅱ. 임의위탁과 민간수탁자의 선정기준 A331

1. 임의위탁의 의의 A332

최적의 민간수탁자를 선택하는 것이 민간위탁의 취지를 살리는 데 결정적인 의미를 갖는다고 보면, 민간수탁자를 법령에서 지정할 것이 아니라 해당 행정기관으로 하여금 민간수탁자를 선택하게 하는 것이 바람직할 것이다.

2. 임의위탁에서 민간수탁자 선정기준 A333

국가행정과 관련하여 행정권한의 위임 및 위탁에 관한 규정, 서울시 사무와 관련하여 서울특별시 행정사무의 민간위탁에 관한 조례는 각각 임의위탁시의 민간수탁자의 선택기준을 아래와 같이 규정하고 있다.

(1) 행정권한의 위임 및 위탁에 관한 규정 A334

이 규정은 민간위탁 대상기관의 선정기준으로 “행정기관은 민간위탁할 대상기관을 선정할 때에는 인력과 기구, 재정 부담 능력, 시설과 장비, 기술 보유의 정도, 책임능력과 공신력, 지역 간 균형 분포 등을 종합적으로 검토하여 적정한 기관을 수탁기관

(이하 "민간수탁기관"이라 한다)으로 선정하여야 한다"고 규정하고 있다(같은 규정 제12조 제1항).

(2) 서울특별시 행정사무의 민간위탁에 관한 조례 A335

이 조례는 제7조에서 수탁기관의 선정기준을 규정하고 있다.

▣ 서울특별시 행정사무의 민간위탁에 관한 조례 제7조(수탁기관의 선정기준 등) 시장은 수탁기관을 선정함에 있어 다음 각 호의 사항을 종합적으로 검토하여야 한다. <개정 2009. 7. 30., 2014. 5. 14.>
1. 위탁사무의 수행에 필요한 인력·기구·장비·시설 및 기술수준
2. 재정적인 부담능력
3. 위탁사무 관련 분야에 대한 전문성 확보여부 및 사무처리 실적
4. 수탁기관 근로자의 고용·근로조건
5. 책임능력 및 공신력

▣ 서울특별시 행정사무의 민간위탁에 관한 조례 시행규칙 제4조(수탁기관 선정) ② 시장은 수탁기관 선정시 조례 제7조 제5호에 따른 수탁기관의 책임능력 및 공신력의 검토를 위하여 다음 각 호의 사항을 검토하여야 한다. <신설 2014. 7. 31.>
1. 「지방자치단체를 당사자로 하는 계약에 관한 법률」 제31조에 따른 수탁기관의 최근 2년간 입찰참가자격 제한(부정당업자 제재) 사실
2. 수탁기관이 최근 3년 간 수행한 시장의 위탁사무 관련 감사·지도·점검·종합성과평가 및 회계감사 결과 등

(3) 민간위탁 실무편람 A336

민간위탁 실무편람은 민간위탁의 선정기준으로 다음을 열거하고 있다.[1)]

- 수탁자는 수탁사무처리에 필요한 인력과 조직을 갖추어야 한다.
- 수탁자의 인력은 안정적이어야 한다(고용의 안정성).
- 수탁자는 수탁사무처리에 필요한 시설과 장비를 갖추어야 한다.
- 수탁자는 수탁사무처리에 필요한 전문성을 확보하여야 한다.
- 수탁자는 수탁사무처리에 소요되는 비용을 충당할 수 있는 재정상 능력을 가져야 한다.
- 수탁자는 대외적으로 신뢰성을 가져야 한다.

1) 민간위탁 실무편람, 72쪽 참조.

(4) 기준의 의미 A337

위에서 적시된 선정기준의 내용은 문자 그대로 단지 기준일 뿐이다. 위의 선정기준만으로는 민간위탁의 목적과 취지를 충분히 살릴 수 없다고 한다면, 추가적인 기준이 마련되어야 할 것이다.

3. 임의위탁의 법형식 A338

임의위탁은 해당 행정기관이 사법상 계약, 공법상 계약 또는 행정행위의 방식 등으로 민간위탁을 할 수 있을 것이다.[1)]

Ⅲ. 임의위탁에서 민간수탁자 선정방식 A339

1. 공개경쟁의 원칙 A340

수탁자의 선정은 헌법상 평등의 원칙, 국가를 당사자로 하는 계약에 관한 법률 제7조와 지방자치단체를 당사자로 하는 계약에 관한 법률 제9조 등에 비추어 공개경쟁의 방식으로 이루어져야 함이 원칙이다. 행정권한의 위임 및 위탁에 관한 규정, 서울특별시 행정사무의 민간위탁에 관한 조례에서 정하는 바도 같다.

■ 국가를 당사자로 하는 계약에 관한 법률 제7조(계약의 방법) ① 각 중앙관서의 장 또는 계약담당공무원은 계약을 체결하려면 일반경쟁에 부쳐야 한다. 다만, 계약의 목적, 성질, 규모 등을 고려하여 필요하다고 인정되면 대통령령으로 정하는 바에 따라 참가자의 자격을 제한하거나 참가자를 지명(指名)하여 경쟁에 부치거나 수의계약(隨意契約)을 할 수 있다.

■ 지방자치단체를 당사자로 하는 계약에 관한 법률 제9조(계약의 방법) ① 지방자치단체의 장 또는 계약담당자는 계약을 체결하려는 경우에는 이를 공고하여 일반입찰에 부쳐야 한다. 다만, 계약의 목적·성질·규모 및 지역특수성 등을 고려하여 필요하다고 인정되면 참가자를 지명(指名)하여 입찰에 부치거나 수의계약을 할 수 있다.

■ 행정권한의 위임 및 위탁에 관한 규정 제12조(민간위탁 대상기관의 선정기준 등) ② 행정기관은 민간수탁기관을 선정하려는 경우에는 다른 법령에서 정한 경우를 제외하고는 공개모집을 하

1) 이에 관해서는 제6장(A501 이하)에서 자세히 살펴본다.

여야 한다. 다만, 민간위탁의 목적·성질·규모 등을 고려하여 필요하다고 인정될 때에는 관계 법령에 위배되지 아니하는 범위에서 민간수탁기관의 자격을 제한할 수 있다.

▣ 서울특별시 행정사무의 민간위탁에 관한 조례 제8조(수탁기관 선정) ① 수탁기관의 선정은 공개모집을 원칙으로 … 한다.

2. 수의계약의 예외 A341

(1) 명시적 규정이 있는 경우 A342

지방자치단체 사무의 민간위탁시 수탁업체의 선정은 공개경쟁입찰을 원칙으로 하고 있으나, 개별 법령(조례 포함)에서 민간수탁기관이 지정되어 있는 경우, 회계관계법령 등에서 수의계약 등이 가능하도록 정한 경우에는 공개경쟁입찰을 실시하지 않을 수 있다.[1)] 명시적 규정의 예로 지방자치단체를 당사자로 하는 계약에 관한 법률 시행령 제25조를 볼 수 있다.

▣ 지방자치단체를 당사자로 하는 계약에 관한 법률 시행령 제25조(수의계약에 의할 수 있는 경우) ① 지방자치단체의 장 또는 계약담당자는 다음 각 호의 어느 하나에 해당하는 경우에는 법 제9조 제1항 단서에 따른 수의계약에 의할 수 있다.

1. 천재지변, 작전상의 병력이동, 긴급한 행사, 원자재의 가격급등, 그 밖에 이에 준하는 경우로서 입찰에 부칠 여유가 없는 경우
2. 입찰에 부칠 여유가 없는 긴급복구가 필요한 재난 등 행정자치부령에 따른 재난복구 등의 경우
3. 국가기관, 다른 지방자치단체(「지방자치법」 제159조에 따른 지방자치단체조합을 포함한다)와 계약을 하는 경우
4. 특정인의 기술·용역 또는 특정한 위치·구조·품질·성능·효율 등으로 인하여 경쟁을 할 수 없는 경우로서 다음 각 목의 경우

가. 공사에서 장래 시설물의 하자에 대한 책임구분이 곤란한 경우로서 행정자치부장관이 정하는 기준에 적합한 직전 또는 현재의 시공자와 계약을 하는 경우

나. 작업상의 혼잡 등으로 하나의 현장에서 2인 이상의 시공자가 공사를 할 수 없는 경우로서 행정자치부장관이 정하는 기준에 적합한 현재의 시공자와 계약을 하는 경우

다. 마감공사에 대하여 행정자치부장관이 정하는 기준에 적합한 직전 또는 현재의 시공자와 계약을 하는 경우 (이하 각목, 각호 생략)

---

1) 민간위탁 실무편람, 58쪽.

(2) 해석상 가능한 경우 A343

개별 법령에 근거규정이 없다고 하여도 성질상 공개경쟁이 의미가 없는 경우에는 수의계약 또는 재계약이 가능하다고 볼 것이다. 말하자면 ① 위탁사무의 수행에 고도의 전문성이 요구되거나(예: 최첨단 과학기술분야에 관한 사무의 경우), ② 위탁사무의 특수성에 비추어 수행할 수 있는 민간의 수가 극히 제한적인 경우(예: 특정한 질병을 가진 자에 대한 서비스 제공의 경우, 그 특정한 질병을 경험하나 사람들의 단체에 위탁할 수밖에 없는 경우)에 공개경쟁은 곤란할 것이고, 수의계약에 의할 수밖에 없을 것이다. 수의계약은 행정의 투명성 저해의 문제를 가져올 수 있으므로 이에 대한 배려가 필요하다.

3. 정책적 배려 A344

국가나 지방자치단체는 사회적경제기업의 육성 등의 정책적 목적의 달성을 위해 일정한 자에게 수탁기관 공모 시에 신청요건을 완화하거나 우선권을 부여하는 것도 가능할 것이다.

Ⅳ. 서울특별시의 경우

[서울특별시 민간수탁자 선정방식]

구분	계	공개모집	수의계약	재계약
총 건수	348	148	23	177

(2014. 2. 현재 서울특별시)

1. 공개모집의 경우 A345

수탁기관을 공개모집할 경우에는 신청서와 함께 위탁사무의 사업계획서 등을 제출하게 하고, 해당 분야의 전문가 등으로 구성된 적격자 심의위원회에서 서울특별시 행정사무의 민간위탁에 관한 조례 제7조에 따른 적격자를 선정하도록 한다(서울특별시 행정사무의 민간위탁에 관한 조례 제8조 제2항).

■ 서울특별시 행정사무의 민간위탁에 관한 조례 제7조(수탁기관의 선정기준 등) 시장은 수탁기관을 선정함에 있어 다음 각 호의 사항을 종합적으로 검토하여야 한다. <개정 2009. 7. 30., 2014. 5. 14.>
1. 위탁사무의 수행에 필요한 인력·기구·장비·시설 및 기술수준
2. 재정적인 부담능력
3. 위탁사무 관련 분야에 대한 전문성 확보여부 및 사무처리 실적
4. 수탁기관 근로자의 고용·근로조건
5. 책임능력 및 공신력

2. 비공개모집의 경우 A346

① 서울특별시 행정사무의 민간위탁에 관한 조례 제8조 제1항의 규정에 불구하고 공개모집 외의 방법으로 수탁기관을 선정할 경우에는 민간위탁 운영평가위원회의 심의를 거쳐야 한다(서울특별시 행정사무의 민간위탁에 관한 조례 제8조 제3항). ② 시장은 기존 수탁기관과 재계약하고자 하는 경우, 위탁기간 만료 90일 전까지 적격자 심의위원회와 민간위탁 운영평가위원회의 심의를 통해 수탁기관의 적정여부를 판단하여야 한다(서울특별시 행정사무의 민간위탁에 관한 조례 제12조).

3. 사회적경제기업에 대한 배려 A347

서울시의 경우, 민간위탁금이 일정액(예: 5억원) 이하인 사무를 위탁하는 경우, 사회적경제기업은 과거 업무수행실적을 1년 이내로 하거나, 가산점을 부여하거나 하여 사회적경제기업의 육성을 도모할 수도 있을 것이다.

■ 서울특별시 행정사무의 민간위탁에 관한 조례 시행규칙 제4조(수탁기관 선정) ① 조례 제8조에 따른 수탁기관 선정 시 근로자의 근로조건 개선 및 사회적 가치 달성을 위하여 노력하는 기관을 수탁기관 선정 우선 대상 기관으로 고려할 수 있다. <개정 2014. 7. 31.>

[참고] 사회적경제기업의 의의 A348

사회적경제기업의 용어는 「서울특별시 사회적경제 기본 조례」에 나타난다. 사회적경제기업의 개념과 관련된 이 조례의 관련규정을 옮겨본다.

제3조(정의) 이 조례에서 사용하는 용어의 뜻은 다음 각 호와 같다.
2. "사회적경제기업"이란 제4조의 기본원칙을 준수하는 기업으로 다음 각 목의 어느 하나에 해당하는 조직을 말한다.
가. 「사회적기업 육성법」 제2조 제1호에 따른 사회적기업과 「서울특별시 사회적기업 육성에 관한 조례」 제2조 제2호에서 정한 예비사회적기업

나.「협동조합 기본법」 제2조 또는 개별 법률에 따라 설립된 협동조합 또는 협동조합연합회 (사회적협동조합, 사회적협동조합연합회를 포함한다)

다.「도시재생 활성화 및 지원에 관한 특별법」 제2조 제1항 제9호에 따른 마을기업 및 서울특별시장(이하 "시장"이라 한다)이 정하는 마을기업

라.「국민기초생활 보장법」 제18조에 따른 자활기업, 보건복지부 장관이 인정하는 자활근로사업단 및 시장이 인증하는 자활기업

마.「중증장애인생산품 우선구매 특별법」 제9조의 중증장애인생산품 생산시설

제4조(기본원칙) ① 사회적경제기업은 다음 각 호의 기본원칙에 따라 행위한다.

1. 조직의 주 목적이 사회적 가치 실현
2. 민주적이고 참여적인 의사결정구조 및 관리 형태를 통해 개인과 공동체의 역량강화
3. 주로 구성원이 수행하는 업무나 서비스, 활동을 토대로 하는 경제활동에서 획득되는 결과를 구성원이나 사회적 가치 실현에 사용하거나 그 수익을 자본보다는 사람과 노동에 우선하여 배분
4. 경영의 투명성과 윤리성 준수 등

② 시장은 사회적경제기업 지원에 대한 세부기준을 관계법규 및 제1항의 원칙에 따라 마련할 수 있다.

제5장 민간위탁의 대상(민간위탁사무) A401

민간위탁의 대상은 민간위탁을 규정하는 법령에서 정하는 바에 의한다. 국가행정에서 민간위탁의 대상은 정부조직법과 개별 법률에서 규정되고 있고, 지방자치행정에서 민간위탁의 대상은 지방자치법과 개별 법률에서 규정되고 있다.

행정주체	근거 법령	민간위탁의 대상
국가	정부조직법(일반법)	국민의 권리 · 의무와 직접 관계되지 아니하는 사무
	개별 법률	국민의 권리 · 의무와 직접 관계되는 사무도 가능
지방자치단체	지방자치법(일반법)	주민의 권리 · 의무와 직접 관련되지 아니하는 사무
	개별 법률	주민의 권리 · 의무와 직접 관련되는 사무도 가능

민간위탁에 관한 일반법이라 할 정부조직법과 지방자치법은 국민 · 주민의 권리 · 의무와 직접 관련되지 아니하는 사무를 민간위탁의 대상으로 규정하고 있다. 이하에서는 국민 · 주민의 권리 · 의무와 직접 관련 여부를 기준으로 나누어서 살피기로 한다.

제1절 국민 · 주민의 권리 · 의무와 직접 관계 · 관련되지 아니하는 사무 A402

Ⅰ. 의의 A403

1. 법령상 규정 내용 A404

정부조직법 제6조 제3항은 "조사 · 검사 · 검정 · 관리 업무 등 국민의 권리 · 의무와 직접 관계되지 아니하는 사무"를 민간위탁의 대상으로 규정하고 있고, 지방자치법 제104조 제3항도 "조사 · 검사 · 검정 · 관리업무 등 주민의 권리 · 의무와 직접 관련되지 아니하는 사무"를 민간위탁의 대상으로 규정하고 있다. 요약하면 정부조직법 제6조 제3항과 지방자치법 제104조 제3항은 주민의 권리 · 의무와 직접 관계 · 관련되지 아니하는 사무(비권력적 사무)를 민간위탁의 대상으로 규정하고 있다.[1)]

---

1) 한 연구자의 글(강문수, "정부와 민간협업(민관협력)활성화를 위한 법제개선방안," 법제, 법제처, 2013. 4, 52~53쪽)에 게재된 정부의 민간위탁 업무에 관한 부처별 현황(2011년 12월 현재)을 아래에 옮긴다. 모든 내용들이 국민 · 주민의 권리 · 의무와 직접 관련 없는 것이라고 단언하기 쉽지 않다.
- 국가보훈처: 한국보훈복지의료공단(국가유공자 및 그 유족의 정신교육)
- 교육과학기술부: 사립 대학 · 전문대학 및 이에 준하는 각종학교의 장(교원자격증의 수여, 재교부 및 기재사항 정정), 외국박사학위 신고의 수리(한국연구재단), 대학 연구기관에 종사할 전문연구요원 편입 대상자 선발시험, 대학수학능력시험 시험출제 등(한국교육과정평가원), 수학 및 과학 교과용도서의 검정 · 인정(한국과학창의재단), 사립의 대학 · 산업대학 등의 교원 임면보고(한국대학교육협의회), 교원의 임면보고 및 산업체 위탁교육의 실시계획 및 결과보고의 접수(한국전문대학교육협의회), 대학 설립 · 경영자 및 대학의 장의 수익용 기본재산 및 교지 · 교사 보유현황 보고의 접수(한국사학진흥재단)
- 행정안전부: 공무원에 대한 국가유공자 등 요건 관련 사실의 확인 및 통보(공무원연금관리공단), 온천자원 관측 사무(온천협회)
- 소방방재청: 소방시설관리사시험의 관리에 관한 사무, 소방안전교육사시험의 관리에 관한 사무(한국산업인력공단)
- 문화관광체육부: 박물관 · 미술관 준학예사 시험의 관리(한국산업인력공단), 관광사업을 영위하는 업소에 종사하는 외국인에 대한 사증발급을 위한 추천서의 발급(영상물등급위원회)
- 농림수산식품부: 사료작물 재배용 종자(호밀 · 귀리 · 수수 및 유채)에 대한 관세면제 대상 물품의 확인(농업협동조합중앙회), 안전성 및 유효성에 문제가 없다고 인정된 품목에 대한 품목신고의 수리 및 변경신고(한국동물약품협회), 어장이용개발계획의 수립 또는 변경 협의에 관한 권한 중 공유수면매립사업의 보상수면에

2. 조사 · 검사 · 검정 · 관리 업무 등의 의의 A405

정부조직법 제6조 제3항과 지방자치법 제104조 제3항은 '조사 · 검사 · 검정 · 관리 업무 등'을 국민 · 주민의 권리 · 의무와 직접 관계 · 관련되지 아니하는 사무로 예시하고 있는바, 조사 · 검사 · 검정 · 관리 업무 등의 의미를 내용적인 면에서 먼저 살펴볼 필요가 있다.[1)]

(1) 조사사무 A406

(가) 개념 A407

실정법상 조사와 관련된 일반법으로 행정조사기본법이 있다. 이 법률을 참고로 한다면, 조사사무란 행정기관이 정책을 결정하거나 직무를 수행하는 데 필요한 정보나 자료를 수집하는 사무(행정조사기본법 제2조 참조)를 말한다. 조사사무는 자료나 정보의 수집과 관련된 개념이지만, 조사에는 비권력적 조사(예: 관광진흥법 제48조의 해외관광시장에 대한 정기적인 조사)도 있고, 권력적 조사(예: 소방기본법 제30조의 화재조사)도 있다.

관한 협의(한국농어촌공사), 해상안전조업에 관한 권한 중 어선의 출항 및 입항에 관한 사항, 중국간에 통보된 입어(入漁)에 관한 절차규칙에 따른 입어와 관련된 조업허가증 기재사항 변경신청서 제출, 입역 · 출역 정보의 제출, 어획에 관한 일일보고서의 제출 및 통계관리 등(수협중앙회)

- 지식경제부: 석탄 및 석탄가공제품의 품질검사(한국광해관리공단), 산업디자인전람회 개최의 공고, 우수산업디자인상품 선정 및 그 공고(한국디자인진흥원 또는 산업디자인 진흥을 목적으로 설립된 법인으로서 지경장관이 지정하는 법인), 전기부담금의 징수(따른 전기판매사업자, 구역전기사업자 또는 한국전력거래소)
- 특허청: 변리사자격시험의 관리(한국산업인력공단) 변리사 등록업무 및 실무수습 업무, 법인의 설립인가 신청 및 정관변경 접수(대한변리사회)
- 보건복지부: 의약품수량 할당의 추천(한국의약품수출입협회)
- 고용노동부: 취업의욕의 고취 및 직업능력의 증진과 3개월 이내의 훈련의 실시와 지원(한국산업인력공단), 노동부 소속 공무원의 교육훈련 실시(한국산업인력공단법에 따른 교육기관 및 한국산업안전보건공단법 따른 교육원)
- 국토해양부: 공업화주택의 인정 및 인정취소(한국건설기술연구원) 물류관리사 자격시험의 관리(한국산업인력공단) 비행장 설치자가 관할하는 공역에서의 초경량비행장치 및 경량항공기의 비행계획의 승인, 통제 공역에서의 비행 허가, 항공교통업무 및 항공교통의 안전을 위한 교육 및 지시, 항공정보의 제공(주한미군사령관 또는 비행장 설치자), 항공교통 사무에 관한 지시 등(인천국제공항공사), 국유재산관리 사무 중 고속국도(한국도로공사), 광역상수도 · 공업용수도 및 댐(한국수자원공사), 관세감면을 위한 확인, 관세감면물품의 사후관리, 항공기부품에 관한 협의(한국항공진흥협회), 선원수첩의 검사(수산업협동조합중앙회), 무역항의 오염물질 수거 · 처리(해양환경관리공단), 입항 · 출항신고(항만공사)

1) 조사 · 검사 · 검정 · 관리의 의미를 내용적인 것이 아니라 행태적 측면에서 살펴보는 것은 의미가 없어 보인다. 왜냐하면 「조사 · 검사 · 검정 · 관리 업무 등」이 국민 · 주민의 권리 · 의무와 직접 관계 · 관련되지 아니하는 사무로 예시되고 있고, 국민 · 주민의 권리 · 의무와 직접 관계 · 관련 여부는 내용적인 것이기 때문이다.

(나) 의미 A408

권력적 조사는 국민의 기본권(자유권적 기본권 등)의 침해를 수반하는 것이므로, 권력적 조사를 국민의 권리·의무와 직접 관계·관련되지 아니하는 사무라 말할 수는 없다. 따라서 정부조직법 제6조 제3항과 지방자치법 제104조 제3항에서 말하는 조사는 행정기관이 행하는 모든 조사를 의미하는 것이 아니라 국민의 권리·의무와 직접 관계·관련되지 아니하는 조사만을 의미하는 것이라 하겠다. 이런 시각에서 보면 정부조직법 제6조 제3항과 지방자치법 제104조 제3항이 국민의 권리·의무와 직접 관계·관련되지 않는 사무의 예로 조사를 언급한 것은 특별한 의미가 있어 보이지 아니한다.

(2) 검사사무 A409

(가) 개념 A410

실정법상 검사와 관련된 일반법은 보이지 아니한다. 이희승 편 국어대사전에서 검사란 사실을 조사하여 옳고 그름과 낫고 못함을 판단하는 것으로 정의되고 있다. 실정법상 검사와 조사를 명백하게 구분하는 것은 어렵다. 오류의 위험을 무릅쓰고 말한다면, 실정법상 검사는 특정한 행정목적을 위한 것으로(예: 건축법 제22조의 건축물의 사용승인을 위한 검사, 관광진흥법상 제25조의 카지노기구의 검사), 조사는 특정한 행정목적이나 포괄적인 목적을 위한 것으로 보인다(행정조사기본법 참조). 검사는 조사의 한 형태라 보아도 무방할 것이다.

(나) 의미 A411

예컨대, 건축법 제22조의 검사에서 불합격되면, 건축물의 사용이 금지되며, 검사에 합격하고 사용승인서를 받으면 건축물을 사용할 수 있게 된다. 검사 후에 사용승인서를 교부받아야 건축물을 사용할 수 있지만, 검사에 합격한 경우에 사용승인서의 교부는 기속적이라는 점에서 보면, 건축법상 검사는 건축물을 사용할 수 있는 권리의 부여와 직결된다고 하겠다. 따라서 검사가 국민·주민의 권리·의무와 직접 관계·관련되지 않는 사무에 해당한다고 말하기 어렵다. 이런 시각에서 보면 정부조직법 제6조 제3항과 지방자치법 제104조 제3항이 국민의 권리·의무와 직접 관계·관련되지 아니하는 사무의 예로 검사를 언급한 것은 특별한 의미가 있어 보이지 아니한다.[1)]

---

1) 소방시설의 설치·유지 및 안전관리에 관한 법률[제45조(권한의 위임·위탁 등) ④ 국민안전처장관은 제36조 제3항 및 제39조 제2항에 따른 제품검사 업무를 기술원 또는 전문기관에 위탁할 수 있다<개정 2014. 11.

(3) 검정사무 A412

(가) 개념 A413

실정법상 검정과 관련된 일반법은 보이지 아니한다. 이희승 편 국어대사전에서 검정이란 가치·자격·품격 등을 심사하여 결정하는 것으로 정의되고 있다. 마찬가지로 오류의 위험을 무릅쓰고 말한다면, 실정법상 검사의 경우에는 물적인 상태를 주된 검사대상으로 하지만, 검정의 경우에는 인적 가치·자격·품격 등을 검정대상으로 하는 것(예: 교과용 도서에 관한 규정 제6조 이하의 검정)이 일반적인 경향으로 보인다. 용례상 검정이라는 용어를 사용하지 않는다고 하여도 자격시험관련업무(예: 관광진흥법상 제38조의 관광종사원 자격시험과 등록)도 검정에 해당한다고 볼 것이다.

(나) 의미 A414

예컨대, 관광진흥법 제38조의 시험에서 불합격되면 관광종사원이 될 수 없지만, 시험에 합격하고 문화체육관광부장관에게 등록하면 관광종사원이 된다. 물론 시험합격 후에 등록하여야 관광종사원이 될 수 있지만, 시험에 합격한 경우에 등록의 수리는 기속적이라는 점에서 보면, 관광진흥법상 시험은 관광종사원의 자격취득과 직결된다고 하겠다. 말하자면 헌법이 보장하는 직업선택의 자유와 직결된다. 따라서 검정사무가 국민의 권리·의무와 직접 관계·관련되지 아니하는 사무에 해당한다고 말하기 어렵다. 이런 시각에서 보면 정부조직법 제6조 제3항과 지방자치법 제104조 제3항이 국민·주민의 권리·의무와 직접 관계·관련되지 사무의 예로 검정사무를 언급한 것도 특별한 의미가 있어 보이지 아니한다.

(4) 관리사무 A415

(가) 개념 A416

실정법상 관리와 관련된 일반법은 보이지 아니한다. 이희승 편 국어대사전에서 관리란 사무를 경영하며 물적 설비의 유지·관할을 맡아서 하는 것으로 정의되고 있다. 마찬가지로 오류의 위험을 무릅쓰고 말한다면, 관리란 물건·사실·일의 현상을 유지하는 것이라 말할 수 있을 것이다(예: 도로법 제31조의 도로의 관리, 관광진흥법상 관광안내소의 운영, 관광안내판 관리).

---

19. >에 따른 민간위탁의 경우에도 유사한 문제가 발생한다.

(나) 의미 A417

관리사무는 현상유지적인 것이므로 관리사무는 국민의 권리 · 의무와 직접 관계 · 관련되지 아니하는 사무에 해당한다고 말할 수도 있다. 그러나 개별 법령에서 관리의 내용으로 총기를 사용한다거나 사람의 신체를 수색할 수 있도록 하는 경우에는 국민의 권리 · 의무와 직접 관계 · 관련되지 아니하는 사무라 말하기 어렵다. 이런 시각에서 보면 정부조직법 제6조 제3항과 지방자치법 제104조 제3항이 국민 · 주민의 권리 · 의무와 직접 관계 · 관련되지 사무의 예로 관리사무를 언급한 것도 별다른 의미가 있어 보이지 아니한다.

(5) 평가사무 A418

(가) 입법의 미흡 A419

앞에서 본 바와 같이 모든 조사 · 검사 · 검정 · 관리 업무가 국민의 권리 · 의무와 직접 관계 · 관련되지 아니하는 사무라고 할 수는 없다. 따라서 정부조직법 제6조 제3항과 지방자치법 제104조 제3항이 '조사 · 검사 · 검정 · 관리 업무 등'을 국민 · 주민의 권리 · 의무와 직접 관계 · 관련되지 아니하는 사무로 예시한 것에 대하여 특별한 의미를 부여하기는 어렵다. 입법상 미흡한 것으로 보인다.

(나) 의미의 부여 A420

그럼에도 정부조직법 제6조 제3항과 지방자치법 제104조 제3항이 '조사 · 검사 · 검정 · 관리 업무 등'을 예시한 것을 의미 있는 것으로 보려면, 정부조직법 제6조 제3항과 지방자치법 제104조 제3항이 말하는 '조사 · 검사 · 검정 · 관리 업무 등'은 '조사 · 검사 · 검정 · 관리 업무 등' 중에서 국민 · 주민의 권리 · 의무와 직접 관계 · 관련되지 아니하는 '조사 · 검사 · 검정 · 관리 업무 등'으로 한정하여 새겨야 하며, 아울러 주민의 권리 · 의무와 직접 관계 · 관련되지 아니한다는 것을 국민 · 주민에게 재산상 권리 · 의무를 직접 발생 · 변경 · 소멸시키거나(예: 과세처분) 국민 · 주민의 생명 · 신체 · 인격의 권리에 직접적인 침해를 가져오는 것이[1] 아닌 경우로 새겨야 할 것이다. 하여간 정부조직법 제6조 제3항과 지방자치법 제104조 제3항에서 해석의 중점은 국민 · 주민의 권리 · 의무와 직접 관계 · 관련되지 아니하는 사무의 부분이 된다.

---

1) 이에 관해서는 A447 이하에서 재론한다.

Ⅱ. 유형

A421

국민·주민의 권리·의무와 직접 관계·관련되지 아니하는 사무는 관점에 따라 여러 유형으로 나누어 볼 수 있다. 이하에서 실무상 고려를 요하는 몇몇 관점에 따라 살펴보기로 한다.

1. 법령상 유형

A422

(1) 법령상 민간위탁대상의 선정기준

A423

정부조직법 제6조 제3항과 지방자치법 제104조 제3항이 국민·주민의 권리·의무와 직접 관계·관련되지 아니하는 사무로 예시하고 있는 '조사·검사·검정·관리 업무 등'의 기준은 특별한 의미가 없다. 정부조직법 제6조 제3항과 지방자치법 제104조 제3항에서 말하는 국민·주민의 권리·의무와 직접 관계·관련되지 아니하는 사무의 구체화가 필요하다. 정부조직법 제6조 제3항 등에 따른 행정권한의 위임 및 위탁에 관한 규정 제11조 제1항과 지방자치법 제104조에 따른 서울특별시 행정사무의 민간위탁에 관한 조례 제4조가 국민·주민의 권리·의무와 직접 관계·관련되지 아니하는 사무로서 「민간위탁을 할 수 있는 사무로 규정하고 있는 사항」을 표로 보기로 한다.[1)]

행정권한의 위임 및 위탁에 관한 규정	서울특별시 행정사무의 민간위탁에 관한 조례
1. 단순 사실행위인 행정작용	1. 단순 사실행위인 행정작용
2. 공익성보다 능률성이 현저히 요청되는 사무	2. 능률성이 현저히 요청되는 사무
3. 특수한 전문지식 및 기술이 필요한 사무	3. 특수한 전문지식이나 기술을 요하는 사무
4. 그 밖에 국민 생활과 직결된 단순 행정사무	4. 그 밖에 시설관리 등 단순행정 관리사무

1) 민간위탁 실무편람은 특수한 전문지식이나 기술을 요하는 사무를 건설안전시험, 교량안전점검, 설계감리 등 민간이 더 우수한 전문기술을 갖춘 시험·연구·조사 기능과 하수처리장, 쓰레기소각장, 분뇨처리장 등 민간 참여로 전문성을 높일 수 있는 기능으로 정의하고 있다(민간위탁 실무편람, 59쪽). 한편, 수도법 제58조 규정 [당시 제58조(권한의 위임 및 위탁) 이 법의 규정에 의한 환경부장관 또는 건설교통부장관의 권한은 대통령령이 정하는 바에 의하여 그 일부를 시·도지사 또는 지방환경관서의 장에게 위임하거나 한국수자원공사에 위탁할 수 있다]에 의거 상수도관련 시설은 공공성이 강하므로 민간위탁이 불가하다고 한다(민간위탁 실무편람, 57쪽). 그러나 공공성의 강약을 기준으로 민간위탁의 가부를 판단하는 것은 문제가 있다. 교량안전점검은 민간위탁이 가능하다고 하지만, 교량안전점검이 상수도관련시설보다 공익성이 약하기 때문에 민간위탁이 가능하다는 주장이 타당하겠는가? 부정적으로 보아야 할 것이다.

■ 행정권한의 위임 및 위탁에 관한 규정 제11조(민간위탁의 기준) ① 행정기관은 법령으로 정하는 바에 따라 그 소관 사무 중 조사·검사·검정·관리 사무 등 국민의 권리·의무와 직접 관계되지 아니하는 다음 각 호의 사무를 민간위탁할 수 있다.
1. 단순 사실행위인 행정작용
2. 공익성보다 능률성이 현저히 요청되는 사무
3. 특수한 전문지식 및 기술이 필요한 사무
4. 그 밖에 국민 생활과 직결된 단순 행정사무

■ 서울특별시 행정사무의 민간위탁에 관한 조례 제4조(민간위탁 사무의 기준) ① 시장은 법령이나 조례에 정한 시장의 소관사무 중 조사·검사·검정·관리업무 등 시민의 권리·의무와 직접 관계되지 아니하는 다음의 사무를 민간위탁 할 수 있다. <개정 2009. 7. 30., 2012. 12. 31., 2014. 5. 14.>
1. 단순 사실행위인 행정작용
2. 능률성이 현저히 요청되는 사무
3. 특수한 전문지식이나 기술을 요하는 사무
4. 그 밖에 시설관리 등 단순행정 관리사무
② 삭제 <2014. 5. 14.>

(2) 민간위탁 실무편람상 유형 A424

(가) 내용 A425

민간위탁 실무편람은 "민간위탁의 대상은 지방행정의 핵심부문을 제외한 여러 영역에서 해당되며, 지방자치단체의 정책방향 및 우선순위에 따라 다양한 분석을 토대로 결정하게 된다"고 하면서 민간위탁의 대상을 다음과 같이 유형화하고 있다.[1)]

1. 민간수행이 효율적인 비교적 단순집행기능
   (주차위반차량 견인 및 관리, 도로유지·보수관리, 시설물 유지·보수, 공원시설 관리, 식당운영, 전산시스템 유지·보수 관리 등)
2. 비권력적 시설관리기능 등 민간참여로 전문성을 높일 수 있는 기능
   (하수처리장, 쓰레기소각장, 분뇨처리장 운영 등)
3. 민간이 더 우수한 전문기술을 갖춘 시험·연구·조사기능
   (건설안전시험, 교량안전점검, 설계 감리 등)
4. 단순집행적인 시설·장비관리기능
   (차량·중장비관리, 청사관리, 조경관리, 방호관리, 가로등·전기시설관리, 통신장비관리, 관광지·유적지 관리 등)

---

1) 민간위탁 실무편람, 15~16쪽.

5. 서비스 제공기능
   (방역, 예방접종, 검사업무, 민간교육, 장묘(납골당, 공원묘지)관리, 시험관리 등)
6. 민간이 운영시에 운영이 활성화되는 기능
   (문화예술회관, 체육시설 등 주민이용 개방시설 등)
7. 비영리사회단체에 재정보조 등을 통해서 관리가 효율적인 기능
   (각종 복지회관 등 사회복지시설, 도서관, 박물관, 청소년수련시설 등)
8. 민간시장기능을 통해 자원동원이 효율적으로 이용 가능한 기능
   (양묘, 화훼관리, 잠종관리, 원종관리 등)
9. 급속히 발달하는 기술 · 기능습득이 필요한 사무
10. 현업 및 생산 · 제작기능 공보발간, 홍보물 제작, 기타 간행물 제작 등

(나) 평가 1(분석) A426

위에서 본 분류 중 1 · 4 · 5 · 10은 비교적 단순 집행적 사무라는 점에서 공통의 성격을 갖고, 2 · 3 · 9는 전문성 · 전문기술이 요구되는 사무라는 점에서 공통의 성격을 갖고, 6 · 7 · 8은 효율성 · 활성화의 제고가 중요한 사무라는 점에서 공통의 성격을 갖는다고 본다. 따라서 앞에서 본 민간위탁 실무편람이 취하는 분류는 단순집행적 사무, 전문성 · 전문기술이 요구되는 사무, 효율성 · 활성화의 제고가 중요한 사무의 해당 여부를 기본적인 기준으로 삼고 있다고 하겠다.

(다) 평가 2(국민 · 주민의 권리 · 의무와의 관련성) A427

예컨대, 위의 '2. 비권력적 시설관리기능 등 민간참여로 전문성을 높일 수 있는 기능'의 경우에 예시된 쓰레기소각장, 분뇨처리장 운영도 잘못된 경우에는 바로 국민 · 주민의 환경권에 직접 영향을 미칠 수 있다고 본다면, 위의 예들도 하나의 기준일 뿐, 온전한 기준이라 보기 어렵다. 역시 문제는 불확정개념인 '국민 · 주민의 권리 · 의무와 직접 관계 · 관련되지 아니하는 사무'의 구체화가 간단하지 않다는 점일 것이다.

(3) 서울특별시 행정사무의 민간위탁에 관한 조례상 유형 A428

(가) 내용 A429

서울특별시 행정사무의 민간위탁에 관한 조례 제6조는 같은 조례 제4조에 따라 민간에 위탁할 수 있는 사무를 다음과 같이 구체화하고 있다.

1. 노인 · 장애인 · 여성 · 청소년 · 노숙인 등 복지시설의 운영에 관한 사무
2. 환경기초시설의 운영에 관한 사무
3. 문화 · 관광시설의 운영에 관한 사무
4. 공원시설의 운영에 관한 사무
5. 시립병원, 보건 · 건강증진 시설의 운영에 관한 사무
6. 산업지원, 직업훈련, 교통 관련 시설의 운영에 관한 사무
7. 공무원 후생복지시설 운영에 관한 사무
8. 영어마을 운영에 관한 사무
9. 그 밖에 제4조의 기준에 적합한 사무로서 시장이 필요하다고 인정하는 사무

(나) 평가 1(분석) **A430**

민간위탁 실무편람은 위탁대상의 일반적인 성격을 먼저 기술하고, 이어서 예를 사무내용별로 기술하고 있는 데 반해, 서울특별시 행정사무의 민간위탁에 관한 조례 제6조는 위탁의 대상을 사무내용별로 기술하고 있다는 점에 차이가 난다. 그럼에도 아래에서 보는 바와 같이 서울특별시 행정사무의 민간위탁에 관한 조례 제6조에서 정하는 대상은 모두 민간위탁 실무편람에서 언급되는 내용의 범위 안에 들어온다.

1. 노인 · 장애인 · 여성 · 청소년 · 노숙인 등 복지시설의 운영에 관한 사무(민간위탁 실무편람의 5 · 7)
2. 환경기초시설의 운영에 관한 사무(민간위탁실무편람의 1 · 2 · 4)
3. 문화 · 관광시설의 운영에 관한 사무(민간위탁실무편람의 6)
4. 공원시설의 운영에 관한 사무(민간위탁실무편람의 1)
5. 시립병원, 보건 · 건강증진 시설의 운영에 관한 사무(민간위탁실무편람의 5)
6. 산업지원, 직업훈련, 교통 관련 시설의 운영에 관한 사무(민간위탁실무편람의 3)
7. 공무원 후생복지시설 운영에 관한 사무(민간위탁실무편람의 5 · 7)
8. 영어마을 운영에 관한 사무(민간위탁실무편람의 5)
9. 그 밖에 제4조의 기준에 적합한 사무로서 시장이 필요하다고 인정하는 사무(민간위탁실무편람의 1 · 4)

(다) 평가 2(국민 · 주민의 권리 · 의무와의 관련성) **A431**

민간위탁 실무편람상 유형에 대한 평가 1(분석)에서 지적한 사항은 서울특별시 행

정사무의 민간위탁에 관한 조례 제6조에서 정하는 대상에 대한 평가에도 그대로 타당한 것이다.

2. 시설 · 사무위탁형, 사무위탁형, 단순용역위탁형 A432

(1) 시설 · 사무위탁형 A433

시설 · 사무위탁형이란 사무의 위탁과 아울러 국가나 지방자치단체가 소유하거나 임차한 건물 등 시설의 지원이 따르는 위탁을 말한다. 예컨대 「서울시 NPO지원센터 운영사무」 위탁의 경우, 시민사회단체 활동 및 공간 지원, 공익활동가 교육 · 상담, 정보 및 자료 지원, 시민사회단체 · 기업 · 지방정부간 네트워크 구축, 기타 시민사회활성화 지원 업무 및 조사연구 등을 위탁하면서 시설(시설명: 서울시 NPO 지원센타, 소재지: 서울시 은평구 녹번동 5번지 구질병관리본부 8동)이 지원된다.[1] 시설 · 사무위탁형은 청소년수련관, 각종 복지시설, 병원, 자원회수시설 등의 시설 · 사무의 위탁의 경우에 볼 수 있다. 아래에서 서울특별시 민간위탁사무 중 시설 · 사무위탁형의 예를 표로 보기로 한다.

분야	시 설 명 A434
복 지	신목종합사회복지관
	노인종합복지관(강동, 강북, 강서, 관악, 광진, 구로, 금천, 노원, 도봉, 동대문, 마포, 서대문, 동작, 성동, 성북, 용산, 은평, 중랑), 노인전문요양센터(동부, 서부), 서울노인보호전문기관, 서울노인복지센터, 송파노인전문요양원, 시립장사시설, 시립노인요양원, 시립양로원, 엘림노인요양원, 엘림노인전문요양원, 영보노인요양원, 중계노인복지관, 중랑노인전문요양원
	곰두리체육센터, 장애인복지관(남부, 노원시각, 북부, 서울, 영등포, 지적), 뇌성마비복지관, 상이군경복지관, 서대문농아인복지관, 시립평화로운집, 장애아동사회적응지원센터, 장애인생산품 판매시설
	24시간게스트하우스, 다시서기상담보호센터, 브릿지상담보호센터, 비전트레이닝센터, 양평쉼터, 영등포보현의집, 은평의 마을
청소년	청소년수련관(강북, 광진, 구로, 금천, 노원, 동대문, 마포, 망우, 목동, 문래, 보라매, 서대문, 서울, 성동, 성북, 수서, 은평, 중랑, 창동, 화곡), 근로청소년복지관, 서울시청소년상담지원센터, 서울유스호스텔, 시립금천청소년쉼터, 시립소년의집, 시립신림청소년쉼터, 시립아동상담치료센터, 청소년문화교류센터, 청소년문화센터, 청소년미디어센터, 청소년직업체험센터, 청소년활동진흥센터
	서울영어마을풍납캠프, 서울영어마을수유캠프
여성가족	여성보호센터, 시립너른쉼터, 시립다시함께센터, 시립영보자애원, 남부여성발전센터, 북부여성발전센터, 서부여성발전센터, 여성능력개발원, 중부여성발전센터, 여울쉼터
	보육정보센터, 시청직장어린이집, 건강가정지원센터, 인재개발원어린이집

1) 이 사업은 2013년도 신규사업으로서 위탁금도 교부되었다. 2013년 제4차 민간위탁 운영평가위원회 심의자료(8.23)에서 발췌한 것이다. 위탁금은 인건비, 운영비, 사업비 등에 활용되었다.

보건의료	누리봄, 늘푸른집, 새오름터, 영보정신요양원, 정신보건센터, 고양정신병원, 공여제대혈은행, 동부병원, 백암정신병원, 보라매병원, 북부노인병원, 용인정신병원, 장애인치과병원, 축령정신병원, 은혜로운 집, 이음
	서울특별시치매센터, Hi-Seoul식생활정보센터
산업경제	차이나타운마그넷시설동챠오
	동대문패션지원센터, 서울애니메이션센터, 서울패션센터, 성동토탈패션지원센터, 중랑패션지원센터, 충무로영상센터
	DMC산학협력연구센터, DMC첨단산업센터, DMC홍보관, DMC운영
	강남청년창업센터, 강북근로자복지관, 강북청년창업센터, 국방벤처센터, 서울시근로자복지관, 서울시창업지원센터, 서울신기술창업센터, 직업전문학교(상계, 서울종합, 엘림, 한남)
문화관광	서울문화교류·관광정보센터, 관광안내소(동대문 등 11개소), 관광안내소(인천공항 등 2개소)
	금천예술공장, 남산예술센터, 남산창작센터, 문래예술공장, 삼청각, 서교예술실험센터, 서울남산국악당, 서울연극센터, 신당창작아케이드, 어린이예술마당, 연희문학창작촌, 열린극장 창동, 장애인 미술창작스튜디오
	남산골한옥마을, 몽촌토성, 운현궁
환경	자원회수시설(강남, 노원, 마포, 양천), 주민편익시설(강남, 양천), 서남물재생센터, 탄천물재생센터, 난지물재생센터 부분, 중랑물재생센터 부분, 난지도매립가스 처리시설
공원체육	매헌윤봉길의사기념관, 독립관, 궁도장, 북서울꿈의숲 내 문화센터·미술관 및 편익시설, 안의사기념관, 장충어린이야구장
	어린이동물사 운영
도로교통	택시운수종사자쉼터, 교통문화교육원, 버스공영차고지
기타	서천연수원, 수안보연수원

(2) 사무위탁형 A435

사무위탁형이란 사무의 위탁만 있고, 국가나 지방자치단체가 소유하거나 임차한 건물 등 시설의 지원이 따르지 않는 위탁을 말한다. 예컨대 '서울시 주거복지 지원센터 운영사무' 위탁의 경우, 주거약자에 대한 주거복지 상담·정보제공 및 사례관리, 각종 주거지원서비스 제공을 통한 주거취약계층의 주거환경 개선 도모를 목적으로 주거복지 전달 관련 각종 주거복지 지원서비스의 제공, 주거복지 전문가 양성 및 주민교육, 홍보사업 및 주거복지 네트워크 구축 등을 위탁하지만, 시설의 지원은 따르지 아니한다.[1] 사무위탁형에는 혼잡통행료 징수, 산학연협력 지원사업, 에이즈 예방 홍보·교육 등의 사무의 위탁의 경우에 볼 수 있다. 아래에서 서울특별시 민간위탁사무 중 사무위탁형의 예를 표로 보기로 한다.

1) 이 사업은 2013년도 신규사업이었다. 수탁자의 기존시설이 활용되었다. 위탁금도 교부되었다. 2013년 제4차 민간위탁 운영평가위원회 심의자료(8.23)에서 발췌한 것이다. 위탁금은 인건비, 운영비, 사업비 등에 활용되었다.

분야	사 무 명 A436
복지	서울시장애인 일자리 통합지원센터, 서울시보조공학서비스센터(고덕동), 서울시보조공학 서비스센터(효창동), 장애인직업재활시설 경영지원센터, 지체장애인편의시설서울지원센터
여성가족	보라매여성·학교폭력 원스톱지원센터, 서울여성·학교폭력원스톱지원센터
보건의료	부랑한센병환자 선도 및 계몽에 관한 사업, 송파아이존, 에이즈 전문상담실 운영 및 보건의료인 교육, 에이즈 예방홍보·교육, 한센병관리사업
	아토피·천식교육정보센터 운영
	저소득환자무료공동간병서비스 제공, 치매전문교육 및 국내외교류사업
산업경제	서울글로벌센터다문화사업운영, 서울글로벌센터 운영(일부), 서울컨벤션육성사업
	산학연협력 지원사업, 서울경제동향분석 및 경기예측, 자영업 종합지원체계 구축운영, 장애경제인 기업활동 촉진사업, 저소득층 창업 및 자활지원, 중소기업 지식재산권 확보지원사업, 중소기업공동화사업, 하이서울브랜드사업, BS산업지원센터 운영
	서울특별시 전자상거래센터 운영
	모스크바 기술교류, 북경서울무역관 지원사업, 수출보험료 지원, 해외전시회 참가·시장개척단·인터넷무역
	해외투자박람회 및 투자설명회, DMC단지개발, DMC단지관리운영
	2009 서울금융산업 홍보·마케팅
	서울디자인올림픽 2009추진
문화관광	서울관광대상 운영, 움직이는 관광안내소 운영, 태권도종주국 관광상품 개발운영, 호스피탤리티 아카데미운영, 호스피탤리티 확산사업
도로교통	혼잡통행료 징수(남산1,3호터널)
	도시고속도로 교통관리시스템 운영, 장애인콜택시 운영
	교통안전시설 경정비
상수도	8개 사업소 소형계량기 교체, 8개 사업소 상하수도계량기 점검업무 등 4종, 대형계량기 교체, 소규모 상수도공사(급수공사) 감독업무, 소규모 상수도공사(시설관리) 감독업무
시설물관리	공동구 관리, 소규모공사 위탁감리, 자동차전용도로 위탁관리, 자동차전용도로 청소 및 녹지위탁
기타	6.25 전쟁기념행사
	뚝섬 아름다운 나눔장터 운영
	120다산콜센터 운영
	시민안전체험교육
	서울숲공원 이용프로그램 운영

(3) 단순용역위탁형

A437

단순용역위탁형이란 단순히 시설관리, 노무제공 등을 내용으로 하는 민간위탁을 말한다. 아래에서 서울특별시 민간위탁사무 중 단순용역 위탁형의 예를 표로 보기로 한다.

A438

분야	시설 및 사무명
청 소	청사 청소(서소문청사, 교통정보센터, 교통지도담당관, 한강사업본부, 인재개발원, 강남·강동·강서·남부·동부·북부·서부·중부 수도사업소, 뚝도아리수정수센터, 상수도연구원, 강서수도사업소 민원센터, 교통방송, 농업기술센터, 데이터센터, 보건환경연구원, 공무원수련원, 서북병원, 어린이병원, 은평병원, 시립대학교, 시립미술관, 늘푸른여성지원센터)
	수도박물관 청소 및 경비용역, 뚝도아리수정수센터 시설물 외벽청소용역·정수시설물 청소용역
	세탁물 처리
	공원 청소환경용역, 음식물쓰레기 수거
	교육생 모포 등 세탁, 음식물쓰레기 처리, 청사방역
	박물관 청소·경비관리용역
경 비	무인경비시스템
	자재창고·관리동 무인경비 및 화재통보시스템 관리용역
	송파재활용종합단지 부지 경비용역
	청사경비(공무원수련원, 보건환경연구원, 서북병원, 어린이병원, 은평병원, 서울대공원, 시립대, 시립미술관, 강서수도사업소, 강서수도사업소 민원센터)
	정육묘장 및 농업체험장 경비용역, 청사 무인경비용역
	수도박물관 무인경비시스템, 서부수도사업소 배수지·가압장 무인경비용역
	센터 경비·청소·시설물관리용역
설비관리	청사시설관리(서소문청사, 민방위교육장, 공무원수련원, 강서수도사업소, 강서수도사업소 민원센터, 보건환경연구원, 서북병원, 어린이병원, 은평병원, 서울대공원, 소방학교, 역사박물관, 청계천문화관)
	설비관리 및 경비용역
	배출수처리시설관리용역(강북·광암·구의·뚝도·암사·영등포 아리수정수센터), 시설물 관리 및 경비용역(강남·강동·남부·동부·북부·서부·중부 수도사업소, 상수도연구원), 뚝도아리수정수센터 방화벽 유지관리, 수도박물관 승강기 유지관리
	승강기(경사형리프트) 안전관리대행, 위험물 안전관리대행, 전기안전관리대행
	승강기 유지관리, 전기안전관리대행, 채점판독기 유지보수
	시민안전체험관 설비관리 및 청소
전 산	중요기록물 DB구축 및 마이크로필름 제작, 행정정보시스템 유지보수, 민원종합정보시스템 유지보수, 시도행정복구시스템 유지보수 및 운영지원, 엔테라 미들웨어 등 소프트웨어 유지보수, 전자

	문서시스템 유지보수, 행정정보 전산장비 유지보수 및 운영지원, 행정포털시스템 유지보수, 광통신시설물 유지보수, 정보통신설비 유지보수, 불법주정차시스템 유지보수, 교통위반관리시스템 유지보수, 무인단속시스템 유지보수, 버스종합사령실 유지보수, TOPIS시스템 운영 및 유지관리, 한강사업본부 컴퓨터 · 프린터 유지보수, 어린이병원 원무전산시스템 유지보수
기 타	시민고객안내도우미 운영
	청계천 차없는 거리 운영
	서울풍물시장 관리, 노점 · 노상적치물 단속
	서울숲 질서유지관리
	월드컵공원 질서유지
	수도박물관 안내도우미, 뚝도아리수정수센터 정수오니케익처리
	환자 및 직원급식 위탁
	타병원 입원환아 및 병동간병인 용역, 입원환자 및 직원급식 위탁
	환자 및 직원식당 위탁

3. 위탁금 지원형과 위탁금 비지원형 A439

(2014. 2. 현재 서울특별시)(금액: 억원)

총 계		위탁금 지원형						위탁금 비지원형
		사무위탁		시설 · 사무위탁		소계		
건 수	금액	건수	금액	건수	금액	건수	금액	건수
348	10,449	115	2,623	194	7,826	309	10,449	39

(1) 위탁금 지원형 A440

위탁금 지원형이란 위탁사무의 수행에 요구되는 인건비, 운영비, 사업비 등을 위한 위탁금이 지원되는 민간위탁을 말한다. 민간위탁에는 사무의 수행에 위탁금을 지원하는 것이 일반적이다. 위탁금 지원형을 예산지원형으로 부르기도 한다.[1] 위탁금 지원형은 시설 · 사무위탁형과 사무위탁형에 널리 활용되고 있다. 한편, 수탁사무의 수행으로 인해 수익이 발생하거나 수탁기관이 아주 건실한 경우는 경우에는 위탁금액의 조정도 필요할 것이다.[2] 참고로, '남산 1, 3호 터널 혼잡통행료 요금소'에서의

1) 민간위탁관리지침(2014), 9쪽.

2) 서울특별시가 위탁금을 지원하다가 지원을 중단한 예로 서울특별시립 서부노인전문요양센터 관리 · 운영사무

'혼합통행료 징수와 요금소 관리사무'를 서울시설공단에 민간위탁하고 있는 경우에는[1] 서울특별시는 사업비를 서울시설공단에 민간위탁금으로 지급하고, 그 대신 서울시설공단은 혼잡통행료 징수금액 전액을 모두 서울시의 수입으로 회계처리한다.[2]

(2) 위탁금 비지원형 A441

위탁금 비지원형이란 수탁사무의 수행에 요구되는 인건비, 운영비, 사업비 등을 위한 위탁금이 지원되지 않는 민간위탁을 말한다. 이러한 경우는 수탁사업으로 인해 수익이 발생하거나(수익창출형),[3] 다른 공공단체에 위탁하는 사례에서 볼 수 있다.[4]

의 위탁을 볼 수 있다. 서울시는 사회복지법인 소망복지재단과의 2013. 4. 1~2016. 3. 31까지 기간으로 하는 위탁계약에서 위탁금의 지원이 없는 것으로 하였다. 종전까지는 약간의 위탁금이 지원되었다. 이 사무는 시설보호대상 중증 치매·중풍 노인의 입소보호, 시설 운영에 따른 각종 프로그램의 개발·운영, 입소(이용)노인 및 시설의 안전관리, 시설 운영에 따른 각종 프로그램의 개발·운영, 기타 노인복지증진을 위하여 위탁자와 수탁자가 협의하여 정하는 사업 등을 내용으로 한다. 지원금의 축소 내지 중단에도 불구하고 위탁사무가 잘 수행될 수 있다면, 서울시의 절약노력에 도움이 될 수도 있을 것이다.

1) 2013년도 사업비용은 43억원 정도였으나, 수입은 148억원에 달했다.

2) 이러한 예는 특1급 수준의 게스트하우스 및 회의장 시설을 기반으로 해외바이어 발굴·유치, 글로벌 비즈니스 전문교육 등의 지원을 통해 서울 중소기업의 수출 확대 및 글로벌 경쟁력 강화를 위한 「서울파트너스하우스 운영 관리」의 민간위탁에서도 볼 수 있다.

3) 수탁사업으로 인해 수익이 발생하는 경우의 예
- 위탁사무명: 잠실종합운동장 구내식당 운영
- 위탁근거: 서울시 행정사무의 민간위탁에 관한 조례 제4조 제1항 제2호(능률성이 현저히 요청되는 사무), 제6조 제7호(공무원 후생복지시설 운영에 관한 사무)
- 위탁업무: 식재료를 구입·조리·가공한 식음료를 판매하는 행위
  공무원 비상근무, 사업소 행사 개최시 식음료 판매
  구내식당 운영에 필요한 인력의 채용, 종업원 복장 및 복무관리, 시설물 소독 등 청결유지, 위생 감사 수감 등
- 민간위탁금: 위탁금 지원 없음
- 수탁자: ○○외식산업(주)(단체급식, 외식전문 업체)
- 위탁기간: 2012. 9. 1 ~ 2014. 8. 31(2년 재계약)
- 자료출처: 2012년 제2차 민간위탁 운영평가위원회 심의자료(6.1)

4) 다른 공공단체에 위탁하는 경우의 예
- 위탁사무명: 서울특별시마포주민편익시설 운영·관리
- 위탁근거: 서울특별시 행정사무의 민간위탁에 관한 조례 제4조(민간위탁 사무의 기준) 제1항
  서울특별시 자원회수시설 설치촉진 및 주변지역지원 등에 관한 조례 제8조(주민편익시설 관리·운영의 위탁) 제1항
- 위탁목적: 전문기관에 민간위탁을 통한 주민편익시설 운영·관리의 전문성 제고
  민간위탁을 통해 경제적·효율적 운영으로 이용자 만족도 증대
  지역주민에게 쾌적하고 안정적인 시설 이용으로 생활편익 제공
- 위탁업무: 주민편익시설의 운영·관리 전반에 관한 사항
  운영프로그램의 개발 및 주변영향지역에 대한 주민편익증진 등
- 민간위탁금: 위탁금 지원 없음(마포구시설관리공단 운영 조건으로 마포구에서 부족예산 지원)

위탁금 비지원형을 수익창출형으로 부르기도 한다.[1]

연번	분야	시 설 명 A442
1	매점·식당	남산별관 구내식당
		선유도음식점, 동작대교 전망쉼터 내 카페, 양화대교 전망쉼터 내 카페, 한강대교 전망쉼터 내 카페, 한남대교 전망쉼터 내 카페, 한강특화공원(여의도 · 뚝섬 · 난지 · 반포) 매점, 한강공원(광나루 · 이촌 · 망원 · 잠원 · 양화 · 강서) 매점, 한강잠실공원 매점,
		보라매공원 매점(편의점), 시민의숲공원 매점시설, 서울숲공원 매점 및 스넥바, 서울숲공원 체인화 편의점 2개소
		난지주차장 매점, 난지천잔디광장 매점, 노을휴게소, 여의도공원 바이더웨이 제3호편의점, 여의도공원 베스트올 제4호편의점, 여의도공원 베스트올 제5호편의점, 평화의공원별자리휴게소, 평화의공원연못휴게소
		낙산공원 매점, 남산쉼터, 장충휴게실, 팔각주차장 휴게실
2	주차장	공영주차장(강남권 동부지역), 공영주차장(강남권 서부지역), 공영주차장(강북권 1,3,5,6권역), 공영주차장(강북권 2권역), 공영주차장(강북권 4권역), 공영주차장(잠실역주차장 외 20개소)
		한강공원내 주차장(4개 부분)
		보라매공원주차장, 서울숲주차장
		독립공원주차장, 월드컵공원주차장
		낙산공원주차장, 남산공원주차장, 야외식물원주차장, 용산공원주차장
3	체육시설	한강공원 자전거대여점(이촌 등), 난지국궁장, 난지캠핑장, 뚝섬 · 광나루테니스장, 망원론볼링장, 여의도파크골프장, 이촌축구교육장, 이촌테니스장, 이촌인라인스케이트장, 잠원 · 망원테니스장, 한강공원수영장(광나루 · 망원), 한강공원수영장(뚝섬 · 여의도), 한강공원수영장(잠실 · 잠원)
		목동실내빙상장, 잠실실내탁구장, 잠실야구장, 장충체육관, 효창운동장
		서울숲공원 자전거대여소
		여의도공원 인라인스케이트대여소, 여의도공원 자전거대여점, 여의도공원 유아밧데리카대여소
		장충수영장, 장충테니스장
4	기타	장례식장
		용산공원자판기

• 수탁자: 마포구시설관리공단(지방공기업법 제76조에 근거하여 마포구에서 설립한 지방공기업으로 효율적인 인적자원을 갖추고 마포구 공영주차장, 마포농수산물시장 등 시설 관리업무 수행)

• 위탁기간: 2012. 12. 30. ~ 2015. 12. 29. (3년간)

• 자료출처: 2012년 제3차 민간위탁 운영평가위원회 심의자료(8.1)

1) 민간위탁관리지침(2014), 9쪽.

4. 민간위탁사유를 기준으로 하는 구분 A443

(1) 의의 A444

국민 · 주민의 권리 · 의무와 직접 관계 · 관련되지 아니하는 사무의 유형을 민간위탁이 필요한 이유를 기준으로 나누어 정리하는 것도 가능할 것이다. 말하자면 국민 · 주민의 권리 · 의무와 직접 관계 · 관련되지 아니하는 사무 중 ① 정부의 비용절감을 위한 사무, ② 민간의 전문성 · 기술성의 활용을 위한 사무, ③ 공공서비스 질의 제고를 위한 사무, ④ 공익성 · 기업성의 조화를 위한 사무로 나누어 볼 수 있을 것이다. 물론 이러한 4가지의 구분이 언제나 명백히 구분되는 것은 아니다. 그리고 경우에 따라서는 4가지 사무의 성질이 결합되는 경우도 있다. 예컨대, 어린이 · 청소년 인권교육에 관한 사무를 민간위탁을 한다면, 이러한 사무는 전문강사 양성 교육 및 교육자료 개발 등 아동인권에 대한 전문성을 요하는 사업의 성질도 갖고 아울러 관련 인력 및 기술을 보유한 전문기관의 활용을 통해 효율성을 높일 수 있는 사무의 성질도 갖는다고 할 것이다.

(2) 공공성 · 공익성 의미의 양면성 A445

일정 사무가 민간위탁에 적합한 사무인가를 정하는 기준의 하나로서 공공성 · 공익성의 의미는 양면성을 갖는다. ① 한 가지는 공공성 · 공익성이 없는 사무는 민간의 사무이지 국가나 지방자치단체의 사무가 아니라는 의미에서 민간위탁의 대상이 될 수 없다는 점이고, ② 또 하나는 공공성 · 공익성이 요구가 너무나 강하면 국가나 지방자치단체가 직접 수행하여야 하며 민간위탁의 대상으로 하기에는 부적절하다는 점이다. 요컨대 ①은 공공성 · 공익성의 유무의 문제로서 민간위탁 대상의 전제가 되는 국가나 해당 지방자치단체의 사무인가의 문제와 관련하고, ②는 공공성 · 공익성의 정도의 문제로서 민간으로 하여금 수행하게 하는 것이 적절한가의 문제와 관련한다.

(3) 민간위탁 대상사무의 공공성 · 공익성 A446

민간위탁을 하려는 사무가 공공성 · 공익성을 갖는가의 여부를 판단함에는 민간위탁의 대상이 되는 사무가 상당한 수의 국민이나 주민에 유익한 것인지, 민간수탁자가 임의로 중단하지 않고 계속적으로 처리할 수 있는 것인지, 민간수탁자가 임의로 사업을 중단하는 경우에 신속히 국가나 지방자치단체 등이 즉시 대체할 수 있는 것인지 등의 관점에서 검토가 이루어져야 할 것이다.

A

제2절 국민 · 주민의 권리 · 의무와 직접 관계 · 관련되는 사무 A447

Ⅰ. 의의 A448

1. 개념 A449

정부조직법 제6조 제3항과 지방자치법 제104조 제3항은 「조사 · 검사 · 검정 · 관리 업무 등의 업무」를 국민 · 주민의 권리 · 의무와 직접 관계되지 아니하는 사무로 예시하고 있다. 조사 · 검사 · 검정 등의 결과가 국민 · 주민의 권리 · 의무의 발생 · 변경 · 소멸의 사유가 될 수 있다는 점을[1] 고려한다면, 국민 · 주민의 권리 · 의무와 직접 관계 · 관련되는 사무란 국민 · 주민에게 재산상 권리 · 의무를 직접 발생 · 변경 · 소멸시키거나(예: 과세처분) 국민 · 주민의 생명 · 신체 · 인격의 권리에 직접적인 침해를 가져오는 사무(예: 경찰관직무집행법상 퇴거명령)만을 의미한다고 볼 것이다.

2. 관리사무와의 구분 A450

국민 · 주민의 권리 · 의무와 직접 관계 · 관련되는 사무와 그러한 사무의 결과로서 나타나는 관리사무는 구분되어야 한다.[2] 한편, 용례상 조사 · 검사 · 검정 등의 결과가 국민 · 주민의 권리 · 의무의 발생 · 변경 · 소멸의 사유가 될 수 있다는 점에서 정부조

1) 조사 · 검사 · 검정의 불합격이 인 · 허가 등의 철회사유가 되거나 인 · 허가등의 효과의 소멸을 가져오는 경우. 예컨대 관광진흥법 제25조 제3항(카지노사업자가 카지노기구를 영업장소(그 부대시설 등을 포함한다)에 반입 · 사용하는 경우에는 문화체육관광부령으로 정하는 바에 따라 그 카지노기구가 공인기준등에 맞는지에 관하여 문화체육관광부장관의 검사를 받아야 한다)에 따른 검사를 받지 아니하거나 검사 결과 공인기준등에 맞지 아니한 카지노기구를 이용하여 영업을 한 자에게는 2년 이하의 징역 또는 2천만원 이하의 벌금이 부과될 수 있다(같은 법 제83조 제5호).

2) 「사회기반시설에 대한 민간투자법」상 준공확인은 민간투자사업으로 조성 또는 설치된 토지 및 사회기반시설을 사용할 수 있는 법적 지위를 부여하는 행위(사용금지의무의 해제)이므로 국민 · 주민의 권리 · 의무와 직접 관계 · 관련되는 사무이지만, 사회기반시설인 하수처리시설 준공확인 후 시설물을 관리 · 운영하는 것은 정부조직법 제6조 제3항의 관리업무에 해당하므로 위탁의 대상이 될 수 있다(민간위탁 실무편람, 55쪽).

직법 제6조 제3항과 지방자치법 제104조 제3항의 '조사 · 검사 · 검정 · 관리 업무 등의 업무'를 단순집행적인 사무라 부르는 것은1) 적절하지 않다.

Ⅱ. 민간위탁의 실정법상 근거 A451

1. 일반법 A452

국민 · 주민의 권리 · 의무와 직접 관계 · 관련되는 사무가 민간위탁의 대상이 된다는 일반적인 규정은 보이지 아니한다.

2. 개별법 A453

국민의 권리 · 의무와 직접 관계되는 사무를 민간위탁의 대상으로 규정하는 개별 법률은 볼 수 있다(예: 사법경찰관리의 직무를 수행할 자와 그 직무범위에 관한 법률, 민영교도소 등의 설치 · 운영에 관한 법률).

▣ 사법경찰관리의 직무를 수행할 자와 그 직무범위에 관한 법률 제7조(선장과 해원 등) ① 해선(海船)[연해항로(沿海航路) 이상의 항로를 항행구역으로 하는 총톤수 20톤 이상 또는 적석수(積石數) 2백 석 이상의 것] 안에서 발생하는 범죄에 관하여는 선장은 사법경찰관의 직무를, 사무장 또는 갑판부, 기관부, 사무부의 해원(海員) 중 선장의 지명을 받은 자는 사법경찰리의 직무를 수행한다.
② 항공기 안에서 발생하는 범죄에 관하여는 기장과 승무원이 제1항에 준하여 사법경찰관 및 사법경찰리의 직무를 수행한다.

▣ 선원법 제11조(선박 위험 시의 조치) 선장은 선박에 급박한 위험이 있을 때에는 인명, 선박 및 화물을 구조하는 데 필요한 조치를 다하여야 한다.
제23조(위험물 등에 대한 조치) ① 흉기, 폭발하거나 불붙기 쉬운 물건, 「화학물질관리법」에 따른 유독물질과 그 밖의 위험한 물건을 가지고 승선한 사람은 즉시 선장에게 신고하여야 한다.
② 선장은 제1항에 따른 물건에 대하여 보관 · 폐기 등 필요한 조치를 할 수 있다.
③ 선장은 해원이나 그 밖에 선박에 있는 사람이 인명이나 선박에 위해(危害)를 줄 우려가 있는 행위를 하려고 할 때에는 그 위해를 방지하는 데 필요한 조치를 할 수 있다.

---

1) 민간위탁 실무편람, 55쪽.

▣ 항공보안법 제22조(기장 등의 권한) ① 기장이나 기장으로부터 권한을 위임받은 승무원(이하 "기장등"이라 한다) 또는 승객의 항공기 탑승 관련 업무를 지원하는 항공운송사업자 소속 직원 중 기장의 지원요청을 받은 사람은 다음 각 호의 어느 하나에 해당하는 행위를 하려는 사람에 대하여 그 행위를 저지하기 위한 필요한 조치를 할 수 있다.
1. 항공기의 보안을 해치는 행위
2. 인명이나 재산에 위해를 주는 행위
3. 항공기 내의 질서를 어지럽히거나 규율을 위반하는 행위

▣ 민영교도소 등의 설치 · 운영에 관한 법률 제3조(교정업무의 민간 위탁) ① 법무부장관은 필요하다고 인정하면 이 법에서 정하는 바에 따라 교정업무를 공공단체 외의 법인 · 단체 또는 그 기관이나 개인에게 위탁할 수 있다. 다만, 교정업무를 포괄적으로 위탁하여 한 개 또는 여러 개의 교도소등을 설치 · 운영하도록 하는 경우에는 법인에만 위탁할 수 있다.
제30조(직원의 직무) ① 민영교도소등의 직원은 대통령령으로 정하는 바에 따라 「형의 집행 및 수용자의 처우에 관한 법률」에 따른 교도관의 직무를 수행한다.
② 민영교도소등의 직원의 복무에 관하여는 「국가공무원법」 제56조부터 제61조까지, 제63조, 제64조 제1항, 제65조 제1항부터 제3항까지 및 제66조 제1항 본문을 준용한다.

Ⅲ. 개별법을 통한 민간위탁 가능성의 범위 A454

개별법에서 국민 · 주민의 권리 · 의무와 직접 관계되는 사무를 민간위탁의 대상으로 할 수 있는가? 만약 민간위탁의 대상으로 할 수 있다고 하면, 어느 범위까지 민간위탁의 대상으로 할 것인가의 문제가 있다.

1. 급부행정사무와 질서행정사무 A455

행정은 추구하는 목표에 따라 국민 · 주민의 생활조건을 개선하는 급부행정과 공공의 안녕과 질서의 유지를 위한 질서행정으로 구분할 수 있다.[1]

1) 졸저, 행정법원론(상), 옆번호 52 이하.

(1) 급부행정에서 국민 · 주민의 권리 · 의무와 직접 관계되는 사무 A456

급부행정사무에서 국민 · 주민의 권리 · 의무와 직접 관계되는 사무는 민간위탁의 내용에 침익적 수단(예: 수익사업자 지정의 취소권, 민간수탁자의 사무처리에 대한 조사권)이 포함되는 경우일 것이다. 이러한 경우는 민간위탁이 쉽게 인정되기는 어려울 것이라는 견해가 있으나,[1] 반드시 소극적으로 볼 것은 아니다. 왜냐하면 민간위탁의 내용에 침익적 수단이 포함된다고 하여도, 그것은 국민 · 주민에게 수익을 가져다주는 행정(급부행정)을 전제로 하는 것이기 때문이다.

(2) 질서행정에서 국민 · 주민의 권리 · 의무와 직접 관계되는 사무 A457

질서행정사무는 기본적으로 국민 · 주민의 권리를 제한하거나 의무를 부과하는 것을 내용으로 한다. 국민 · 주민의 권리를 제한하거나 의무를 부과하는 것은 매우 엄격하게 이루어져야 한다는 점에서 보면, 질서행정에서 · 주민의 권리 · 의무와 직접 관계되는 사무를 민간위탁의 내용의 내용으로 한다는 것은 용이하지 않다. 생각건대 질서행정에서 국민 · 주민의 권리 · 의무와 직접 관계되는 사무라 할지라도 ① 기속행위의 성질을 갖는 사무는 민간위탁이 가능할 수 있을 것이다. 왜냐하면 민간수탁자에 의한 자의적인 법집행은 예상하기 어렵기 때문이다. 그러나 ② 재량행위의 성질을 갖는 사무는 민간위탁이 어려울 것이다. 왜냐하면 민간수탁자에 의한 자의적인 법집행이 예상될 수 있기 때문이다.

2. 공공단체와 사인 A458

(1) 공공단체에 대한 위탁 A459

공공단체는 기본적으로 공적 사무를 수행하는 것을 목적으로 설립되었기 때문에 공공단체에 국민 · 주민의 권리 · 의무와 직접 관계되는 사무를 위탁하는 것은 비교적 용이하게 인정될 수 있을 것이다. 문제는 공공단체에 국민 · 주민의 권리 · 의무와 직접 관계 · 관련되는 사무를 위탁할 수 있다고 하여도 위탁하는 규제적 · 침해적 수단의 강도일 것이다. 달리 말한다면 국가나 지방자치단체가 그 사무를 직접 처리할 때에 발동할 수 있는 강도의 규제적 · 침해적 수단을 공공단체에 위탁할 수 있을 것인가의

1) 최철호, "행정권한의 민간위탁에 관한 법적 기준의 설정과 한계," 법학논총 제20집, 숭실대학교, 2008. 3, 277쪽.

문제이다. 생각건대 국가나 지방자치단체가 그 사무를 직접 처리할 때에 발동할 수 있는 강도의 규제적·침해적 수단을 최고한도로 하여 사무마다 개별적으로 판단되어야 할 것이다.

(2) 사인에 대한 위탁 A460

사적 이익을 추구하는 사인에게 국민·주민의 권리를 제한하거나 의무를 부과하는 것을 내용으로 하는 민간위탁은 공공단체에 대한 위탁과 비교해 인정하기 어렵다. 그러나 민간위탁의 취지에 부합하고, 위탁받은 사무의 처리에 월권이나 남용을 예상하기 어려운 경우에는 국민·주민의 권리·의무와 직접 관계·관련되는 사무를 위탁할 수 있다고 볼 것이다.

3. 소결 A461

(1) 인정가능성 A462

민간위탁제도의 취지에 비추어 국민·주민의 권리·의무와 직접 관계되는 사무를 민간위탁의 대상으로 하는 것을 전면적으로 금지할 이유는 없다. 국가나 지방자치단체의 기능수행에 불가피한 경우에는 국민의 권리·의무와 직접 관계되는 사무를 민간위탁의 대상으로 할 수 있다고 볼 것이다. 그것은 입법자가 개별법 등으로 정할 사항이다. 보다 중요한 것은 입법자가 개별법 등으로 정하는 경우, 그 한계를 어떻게 설정할 것인가의 문제이다. 그것은 행정의 종류, 민간수탁자의 성격 여하 등에 따라 다를 것이다.[1] 공공단체에는 사인에 비해 비교적 넓은 범위에서 민간위탁이 가능할 것이고, 재량성이 인정되기 어렵거나 월권을 예상하기 어려운 경우에는 사인에게도 민간위탁이 가능할 것이다.

(2) 활용가능성 A463

이미 우리의 경우, 사법경찰관리의 직무를 수행할 자와 그 직무범위에 관한 법률 제7조(선장과 해원 등), 선원법 제11조(선박 위험 시의 조치), 항공보안법 제22조(기장 등의 권한), 민영교도소 등의 설치·운영에 관한 법률 제3조(교정업무의 민간 위탁) 등을 통해 국민·주민의 권리·의무와 직접 관계되는 사무가 민간위탁의 대상이 되고 있다. 이러

---

1) 유병훈, "행정사무의 민간위탁법제에 관한 고찰," 법제연구 총서, 법제처, 1993, 209쪽, 221쪽.

한 법률들의 해당 규정을 예외적인 것으로 볼 필요는 없다. 새로운 행정환경에 비추어 필요하고 적절하다면, 개별법으로 국민 · 주민의 권리 · 의무와 직접 관계되는 사무를 민간위탁의 대상으로 하는 것을 활용할 필요도 있다. 물론 이러한 입법에는 적절한 통제책이 마련되어야 할 것이다.

제3절 민간위탁의 대상에서 제외되는 사무 A464

Ⅰ. 일반론 A465

1. 의의 A466

정부조직법 제6조 제3항이 정하는 “조사 · 검사 · 검정 · 관리 업무 등 국민의 권리 · 의무와 직접 관계되지 아니하는 사무,” 지방자치법 제104조 제3항이 정하는 “조사 · 검사 · 검정 · 관리업무 등 주민의 권리 · 의무와 직접 관련되지 아니하는 사무”에 해당한다고 할지라도 민간위탁제도의 취지에 반하는 사무는 민간위탁의 대상사무에서 배제되어야 한다. 뿐만 아니라 민간위탁제도의 취지에 반하는 사무로 보기 어렵다고 하여도 민간위탁제도의 취지를 살리기 어려운 사무 역시 민간위탁의 대상사무에서 배제되어야 한다.

2. 민간위탁제도의 취지에 반하는 사무 A467

(1) 의의 A468

민간위탁제도는 민간위탁에 따른 인력 · 예산절감(운영비 절감, 자원봉사자 활용) 내지 행정업무량의 절감으로 생산적 조직운영, 국민 · 주민에 대한 서비스 향상(다양 전문화된 프로그램, 집중케어시스템, 계획적 각종 행사 활성화), 민간의 경험활용으로 전문성 · 기술성 제고, 탄력적 시설 운영(전문성 갖춘 민간기관 참여로 응급황자 발생시 신속한 위기관리) 등을 배경으로 하는 것이므로, 이러한 배경에 반하는 사무는 민간위탁의 대상에서 제외되어야 할 것이다.

(2) 판단기준 A469

민간위탁제도의 취지에 반하는 사무인지의 여부를 판단하는 것은 용이한 일이 아니다. 그것은 객관적인 평가를 바탕으로 이루어져야 할 것이다. 특히 직영이 가능한 사무임에도 민간위탁을 하려고 하면, 효율성·소요비용 등에 대한 객관적 평가지표를 마련하는 것이 필요할 것이다.

3. 민간위탁제도의 취지를 살리기 어려운 사무 A470

종합적이고 체계적인 사업추진 내지 기관간 협조체제 미흡하거나 공익성(공공성)이 퇴색되는 사무, 무분별한 수익사업 추진 및 적자운영 등으로 수수료(사용료)인상 추진 등 주민부담 증가가 예상되는 사무, 장기적 위탁시 사명감 부족이 예상되는 사무 등의 사무도 민간위탁의 대상으로부터 배제되어야 할 것이다.

4. 법령에서 민간위탁을 금지하는 사무 A471

① 기술한 바와 같이 개별 법령에서 정함이 없는 한, 사인의 권리·의무에 직접 영향을 미치는 사무는 민간위탁에서 배제된다. ② 사인의 권리·의무에 직접 영향을 미치지 아니한다고 하여도 공공성을 강하게 확보하기 위하여 법령이 일정 사무의 민간위탁을 금지한다면, 그러한 사무도 민간위탁의 대상이 될 수 없다.

5. 중복적 사무의 배제 A472

지방자치단체는 조직상 여러 개의 과로 구성된다. 과의 업무는 해당 지방자치단체의 직제에서 규정되고 있지만, 과 사이의 업무의 경계를 명백하게 구획하여 의문이 생기지 아니하도록 한다는 것은 결코 쉬운 것이 아니다. 특히 신규사무를 개발할 경우에는 그러할 것이다. 따라서 A과에서 민간위탁을 하려는 사무와 유사한 사무가 B과에서 민간위탁으로 처리되고 있는지 여부를 세밀하게 살펴야 한다.

6. 해당 지방자치단체가 출연 · 설립한 협의의 공공단체의 고유사무 A473

국가나 지방자치단체는 일정한 행정목적을 위해 협의의 공공단체(법인)를 설립하기도 한다. 그 법인은 정관 등에서 그 법인의 고유한 사무를 규정한다. 그러나 법인의 고유한 사무임에도 그 법인이 처리하지 않는 사무(A사무)도 있을 수 있을 것이다. 이러한 사무(A사무)를 국가나 지방자치단체는 자신의 사무로 오해하고 이를 그 법인에게 민간위탁을 하는 오류를 범하여서는 아니 된다. 다만, 출연금이 미미하거나 민간위탁이 정책적 관점에서 불가피한 경우 등 특별한 경우에는 일시적으로 민간위탁의 대상으로 할 수 있을 것이다.

[예] 서울특별시가 저소득층 청소년들에 대한 악기 교육 사무를 서울시립교향악단에 민간위탁할 수는 없다고 볼 것이다. 왜냐하면, 재단법인 서울시립교향악단 정관 제4조 제3호는 청소년 연주자 육성사업을 재단의 사업으로 규정하고 있는바, 저소득층 청소년 등 청소년들에 대한 악기 교육은 바로 재단법인 서울시립교향악단 자신의 사무이기 때문이다.

Ⅱ. 민간위탁 실무편람에서의 예시 A474

민간위탁 실무편람은 ① 위탁 시 지나친 수익성 추구로 공공성을 심히 저해할 우려가 있는 사무, ② 시민의 의식주 생활에 직접적인 영향을 미치는 사무, ③ 국가의 검증, 시험연구, 공신력이 요구되는 사무, ④ 위탁관리 시에 오히려 서비스 질을 크게 떨어뜨리는 사무를 민간위탁 시 지양해야 할 사무라 하고 있다.[1] 그러나 ③의 기술 중 국가의 검증, 시험연구의 경우에는 민간위탁이 적합한 경우도 있을 것이다.

1) 민간위탁 실무편람, 75쪽.

제6장 민간위탁의 형식(위탁행위) A501

제1절 일반론 A502

Ⅰ. 위탁행위의 의의 A503

민간위탁을 "행정권이 그 권한에 속하는 사무 중 조사·검사·검정·관리업무 등 국민·주민의 권리·의무와 직접 관련되지 아니하는 사무를 법인·단체 또는 그 기관이나 개인에게 위탁하는 것"이라 정의할 때, 민간위탁에서는 행정권이 행정사무를 민간에 위탁하는 과정, 위탁행위가 필요하다. 여기서 "행정권이 일정 사무를 법인·단체 또는 그 기관이나 개인에게 맡겨 그의 명의로 그의 책임 아래 행사하도록 하는 민간위탁관계의 발생을 가져오는 행위"를 위탁행위로 정의할 수 있다.

Ⅱ. 위탁행위의 유형 A504

해당 행정기관이 민간수탁자에게 민간위탁을 하는 경우, 그 행정기관은 사법상 계약, 공법상 계약 또는 행정행위의 방식 등으로 민간위탁을 할 수 있을 것이다.

1. 행정행위의 방식과 실정법 A505

민간위탁의 행위형식으로서 행정행위의 방식은 행정재산의 사용·수익허가를 수반하는 민간위탁과 주로 관련을 맺는데, 실정법은 이러한 민간위탁도 위탁계약의 방식으로 하도록 규정하고 있다(예: 국유재산법 제29조; 공유재산 및 물품관리법 제27조; 사회복지사업법 제34조). 이러한 규정에 따라 위탁계약의 방식을 취한다고 하여도 행정재산의 사용·수익허가의 성질이 바뀌는 것은 아니다.[1] 따라서 서울특별시에서 민간위탁계약으로 관리되고 있는 보라매공원 주차장이나 한강에서의 수상훈련장을 행정재산의 사용·수익의 허가라는 방식으로 전환하여 관리하여야 한다고 주장할 실익은 적다.

▣ 국유재산법 제29조(관리위탁) ① 중앙관서의 장은 행정재산을 효율적으로 관리하기 위하여 필요하면 국가기관 외의 자에게 그 재산의 관리를 위탁(이하 "관리위탁"이라 한다)할 수 있다.

▣ 국유재산법 시행규칙 제13조(관리위탁의 계약 등) ① 법 제29조 제1항에 따른 관리위탁(이하 "관리위탁"이라 한다)을 하는 경우에는 다음 각 호의 사항을 명시한 계약서에 의하여야 한다.

▣ 공유재산 및 물품 관리법 제27조(행정재산의 관리위탁) ① 지방자치단체의 장은 행정재산의 효율적인 관리를 위하여 필요하다고 인정하면 대통령령으로 정하는 바에 따라 지방자치단체 외의 자에게 그 재산의 관리를 위탁(이하 "관리위탁"이라 한다)할 수 있다.
② 제1항에 따라 행정재산의 관리위탁을 받은 자는 제20조에 따라 해당 행정재산의 사용·수익허가를 받은 자로 본다.

▣ 사회복지사업법 제34조(사회복지시설의 설치) ① 국가나 지방자치단체는 사회복지시설(이하 "시설"이라 한다)을 설치·운영할 수 있다.
④ 제1항에 따라 국가나 지방자치단체가 설치한 시설은 필요한 경우 사회복지법인이나 비영리법인에 위탁하여 운영하게 할 수 있다.

▣ 사회복지사업법 시행규칙 제21조의2(시설의 위탁) ① 국가나 지방자치단체는 법 제34조 제4항에 따라 시설을 위탁하여 운영하고자 하는 때에는 다음 각호의 내용이 포함된 계약을 체결하여야 한다.
1. 수탁자의 성명 및 주소

---

1) 대법원 2006. 3. 9., 2004다31074(원고는 피고 산하의 국립의료원 부설주차장에 관한 이 사건 위탁관리용역 운영계약에 대하여 관리청이 순전히 사경제주체로서 행한 사법상 계약임을 전제로, 가산금에 관한 별도의 약정이 없는 이상 원고에게 가산금을 지급할 의무가 없다고 주장하여 그 부존재의 확인을 구한다는 것이다. 그러나 기록에 의하면, 위 운영계약의 실질은 행정재산인 위 부설주차장에 대한 국유재산법 제24조 제1항에 의한 사용·수익 허가로서 이루어진 것임을 알 수 있으므로, 이는 위 국립의료원이 원고의 신청에 의하여 공권력을 가진 우월적 지위에서 행한 행정처분으로서 특정인에게 행정재산을 사용할 수 있는 권리를 설정하여 주는 강학상 특허에 해당한다 할 것이고 순전히 사경제주체로서 원고와 대등한 위치에서 행한 사법상의 계약으로 보기 어렵다고 할 것이다).

2. 위탁계약기간
3. 위탁대상시설 및 업무내용
4. 수탁자의 의무 및 준수 사항
5. 시설의 안전관리에 관한 사항
5의2. 시설종사자의 고용승계에 관한 사항
6. 계약의 해지에 관한 사항
7. 기타 시설의 운영에 필요하다고 인정되는 사항

2. 위탁협약(위탁계약)의 방식

A506

행정재산의 관리위탁을 규정하는 국유재산법 제29조 제1항와 공유재산 및 물품관리법 제27조 제1항, 일반재산의 관리위탁을 규정하는 국유재산법 제42조 제1항과 공유재산 및 물품관리법 제43조의2 제1항 등에 비추어 행정실제상 민간위탁행위는 법형식상 공법상 계약 또는 사법상 계약에 의한다고 할 것이다. 양자를 합하면, 민간위탁행위는 위탁협약(위탁계약)에 의한다고 하겠다. 위탁협약(위탁계약)에 관해 자세한 것은 절을 바꾸어 살피기로 한다.

▣ 국유재산법 제42조(관리 · 처분 사무의 위임 · 위탁) ① 총괄청은 대통령령으로 정하는 바에 따라 소관 일반재산의 관리 · 처분에 관한 사무의 일부를 총괄청 소속 공무원, 중앙관서의 장 또는 그 소속 공무원, 지방자치단체의 장 또는 그 소속 공무원에게 위임하거나 정부출자기업체, 금융기관, 투자매매업자 · 투자중개업자 또는 특별법에 따라 설립된 법인으로서 대통령령으로 정하는 자에게 위탁할 수 있다.

▣ 공유재산 및 물품관리법 제43조의2(일반재산의 위탁) ① 지방자치단체의 장은 일반재산의 효율적인 관리 · 처분을 위하여 특별법에 따라 설립된 법인으로서 대통령령으로 정하는 자에게 해당 재산의 관리 · 처분에 관한 사무를 위탁할 수 있다.

제2절 위탁협약(위탁계약) A507

Ⅰ. 위탁협약의 의의 A508

1. 민간위탁법관계의 발생원인 A509

민간위탁기관과 민간수탁자(민간위탁의 상대방) 사이의 관계를 법적 관점에서 표현한다면, 위탁행위로 인해 민간위탁기관과 민간수탁자(민간위탁의 상대방) 사이에 민간위탁법관계가 형성된다. 따라서 위탁행위형식으로서 위탁협약은 민간위탁법관계의 발생원인이 된다.

2. 계약으로서 위탁협약 A510

민간위탁의 법관계에서 민간위탁기관과 수탁자(민간위탁의 상대방) 사이는 수평적 관계이지 수직적 관계가 아니다. 따라서 민간위탁법관계의 발생원인으로서 위탁협약은 계약으로서의 성질을 갖는다. 위탁협약은 위탁계약이라 부를 수도 있다.

▣ 서울특별시시설관리공단 설립 및 운영에 관한 조례 제18조(자체사업) 공단은 시장의 승인을 얻어 자본금의 범위 내에서 자체사업을 할 수 있다.
제19조(대행사업) ① 공단은 시장의 승인을 얻어 국가, 지방자치단체 또는 그 밖의 위탁자의 사업을 대행할 수 있으며, 이 경우 위탁계약에 의한다.
② 시장은 제1항에 따른 승인을 하고자 하는 경우에는 서울특별시의회(이하 "시의회"라 한다)의 의결을 받아야 한다.
③ 제2항에도 불구하고 다음 각 호의 어느 하나에 해당할 경우에는 시의회의 의결을 생략할 수 있다.
1. 다른 조례에서 "위탁한다"고 규정한 경우
2. 이미 시의회의 의결을 얻은 사업영역에서의 추가사업인 경우. 다만, 추가사업이 구조물을 수반할 경우에는 동일부지 내 또는 인접한 부지 내에서의 사업에 한함
3. 계약기간이 만료되어 재계약을 하는 경우

④ 제1항에 따라 체결된 위탁계약을 해지하고자 하는 경우에는 시의회의 의결을 받아야 한다.
⑤ 공단은 제1항에 따른 사업을 대행함에 있어 시장의 승인을 얻어 그 사업의 전부 또는 일부를 제3자로 하여금 시행하게 하는 경우에도 시의회의 의결을 받아야 한다. 다만, 이미 시의회의 승인을 얻은 사업이 만료되어 재계약하는 경우와 청소 · 경비 · 일상적 시설관리업무를 재위탁하는 경우에는 그러하지 아니하다.
⑥ 제1항 및 제5항에 따른 비용의 부담에 관하여는 제25조에 따르고, 그 이외의 필요한 사항은 위탁자와 수탁자가 상호 협의하여 정하되 시장의 승인을 얻어야 한다.
⑦ 공단은 대행사업에 따른 비용부담의 적정을 기하기 위하여 외부 전문기관에 의뢰하여 대행사업비의 원가를 산출할 수 있다.

Ⅱ. 위탁협약(위탁계약)의 유형 A511

1. 공법상 계약으로서 위탁협약 A512

민간위탁사무 중 시설 · 사무를 위탁하는 것을 내용으로 하는 위탁협약이나 사무만을 위탁하는 것을 내용으로 하는 위탁협약은 공법상 계약의 성질을 갖는다. 물론 이러한 협약이 공법상 계약에 해당한다고 하여 사법적(私法的)인 사항을 내용으로 가질 수 없다는 것은 아니다.

2. 사법상 계약으로서 위탁협약 A513

예컨대, 구내식당의 운영이나 수도계량기의 교체와 같은 사무를 민간에 위탁하는 경우인 단순용역형 민간위탁을 위한 계약은 일반적으로 사법상 계약의 성질을 갖는다고 볼 것이다.

Ⅲ. 위탁협약의 법적 근거 A514

1. 국가 A515

(1) 위탁협약의 가능성 A516

정부조직법에 근거한 행정권한의 위임 및 위탁에 관한 규정 제13조 제1항은 "행정기관은 민간수탁기관이 선정되면 민간수탁기관과 위탁에 관한 계약을 체결하여야 한다"고 하여 민간위탁의 행위형식(위탁행위)으로서 계약을 규정하고 있다.

(2) 위탁협약의 내용 A517

행정권한의 위임 및 위탁에 관한 규정 제13조 제2항은 "행정기관은 민간수탁기관과 위탁에 관한 계약을 체결할 때에는 계약 내용에 민간위탁의 목적, 위탁 수수료 또는 비용, 위탁기간, 민간수탁기관의 의무, 계약 위반 시의 책임과 그 밖에 필요한 사항을 포함하여야 한다"고 규정하고 있다.

2. 서울특별시 A518

(1) 위탁협약의 가능성 A519

지방자치법에 근거한 서울특별시 행정사무의 민간위탁에 관한 조례 제11조 제1항은 "시장은 사무를 위탁할 경우 … 위탁협약을 체결하여야 … 한다"고 하여 민간위탁의 행위형식(위탁행위)으로서 협약을 규정하고 있다. 그리고 서울특별시 행정사무의 민간위탁에 관한 조례 제12조는 재계약이라는 용어를 사용하고 있음을 볼 때, 서울특별시 행정사무의 민간위탁에 관한 조례에서 말하는 협약은 계약의 다른 표현일 뿐이다.

(2) 위탁협약의 내용 A520

서울특별시가 위탁협약을 체결할 경우, 협약에 포함시켜야 할 사항에 관해서는 서울특별시 행정사무의 민간위탁에 관한 조례 제11조와 서울특별시 행정사무의 민간위탁에 관한 조례 시행규칙 제6조 제1항에서 규정하고 있다.

▣ 서울특별시 행정사무의 민간위탁에 관한 조례 제11조(협약체결 등) ① 시장은 사무를 위탁할 경우 수탁기관과 다음 각 호의 내용이 포함된 위탁협약을 체결하여야 하며 협약내용은 공증을 하도록 하여야 한다. <개정 2014. 5. 14.>

1. 수탁기관의 성명 및 주소
2. 위탁기간
3. 위탁사무 및 그 내용
4. 시설의 안전관리에 관한 사항
5. 근로자에 대한 고용·근로조건 개선 노력
6. 지도·점검, 종합성과평가 등에 관한 사항
7. 그 밖에 위탁사무의 수행을 위하여 시장이 필요하다고 인정하는 사항

② 위탁기간은 3년 이내로 한다. <개정 2009. 7. 30.>

③ 시장은 불가피한 사유가 있는 경우 수탁기관과 협의하여 1회에 한하여 90일의 범위에서 위탁기간을 일시 연장할 수 있다. <신설 2014. 5. 14.>

▣ 서울특별시 행정사무의 민간위탁에 관한 조례 시행규칙 제6조(협약의 체결) ① 조례 제11조 제1항 제7호에 따른 사항은 다음과 같다.

1. 민간위탁의 목적
2. 시설 및 장비내역
3. 위탁에 따른 비용 지원과 정산
4. 수입금의 처리
5. 수탁기관의 의무
6. 협약 위반 시 의무이행, 협약의 해지, 손해배상 등 책임
7. 그 밖에 민간위탁 대상사무의 목적·성질·규모 등을 고려하여 필요한 사항

제3절 위탁협약의 내용 A521

민간위탁의 법리에 비추어 위탁협약의 내용은 민간위탁의 당사자, 민간위탁의 대상, 민간위탁사무의 수행방식, 민간위탁의 기간, 민간수탁자의 권리와 의무, 위탁의 지원·지도·감독, 협약체결일 등을 대상으로 할 것이다. 이러한 사항들은 계약서의 형식상 전문(前文)·본문(本文)·서명날인(署名捺印)으로 구체화될 것이다. 이러한 내용을 도표로 보기로 한다.

<table>
<tr><th colspan="5">내 용</th><th>예문번호</th></tr>
<tr><td>제목과 전문</td><td colspan="4">당사자, 법적 근거, 위탁사무의 명칭, 협약체결의 의사표시</td><td>C2</td></tr>
<tr><td rowspan="37">본 문</td><td colspan="4">계약체결의 목적</td><td>C3</td></tr>
<tr><td colspan="4">용어의 정의</td><td>C4</td></tr>
<tr><td rowspan="2">민간위탁의 대상(위탁사무)</td><td colspan="3">위탁사무의 범위</td><td>C5</td></tr>
<tr><td colspan="3">위탁사무의 조정</td><td>C6</td></tr>
<tr><td rowspan="4">위탁사무의 수행</td><td colspan="3">원칙</td><td>C7</td></tr>
<tr><td colspan="2" rowspan="2">사업계획</td><td>예문</td><td>C8</td></tr>
<tr><td>성과목표(예)</td><td>C9</td></tr>
<tr><td colspan="3">운영위원회 등 설치</td><td>C10</td></tr>
<tr><td colspan="4">민간위탁의 기간(위탁기간)</td><td>C11</td></tr>
<tr><td rowspan="5">민간수탁자의 권리</td><td colspan="2" rowspan="4">민간위탁금</td><td>지급</td><td>C12</td></tr>
<tr><td>관리</td><td>C13</td></tr>
<tr><td>정산 · 반환</td><td>C14</td></tr>
<tr><td>민간위탁수수료</td><td>C15</td></tr>
<tr><td colspan="3">수수료(사용료 · 이용료) 징수권</td><td>C16</td></tr>
<tr><td rowspan="14">민간수탁자의 의무 · 책임</td><td rowspan="10">의무</td><td colspan="2">민원사무편람 비치의무</td><td>C17</td></tr>
<tr><td rowspan="2">위탁재산 관리의무</td><td>관리의무(1)</td><td>C18</td></tr>
<tr><td>관리의무(2)</td><td>C19</td></tr>
<tr><td colspan="2">자부담계획의 이행의무</td><td>C20</td></tr>
<tr><td colspan="2">사무처리 등의 보고의무</td><td>C21</td></tr>
<tr><td colspan="2">법령준수의무 등</td><td>C22</td></tr>
<tr><td colspan="2">정보보호의무</td><td>C23</td></tr>
<tr><td rowspan="2">근로자보호의무</td><td>일반적 사항</td><td>C24</td></tr>
<tr><td>정책적 사항</td><td>C25</td></tr>
<tr><td colspan="2">수익수수료 납부의무</td><td>C26</td></tr>
<tr><td rowspan="4">책임</td><td colspan="2">협약이행의 보증</td><td>C27</td></tr>
<tr><td colspan="2">보험가입의무</td><td>C28</td></tr>
<tr><td colspan="2">손해배상책임</td><td>C29</td></tr>
<tr><td colspan="2">민 · 형사상 책임</td><td>C30</td></tr>
<tr><td rowspan="7">지원, 지도 · 감독</td><td colspan="3">위탁사무의 지원</td><td>C31</td></tr>
<tr><td rowspan="6">지도 · 감독</td><td colspan="2">지도와 검사(감사)</td><td>C32</td></tr>
<tr><td colspan="2">자료제출 요구 · 보고</td><td>C33</td></tr>
<tr><td colspan="2">시정조치의 요구</td><td>C34</td></tr>
<tr><td colspan="2">처분의 취소 · 정지</td><td>C35</td></tr>
<tr><td colspan="2">협약의 변경, 해제 · 해지(민간위탁의 취소)</td><td>C36</td></tr>
<tr><td colspan="2">종합성과평가</td><td>C37</td></tr>
<tr><td rowspan="2">적용법규와 해석 · 효력</td><td colspan="3">적용법규와 해석 등</td><td>C38</td></tr>
<tr><td colspan="3">협약의 효력 등</td><td>C39</td></tr>
<tr><td colspan="5">협약체결일자, 서명날인</td><td>C40</td></tr>
</table>

[비고] 예문번호 부분(C2, C3, …)은 'PART C. 민간위탁 협약서 – 예문' 부분의 번호임.

Ⅰ. 전문 A522

전문에는 협약체결의 당사자와 법적 근거, 위탁사무의 명칭, 그리고 협약체결의 의사표시를 기재한다.[1]

1. 당사자 A523

당사자란 자연인 또는 법인을 말하며, 법인의 대표자를 말하는 것은 아니다. 당사자의 명칭을 약어로 표기하는 경우, “갑”과 “을”이라는 용어는 사용하지 않는 것이 바람직하다. 왜냐하면 “갑”과 “을”은 상하관계를 나타내는 의미로 이해되기도 하기 때문이다. 수탁자의 명칭을 약어로 하는 경우에는 단순히 “수탁자”라고 표기하는 것이 간편하다.

2. 법적 근거 A524

협약체결의 법적 근거란 협약체결의 대상으로 하는 행정사무를 민간에 위탁할 수 있음을 규정하는 법률·명령(시행령·시행규칙), 조례·규칙 등의 관련 조문을 말한다.

3. 위탁사무의 명칭 A525

위탁사무의 구체적인 내용은 다른 조문에서 기술하고, 전문에서는 위탁사무의 명칭만을 기재한다.

4. 협약체결의 의사표시 A526

협약체결의 의사표시는 그 의미를 이행할 수 있는 범위 내에서 간단·명료하면 족하다.

---

1) 예문은 C2를 보라.

Ⅱ. 본문 A527

1. 계약체결의 목적 등 A528

(1) 계약체결의 목적 A529

계약체결의 목적을 기재한다는 것은 서울특별시 등 위탁기관(이하 "시"로 부르기로 한다)의 행정사무를 "수탁자"에게 위탁하는 목적을 기재하고 아울러 위탁하는 목적을 달성하기 위하여 필요한 사항을 기재하는 것을 말한다. 사무·시설위탁형의 경우에는 위탁대상인 시설의 소재지를 기재하는 것도 필요하다.[1)]

(2) 용어의 정의 A530

협약에서 사용되는 용어의 의미를 둘러싸고 당사자 사이에 분쟁이 발생하는 것은 방지되어야 한다. 의미를 둘러싸고 당사자 사이에 분쟁이 발생할 수도 있는 용어의 경우, 그 의미를 협약에서 명백하게 정리해두는 것이 필요하다. 용어의 정의는 모든 협약에서 반드시 필요한 것은 아니다.[2)]

2. 민간위탁의 대상 A531

(1) 위탁사무의 범위 A532

위탁사무의 범위를 기재한다는 것은 "시"가 "수탁자"에게 위탁하는 사무의 목록을 기재하는 것을 말한다. 사무위탁형의 민간위탁에서는 사무의 목록만을 기재하면 되지만, 사무·시설위탁형의 민간위탁에서는 사무의 목록 외에 위탁하는 재산의 목록도 기재하여야 한다. 후자의 경우, 재산의 종류가 많은 경우에는 별표로 기재하게 하는 것도 방법일 것이다.[3)]

---

1) 예문은 C3을 보라.
2) 예문은 C4를 보라.
3) 예문은 C5를 보라.

(2) 위탁사무의 조정 A533

위탁기간 중이라도 위탁환경에 상당한 변화가 있으면, "시"가 위탁사무를 확대하거나 축소할 수 있는 가능성을 협약에서 규정해둘 필요가 있다. "시"의 위탁사무범위의 조정가능성을 협약에 정해두지 아니하면, "시"가 "수탁자"의 동의 없이 일방적으로 위탁사무의 범위를 조정하기는 어렵다. 한편, "수탁자"가 일방적으로 위탁사무의 범위를 조정할 수 있는 가능성을 협약에 기재하여서는 아니 된다. "수탁자"가 사익을 위해 임의적으로 위탁받은 사무의 범위를 조정하는 것은 공익을 위한 민간위탁의 목적에 반하기 때문이다. 만약 "수탁자"가 위탁받은 사무를 수행할 수 없는 경우에 대해서는 "시"가 위탁사무를 축소할 수 있도록 규정하면 될 것이다. 이를 위해서는 "수탁자"의 의견을 듣는 절차를 둘 필요가 있다.[1]

3. 위탁사무의 수행 A534

(1) 원칙 A535

① 위탁사무는 신의성실의 원칙에 따라 수행되어야 한다. ② 위탁사무는 당연히 "수탁자" 스스로 하여야 한다. 위탁방식은 위탁사무의 내용에 따라 다양할 수밖에 없다. 예컨대, 시설관리의 경우에 ⓐ 현재의 자산은 그대로 두고 인력이나 시설관리 전체를 민간업체에 위임하는 방식으로 예상수익을 바탕으로 한 최고가 사용료를 제시한 자에게 운영권을 임대하는 경우와 최소의 경비로 관리운영권 일체를 위탁하는 방식[완전한 민간위탁에 해당하는 임대계약(lease contract)], ⓑ 인력관리, 시설유지 등 경영관리 전반을 민간기업과 계약하고 대단위 시설공사, 기반시설공사 등 소요예산 규모가 큰 것은 직영하는 방식, 즉, 소수의 공무원이 일정한 액수이상이 소요되는 대형의 계약에 대해서만 업무를 담당하고 총괄적인 지도·감독만 하는 관리체제로 유지되는 방식[경영 전반을 민간위탁하는 경영계약(management contract)], ⓒ 관리·운영을 위하여 인력용역회사와 계약하고 인건비만을 지불하거나, 시설유지비·공공요금·일반수용비·기타 경비에 대하여는 직영하되 기타 일부 전문분야 즉, 광고·판촉 등에 있어서는 민간과 계약하여 위탁처리하는 방식[일부 특정서비스만 민간위탁하는 서비스계약(service contract)] 등이 있을 수 있을 것이다.[2] 요컨대 위탁방식은 위탁사무의 성격에 비추어 정할 일이다.[3]

---

1) 예문은 C6을 보라.
2) 민간위탁 실무편람, 21쪽에서 인용.
3) 예문은 C7을 보라.

▣ 서울특별시 행정사무의 민간위탁에 관한 조례 제15조(수탁기관의 의무) ⑥ 수탁기관은 위탁받은 사무를 다른 법인·단체 또는 그 기관이나 개인에게 다시 위탁할 수 없다. 다만, 위탁받은 사무의 일부에 대해 시장의 승인을 받은 경우에는 다시 위탁할 수 있다. <신설 2014. 5. 14.>

(2) 사업계획 A536

민간수탁자가 수탁사무를 효율적으로 처리하는 것을 확보하기 위한 방안의 하나로 위탁기관은 민간수탁자로 하여금 사업계획서를 작성·제출하게 할 수 있다. 사업계획서는 모든 민간위탁사무의 수행에 필요한 것은 아닐 것이다.[1)]

(3) 운영위원회 등 설치 A537

민간수탁자가 수탁사무를 효율적으로 처리하기 위해서는, 특히 신중한 의사결정 등이 필요하다고 판단되는 경우에는 민간수탁자로 하여금 적정한 조직으로서 운영위원회 등을 설치하게 할 수 있을 것이다.[2)]

4. 민간위탁의 기간(위탁기간)[3)] A538

(1) 서울특별시 관련 조례에서 정한 기간 A539

서울특별시 행정사무의 민간위탁에 관한 조례 제11조 제2항은 "위탁기간은 3년 이내로 한다"고 규정하고 있다. 서울특별시 사회복지시설 설치 및 운영에 관한 조례 제6조 제3항은 "사회복지시설의 위탁기간은 같은 조례(서울특별시 행정사무의 민간위탁에 관한 조례) 제11조 제2항에도 불구하고 5년 이내로 한다"고 규정하고 있다. 사회복지시설의 위탁기간에는 특례가 인정되는 셈이다.

(2) 공유재산 및 물품 관리법과의 관계 A540

공유재산 및 물품 관리법 제21조 제1항이 사용·수익허가기간을 5년 이내로 하였음에도 불구하고 서울특별시 행정사무의 민간위탁에 관한 조례 제11조 제2항이 위탁기간을 3년 이내로 한 것은 위법의 문제를 가져오지 아니한다. 왜냐하면 공유재산

---

1) 예문은 C8, C9를 보라.
2) 예문은 C10을 보라.
3) 예문은 C11을 보라.

및 물품 관리법 제21조 제1항이 정하는 5년은 사용·수익을 허가할 수 있는 상한이기 때문이다.

▣ 공유재산 및 물품 관리법 제21조(사용·수익허가기간) ① 행정재산의 사용·수익허가기간은 그 허가를 받은 날부터 5년 이내로 한다. 다만, 제7조 제2항 단서에 따른 기부채납의 경우에는 공유재산으로 받아들인 후 무상사용을 허가받은 날부터 기부채납된 재산의 가액(價額)을 연간 사용료로 나눈 기간 이내로 한다.
② 지방자치단체의 장은 제20조 제2항 제1호에 따라 수의계약의 방법으로 한 사용·수익허가는 허가기간이 끝나기 전에 사용·수익허가를 갱신할 수 있다. 이 경우 갱신하는 허가기간은 갱신할 때마다 제1항에 따른 허가기간을 초과할 수 없다.
③ 지방자치단체의 장은 제2항의 적용을 받지 아니하는 자에 대하여도 1회로 한정하여 5년의 범위에서 사용·수익허가를 갱신할 수 있다. 다만, 제7조 제2항 단서에 따라 기부채납 재산을 기부받은 경우 그 채납된 재산의 가액을 고려하여 1회로 한정하여 10년의 범위에서 갱신할 수 있다.

▣ 국유재산법 제27조(행정재산의 관리위탁) ① 지방자치단체의 장은 행정재산의 효율적인 관리를 위하여 필요하다고 인정하면 대통령령으로 정하는 바에 따라 지방자치단체 외의 자에게 그 재산의 관리를 위탁(이하 "관리위탁"이라 한다)할 수 있다.
② 제1항에 따라 행정재산의 관리위탁을 받은 자는 제20조에 따라 해당 행정재산의 사용·수익허가를 받은 자로 본다.
제35조(사용허가기간) ① 행정재산의 사용허가기간은 5년 이내로 한다. 다만, 제34조 제1항 제1호의 경우에는 사용료의 총액이 기부를 받은 재산의 가액에 이르는 기간 이내로 한다.

(3) 실제상 운용 A541

민간수탁자의 입장에서는 일반적으로 위탁기간이 장기적일 것을 원할 것이다. 그러나 위탁기관은 민간수탁자의 수탁사무의 처리에 대한 평가를 효과적으로 실시할 수 있도록 위탁기간을 정하여야 할 것이다. 그리고 평가에서 민간수탁자에게 미비점이 발견된다면, 제재적인 관점에서 위탁기간을 축소할 수도 있을 것이고, 우수한 평가를 받은 민간수탁자에게는 위탁기간을 최대한 보장하는 것도 의미가 있을 것이다.

(4) 재계약 A542

계약(협약)에서 정한 기간이 경과하면, 경우에 따라 재계약도 가능할 것이다. 서울특별시의 경우, 시장은 위탁기간을 연장하여 재계약하고자 하는 경우, 위탁기간 만료 90일 전까지 적격자 심의위원회와 민간위탁 운영평가위원회의 심의를 통해 수탁기관의 적정 여부를 판단하여야 한다(서울특별시 행정사무의 민간위탁에 관한 조례 제12조). 불가피한 경우에는 임시적 성질을 갖는 단기간(예: 3개월)의 재계약도 가능할 것이다.

(5) 단순용역위탁형 A543

단순용역위탁형 민간위탁은 일반적으로 사법상 계약의 성질을 띤다고 볼 것이다. 실무상 1년 단위로 계약이 체결되는 것으로 보인다.

5. 민간수탁자의 권리 A544

(1) 민간위탁금을 지급받을 권리 A545

㈎ 위탁금 지원형의 민간위탁과 위탁금지급 A546

위탁사무의 수행을 위해 인건비, 운영비, 사업비 등의 지원이 필요한 위탁금 지원형의 민간위탁에서는 위탁금의 지급이 따라야 할 것이다.[1] 위탁금 지원형의 민간위탁에서 공유재산이나 행정재산의 사용·수익허가가 따르는 경우, 국유재산법상으로는 동법 제34조 제1항 제3호에 따라 사용료의 면제가 비교적 용이하지만, 공유재산 및 물품 관리법상으로는 동법 제24조에 비추어 사용료의 면제가 용이하지 않다. 입법적 보완이 필요한 것으로 보인다.

■ 국유재산법 제32조(사용료) ① 행정재산을 사용허가한 때에는 대통령령으로 정하는 요율(料率)과 산출방법에 따라 매년 사용료를 징수한다.
제34조(사용료의 면제) ① 중앙관서의 장은 다음 각 호의 어느 하나에 해당하면 대통령령으로 정하는 바에 따라 그 사용료를 면제할 수 있다.
3. 행정재산을 직접 비영리 공익사업용으로 사용하려는 대통령령으로 정하는 공공단체에 사용허가하는 경우

■ 공유재산 및 물품 관리법 제22조(사용료) ① 지방자치단체의 장은 행정재산의 사용·수익을 허가하였을 때에는 대통령령으로 정하는 요율(料率)과 산출방법에 따라 매년 사용료를 징수한다.
제24조(사용료의 감면) ① 지방자치단체의 장은 행정재산의 사용·수익을 허가할 때 다음 각 호의 어느 하나에 해당하면 제22조에도 불구하고 그 사용료를 면제할 수 있다. (…)
② 지방자치단체의 장은 제22조에도 불구하고 지역경제의 활성화를 위하여 필요한 경우 등 대통령령으로 정하는 경우에는 대통령령으로 정하는 바에 따라 그 사용료를 감경할 수 있다.

---

1) 예문은 C12를 보라.

(나) 민간위탁금의 관리 A547

위탁기관으로부터 위탁금은 받은 수탁자는 위탁금을 자의가 아니라 협약서에서 정하는 목적과 용도에 따라 사용하여야 한다. 수탁자는 지방재정법 등 관련 법령이 정하는 바에 따라 회계 관리를 하여야 한다.[1)]

(다) 민간위탁금의 정산 A548

위탁기관이 민간수탁자가 실제 사업에 부담한 금액만을 부담하기로 하되, 위탁기관이 사업의 편의를 위해 민간수탁자에게 미리 일정 금액을 지급하기로 한 경우에는 일정 시점(예: 분기말)에 정산하도록 하는 약정을 하여야 할 것이다. 정산 후 잔액이 있는 경우를 대비하여 반환에 관한 내용도 두어야 할 것이다.[2)]

(라) 민간위탁수수료 A549

위탁사무의 운영에 필요한 경비 외에 별도로 민간수탁자에게 수수료를 지급하여야 할 필요가 있다면, 위탁수수료 지급에 관한 내용도 협약에 포함시켜야 할 것이다.[3)]

(2) 수수료(사용료 · 이용료)를 징수할 수 있는 권리 A550

민간수탁자의 상대방인 이용자(국민 · 주민)가 이익을 향유하는 경우, 민간수탁자는 그 이용자(국민 · 주민)로부터 사용료 또는 수수료를 징수할 수도 있다. 사용료 또는 수수료는 그 이용자(국민 · 주민)가 향유하는 이익 또는 민간수탁행위를 하는 데 소요되는 비용을 초과하여 징수할 수는 없도록 하여야 할 것이다.[4)]

■ 서울특별시 행정사무의 민간위탁에 관한 조례 제14조(사용료 징수 등) ① 시장은 위탁사무의 수행과 관련하여 이용자 등에게 법령 또는 별도의 조례 등에서 정하는 소정의 사용료 · 수수료 · 비용 등을 수탁기관이 징수하게 할 수 있다.
② 수탁기관은 제1항에 따라 사용료 · 수수료 · 비용 등을 징수하고자 하는 때에는 다른 규정이 있는 경우를 제외하고는 사전에 시장에게 신고하여야 한다.
③ 시장은 수탁기관으로 하여금 시설운영과 관련한 수입금의 일부를 시장에게 납부하게 하거나, 시설운영에 사용하게 할 수 있다.

---

1) 예문은 C13을 보라.
2) 예문은 C14를 보라.
3) 예문은 C15를 보라.
4) 예문은 C16을 보라.

6. 민간수탁자의 의무 A551

(1) 민원사무편람 비치의무 A552

민간수탁자가 국가나 지방자치단체로부터 수탁받아 처리하는 사무는 행정사무이다. 민간수탁자는 그 상대방인 이용자(국민·주민)와의 관계에서 행정기관의 지위를 가지며, 그 이용자(국민·주민)는 민간수탁자에 대하여 민원인의 지위를 갖게 된다. 따라서 민간수탁자는 「민원사무 처리에 관한 법률」이 정하는 바를 따라야 한다. 이와 관련하여 민간위탁기관은 우선 민간수탁자로 하여금 민원사무편람을 비치토록 하여야 한다.[1)]

▣ 서울특별시 행정사무의 민간위탁에 관한 조례 제17조(사무편람) ① 수탁기관은 수탁사무의 종류별로 처리부서·처리기간·처리과정·처리기준·구비서류·서식과 수수료 등을 구분하여 명시한 사무편람을 작성·비치하여야 한다.
② 수탁기관은 제1항의 편람을 작성한 때에는 시장의 승인을 얻어야 한다. <개정 2009. 7. 30.>

▣ 서울특별시 행정사무의 민간위탁에 관한 조례 시행규칙 제8조(사무편람) ① 소관부서의 장은 조례 제17조에 따라 위탁기간 개시 전까지 사무편람을 승인하여 수탁기관에 비치하도록 하여야 한다.
② 소관부서의 장은 수탁기관이 승인 신청한 사무편람 내용이 부당하거나 미흡한 경우에는 보완을 요구할 수 있다.

(2) 위탁재산 관리의무 A553

사무·시설위탁형의 경우, 민간수탁자가 위탁받은 시설을 관리함에 있어서 문제가 발생하지 않도록 하기 위해 민간수탁자에게 선량한 관리자로서의 의무, 재산 신규취득의 제한의무, 제3자에 대한 처분금지의무, 위탁재산의 반환의무를 부과할 필요가 있다.[2)]

▣ 서울특별시 행정사무의 민간위탁에 관한 조례 제15조(수탁기관의 의무) ② 수탁기관은 위탁받은 목적 외에 위탁시설·장비·비용 등을 사용하여서는 아니 된다.
④ 수탁기관은 위탁받은 시설을 증·개축하거나, 추가로 시설을 신축하는 등의 경우에는 사전에 시장의 승인을 받아야 한다.

---

1) 예문은 C17을 보라.
2) 예문은 C18, C19를 보라.

⑤ 시장은 제4항에 따라 증·개축 또는 추가로 신축하는 시설에 대하여 이를 시장에게 기부하게 할 수 있다. <개정 2009. 7. 30.>

(3) 자부담계획의 이행의무 A554

민간수탁자가 민간수탁자 선정을 위한 절차에서 수탁사무의 수행을 위하여 비용부담을 하겠다고 하는 경우에는 그에 관한 사항에 관해 규정할 필요가 있다.[1]

(4) 사무처리 등의 보고의무 A555

위탁기관은 민간수탁자로부터 사무처리에 관해 보고를 받을 수 있어야 한다. 보고에는 정기적인 보고와 수시보고가 있다. 여기서 말하는 수시보고는 민간수탁자의 자발적인 보고를 뜻한다.[2]

(5) 법령준수의무 등 A556

민간수탁자는 수탁사무를 수행하는 범위에서 공무원 유사의 지위도 갖는다고 볼 수 있다. 이러한 범위 안에서 공무원이 직무와 관련하여 부담하는 의무를 민간수탁자도 부담하도록 하는 것도 필요할 것이다.[3]

▣ 서울특별시 행정사무의 민간위탁에 관한 조례 제15조(수탁기관의 의무) ① 수탁기관은 위탁사무를 처리함에 있어 사무의 지연처리·불필요한 서류의 요구·불공정한 사무처리 및 비용 등의 부당 징수행위를 하여서는 아니 된다.
② 수탁기관은 위탁받은 목적 외에 위탁시설·장비·비용 등을 사용하여서는 아니 된다.
③ 수탁기관은 관계법령, 이 조례 및 위탁협약사항을 준수하여야 하며, 시장의 명령이나 처분 등 지시사항을 이행하여야 한다.

(6) 정보보호의무 A557

민간수탁자는 위탁기관이 제공하는 정보를 임의로 공개하지 말아야 하는 경우도 있고, 또한 수탁사무의 처리과정에서 지득하는 사인의 정보를 보호하여야 할 경우도

---

1) 예문은 C20을 보라.
2) 예문은 C21을 보라. 한편 위탁기관의 요구에 의한 보고는 위탁기관의 감독권행사와 관련한다. 이에 관해서는 예문 C33을 보라.
3) 예문은 C22를 보라.

있을 것이다. 이에 관한 사항도 협약에 포함시킬 필요가 있을 것이다.[1)]

(7) 근로자 보호의무 A558

(가) 일반적 사항 A559

위탁기관은 근로자 보호라는 노동정책적 목적의 달성을 위해 민간수탁자에게 근로자의 직무상 보호, 임금의 보장, 교육기회의 제공 등의 의무를 부과할 수도 있을 것이다.[2)]

▣ 서울특별시 행정사무의 민간위탁에 관한 조례 제15조(수탁기관의 의무) ⑧ 수탁기관은 수탁사무를 수행하는 근로자의 고용·근로조건 개선을 위해 노력하여야 한다. <신설 2014. 5. 14.>

(나) 정책적 사항 A560

위탁기관은 근로자의 계속적인 고용유지, 장애인 고용, 비정규직의 정규직화 등 근로자와 관련된 특수한 조건들을 협약서에 포함시킬 수도 있을 것이다.[3)]

(8) 수익수수료 납부의무 A561

수탁사업으로 인해 수익이 발생하는 수익창출형의 민간위탁에서, 민간수탁자는 위탁기관에 수익수수료를 납부토록 하여야 할 것이다. 민간수탁자가 납부하여야 할 수익수수료의 금액은 총수익에서 위탁사무의 수행에 요구되는 인건비, 운영비, 사업비 등을 공제한 금액을 한도로 하여야 할 것이다.[4)]

7. 민간수탁자의 책임

(1) 협약이행의 보증 A562

협약의 이행을 확보하기 위하여 협약의 이행을 보증하게 하는 수단의 확보에 관해서 정할 필요가 있다.[5)]

---

1) 예문은 C23을 보라.
2) 예문은 C24를 보라.
3) 예문은 C25를 보라.
4) 예문은 C26을 보라.
5) 예문은 C27을 보라.

(2) 보험가입

A563

위탁받은 사무를 처리하는 과정에서 발생할 수 있는 재난 등에 대비하기 위하여 민간수탁자가 보험에 가입토록 할 필요가 있다.[1)]

(3) 손해배상책임

A564

민간수탁자가 위탁받은 사무의 처리와 관련하여 발생하는 피해에 대해서는 민간수탁자가 부담하도록 명시하는 것이 필요하다. 피해에 대한 배상책임을 미리 밝혀두는 것은 피해의 배상과 관련하여 발생할 수 있는 후일의 분쟁을 미연에 방지하는 의미도 갖는다.[2)]

(4) 민·형사상 책임

A565

수탁사무의 수행과 관련하여 발생하는 사건·사고에 관해 책임의 귀속주체를 사전에 정해둘 필요가 있다.[3)]

8. 위탁기관의 지원, 지도·감독

A566

(1) 위탁사무의 지원

A567

민간수탁자의 수탁사무의 수행과 관련하여 ① 위탁기관이 자신의 판단에 따라 민간수탁자에게 행정상·재정상 지원 등을 하여야 할 경우도 있고, ② 민간수탁자가 위탁기관에 대하여 행정상·재정상 지원을 요청해야 할 경우도 있다.[4)]

■ 서울특별시 행정사무의 민간위탁에 관한 조례 제13조(운영지원) ① 시장은 수탁기관이 수탁사무의 수행에 필요하다고 인정할 때에는 공유재산 및 물품을 사용하게 하거나, 소요되는 비용을 예산의 범위 내에서 수탁기관에 지원할 수 있다. <개정 2009. 7. 30., 2014. 5. 14.>
② 시장은 제1항에 따라 예산을 지원하는 경우에는 수탁기관으로 하여금 협약의 이행을 보증하게 하여야 하며, 이행의 보증방법 등에 관하여는 「지방자치단체를 당사자로 하는 계약에 관한 법률」을 준용할 수 있다. <신설 2014. 5. 14.>

---

1) 예문은 C28을 보라.
2) 예문은 C29를 보라.
3) 예문은 C30을 보라.
4) 예문은 C31을 보라.

(2) 지도 · 검사 · 감사 A568

위탁기관은 민간수탁자로부터 자료를 보고받은 후 수탁사무의 처리에 상당한 문제가 있다고 판단되면 민간수탁자의 사무처리에 대하여 감사할 수 있어야 할 것이다. 법령의 개정 등이 있는 경우에는 지도차원에서 감사하는 것도 필요할 것이다.[1)]

▣ 서울특별시 행정사무의 민간위탁에 관한 조례 제16조(지도 · 점검 등) ① 시장은 수탁기관에 대하여 위탁사무의 처리와 관련하여 필요한 사항을 보고하게 할 수 있다. <개정 2014. 5. 14.>
② 시장은 수탁기관에 대하여 매년 1회 이상 지도·점검을 실시하여야 하며, 지도·점검 시 필요한 서류, 시설 등을 검사할 수 있다. <개정 2014. 5. 14.>
③ 시장은 제1항 및 제2항에 따른 보고 및 지도·점검 결과 위탁사무의 처리가 위법 또는 부당하다고 인정될 때에는 수탁기관에 대하여 시정요구 등 필요한 조치를 하여야 한다. <개정 2014. 5. 14.>
④ 시장은 제3항에 따라 시정조치를 할 경우 문서로 수탁기관에 통보하고 사전에 의견진술의 기회를 주어야 한다. <신설 2014. 5. 14.>
⑤ 시장은 위탁사무에 대한 감사가 필요하다고 인정할 경우 감사를 실시할 수 있다. <신설 2014. 5. 14.>

(3) 사무처리 자료 요구 · 보고 A569

위탁기관은 민간수탁자가 수탁사무를 제대로 수행하는지 여부를 상시 관찰하여야 한다. 상시관찰의 방식으로 민간수탁자에게 자료제출을 요구할 수 있어야 하고, 또한 정기 또는 수시로 업무보고를 요구할 수 있어야 한다.[2)]

(4) 시정조치의 요구 A570

위탁기관은 민간수탁자의 사무처리가 위법하거나 협약을 위반하는 경우에는 민간수탁자로 하여금 시정토록 하는 것이 필요하다.[3)]

(5) 처분의 취소 · 정지 A571

민간수탁자가 위탁기관의 시정요구를 이행하지 아니하거나, 민간수탁자가 법령이나 협약을 위반한 행위를 하였으나 처리된 사무의 성질상 긴급하게 시정되어야 할

1) 예문은 C32를 보라.
2) 예문은 C33을 보라.
3) 예문은 C34를 보라.

경우에는 위탁기관이 직접 그 처분을 취소·정지할 수도 있어야 한다.[1]

(6) 협약의 변경, 해제·해지(민간위탁의 변경·취소) A572

① 위탁사무의 수행을 위해 협약의 변경이 불가피한 경우에는 협약의 변경가능성을 정해둘 필요가 있고, ② 민간수탁자가 더 이상 위탁사무를 처리할 수 없는 경우에는 협약의 해지가능성을 정해둘 필요가 있다.[2] ③ 해지의 통고도 정해둘 필요가 있다.[3]

■ 서울특별시 행정사무의 민간위탁에 관한 조례 제19조(위탁의 취소 등) ① 시장은 다음 각 호의 어느 하나에 해당하는 사유가 발생한 때에는 위탁을 취소할 수 있다.
1. 수탁기관이 제15조의 의무를 이행하지 아니한 때
2. 수탁기관이 위탁계약 조건을 위반한 때
② 시장이 제1항에 따라 위탁을 취소하고자 하는 경우에는 사전에 수탁기관에 의견진술의 기회를 주어야 한다. <개정 2009. 7. 30.>
③ 시장은 제1항에 따라 위탁을 취소하는 경우에는 위탁비용 지원금의 환수, 공유재산 및 물품에 대한 사용허가의 취소 등 필요한 조치를 하여야 한다. <신설 2014. 5. 14.>

(7) 종합성과평가 A573

종합성과평가제의 도입은 수탁사무에 대한 민간수탁자의 책임성 강화에 유익할 것이고, 아울러 평가의 결과는 재계약을 하는 경우에 중요한 참고자료로 활용할 수도 있다.[4]

■ 서울특별시 행정사무의 민간위탁에 관한 조례 제18조(종합성과평가) ① 시장은 위탁사무 중 규칙으로 정하는 사무에 대하여 위탁기간의 만료 90일 전까지 종합성과평가를 실시하여야 한다. <개정 2014. 5. 14.>
② 시장은 제1항에 따른 종합성과평가를 전문평가기관에 위탁할 수 있다. <개정 2014. 5. 14.>
③ 시장은 제1항에 따른 종합성과평가 결과를 운영위원회에 보고하고, 시 홈페이지에 공개하여야 한다. <신설 2014. 5. 14.>

---

1) 예문은 C35를 보라.
2) 예문은 C36을 보라.
3) 해지의 통고란 위탁기관과 민간수탁자의 합의에 의한 해지의 통고를 말한다. 해지는 일방적 행위이지만, 해지의 통고는 합의에 따른 행위이다.
4) 예문은 C37을 보라. 그리고 종합성과평가의 실무상 추진방향에 대해서는 B107 이하를 보라.

▣ 서울특별시 행정사무의 민간위탁에 관한 조례 시행규칙 제10조(종합성과평가 대상 사무) ① 조례 제18조 제1항에 따라 시장이 종합성과평가를 실시하여야 하는 위탁사무는 연간 사업비 5억원 이상인 사무로 한다. 다만, 법령이나 조례 등에 따라 별도의 평가를 하는 사무는 그 결과로 대체할 수 있다.
② 시장은 제1항에 해당하지 않는 위탁사무에 대해서도 필요하다고 인정하는 경우에는 종합성과평가를 실시할 수 있다.
[본조신설 2014. 7. 31.]

9. 적용법규와 해석 A574

협약사항에 미비가 있는 경우를 대비하여 적용법규를 정해둘 필요가 있을 뿐만 아니라 협약서의 해석을 둘러싼 분쟁에 대해서도 정해둘 필요가 있다.[1)]

10. 협약의 효력 A575

협약상의 권리와 의무를 둘러싸고 분쟁이 발생하는 경우, 시간적인 관점에서 권리와 의무의 유무 등의 판단을 위해 협약의 시간적 효력에 관한 사항을 정해둘 필요가 있다.[2)]

Ⅲ. 서명 · 날인 등 A576

협약체결과 그 내용을 증명하기 위해 협약의 당사자가 서명 · 날인한 서면을 확보해두는 것이 필요하다. 협약체결의 일자를 기재하는 것도 필요하다. 협약체결과 그 내용을 증명하기 위해협약서에 양 당사자가 간인(間印)하는 것도 필요하다.[3)]

1) 예문은 C38을 보라.
2) 예문은 C39를 보라.
3) 예문은 C40을 보라.

제4절 위탁협약(계약)체결 후의 절차 A577

Ⅰ. 협약서의 공증 A578

당사자 사이에서 협약이 정당하게 성립되었음을 확인해두기 위해 협약서에 공증을 받아둘 필요가 있다. 실무상 「인증서」라 부르는 서면을 공증인사무소에서 받아두어야 한다. 협약서에 인증서를 받아두면, 협약서의 성립과 내용 등에 대한 당사자 사이의 후일에 있을 수 있는 다툼을 미연에 방지할 수 있게 된다.

▣ 서울특별시 행정사무의 민간위탁에 관한 조례 시행규칙 제6조(협약의 체결) ② 소관부서의 장은 협약을 체결하고 공증을 완료한 후 지체 없이 협약서 사본을 조직담당관에 제출하여야 한다.

Ⅱ. 위탁계약의 공개 등 A579

위탁계약의 효율적 관리를 위해 위탁계약이 체결되면 위탁계약서를 위탁기관에서 집중관리하는 것, 주민에게 위탁계약을 공개하는 것 등이 필요하다. 공개는 위탁기관의 자기통제, 주민에 의한 통제에 기여할 것이다.

▣ 서울특별시 행정사무의 민간위탁에 관한 조례 시행규칙 제6조(협약의 체결) ③ 소관부서의 장은 수탁기관 선정결과 및 위탁사항을 홈페이지 등에 게시하여야 한다.

▣ 서울특별시 사회복지시설 설치 및 운영에 관한 조례 제6조(관리 · 운영의 위탁) ① 시장은 사회복지시설의 효율적인 운영을 위하여 사회복지법인이나 비영리법인에게 사회복지시설의 관리 · 운영을 위탁할 수 있다.
② 시장은 제1항에 따라 사회복지시설의 관리 · 운영을 위탁하는 경우에는 시보 또는 일간신문 등의 홍보매체를 이용하여 다음 각 호의 사항을 공고한다.
1. 위탁하는 사회복지시설의 위치 및 명칭
2. 사회복지시설의 관리 · 운영을 위탁받은 자의 명칭 및 대표자
3. 위탁기간
4. 위탁대상 사무 및 그 주요내용 등

Ⅲ. 시설물 등의 인계 · 인수 A580

위탁계약이 체결되면, 위탁계약에서 정한 시설물 등과 그 목록 등을 민간수탁자에게 넘겨주어야 할 것이다.[1)]

▣ 서울특별시 행정사무의 민간위탁에 관한 조례 시행규칙 제7조(인계 · 인수) ① 소관부서의 장은 위탁개시 전까지 시설물현황 · 기구 · 비품 목록을 작성하여 수탁기관에게 인계하여야 한다. <개정 2014. 7. 31.>
② 소관부서의 장은 민간위탁 종료 시 또는 조례 제19조에 따른 위탁 취소 시에는 지체 없이 시설물현황 · 기구 · 비품 목록과 수탁기관에서 생산한 문서 등을 수탁기관으로부터 인수받아야 한다. <신설 2014. 7. 31.>

---

1) 자세한 것은 B11 이하를 보라.

제7장 민간위탁의 법관계 (민간위탁의 3면관계)

A601

민간위탁의 법관계에는 ① 민간위탁자인 국가 · 지방자치단체와 민간위탁의 상대방인 민간수탁자와의 관계, ② 민간수탁자와 이용자 · 사용자(이하 이용자로 부르기로 한다)인 사인(私人), 국민 · 주민과의 관계, ③ 국가 · 지방자치단체와 이용자(사인, 국민 · 주민)의 관계의 3면 관계가 존재한다. ①은 민간위탁 · 수탁관계로서 사무의 위탁과 아울러 전제로 지원 · 지도 및 감독이 문제된다. ②는 행정사무의 민간위탁을 전제로 이용관계 · 사용관계(이하 이용관계로 부르기로 한다)의 문제가 따른다. ③은 국가 · 지방자치단체에 민간위탁의 법적 효과와 책임의 귀속문제를 내용으로 한다.

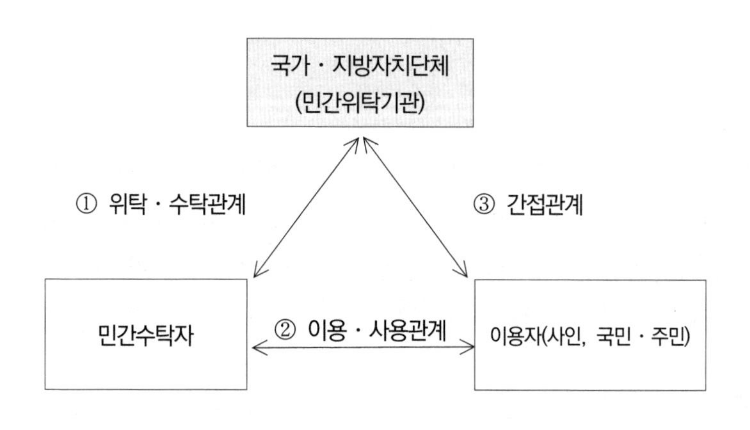

제1절 국가 · 지방자치단체와 민간수탁자의 관계(민간위탁관계) A602

Ⅰ. 민간위탁관계의 성질(공법상 위임관계와 사법상 위임관계) A603

국가 · 지방자치단체와 민간수탁자의 관계는 국가 · 지방자치단체가 민간수탁자에게 사무의 처리를 위탁하고 민간수탁자가 이를 승낙한 관계이므로 위임관계(위탁관계)이다. 국가 · 지방자치단체가 민간수탁자에게 공법상 사무를 위탁한 경우에 국가 · 지방자치단체와 민간수탁자의 관계는 공법상 위탁관계이고, 사법상 사무(국고사무)를 위탁한 경우에는 사법상 위임관계이다.

▣ 민법 제680조(위임의 의의) 위임은 당사자 일방이 상대방에 대하여 사무의 처리를 위탁하고 상대방이 이를 승낙함으로써 그 효력이 생긴다.

Ⅱ. 민간수탁자의 권리 · 의무 A604

1. 권리 A605

① 민간수탁자는 국가 · 지방자치단체와의 관계에서 민간수탁사무를 수행할 수 있는 권리(민간수탁사무수행권)를 가진다. ② 위탁금 지원형의 민간위탁에서는 민간수탁사무처리에 소요되는 비용을 청구할 수 있는 권리(비용청구권)를 갖는다.

2. 의무 A606

① 민간수탁자는 민간수탁사무를 스스로 수행하여야 할 경영의무를 부담한다. 이

때문에 민간수탁자가 자의적으로 민간수탁사무의 수행을 무단으로 중단할 수는 없다. 그리고 제3자에게 임의로 위탁하여서는 아니 된다. ② 민간수탁자는 법령이나 민간위탁기관의 지시 등을 이행할 의무를 진다.

▣ 서울특별시 행정사무의 민간위탁에 관한 조례 제15조(수탁기관의 의무) ① 수탁기관은 위탁사무를 처리함에 있어 사무의 지연처리·불필요한 서류의 요구·불공정한 사무처리 및 비용 등의 부당 징수행위를 하여서는 아니 된다.
② 수탁기관은 위탁받은 목적 외에 위탁시설·장비·비용 등을 사용하여서는 아니 된다.
③ 수탁기관은 관계법령, 이 조례 및 위탁협약사항을 준수하여야 하며, 시장의 명령이나 처분 등 지시사항을 이행하여야 한다.
④ 수탁기관은 위탁받은 시설을 증·개축하거나, 추가로 시설을 신축하는 등의 경우에는 사전에 시장의 승인을 받아야 한다.
⑤ 시장은 제4항에 따라 증·개축 또는 추가로 신축하는 시설에 대하여 이를 시장에게 기부하게 할 수 있다. <개정 2009. 7. 30.>
⑥ 수탁기관은 위탁받은 사무를 다른 법인·단체 또는 그 기관이나 개인에게 다시 위탁할 수 없다. 다만, 위탁받은 사무의 일부에 대해 시장의 승인을 받은 경우에는 다시 위탁할 수 있다. <신설 2014. 5. 14.>
⑦ 수탁기관은 매 사업연도마다 결산서를 작성하여 시장이 지정하는 회계법인 또는 공인회계사의 회계감사를 받아 해당 사업연도 종료 후 3개월 이내에 시장에게 제출하여야 한다. 이 경우, 회계감사의 대상, 절차 및 방법 등은 규칙으로 정한다. <신설 2014. 5. 14.>
⑧ 수탁기관은 수탁사무를 수행하는 근로자의 고용·근로조건 개선을 위해 노력하여야 한다. <신설 2014. 5. 14.>

3. 책임 A607

민간수탁자는 민간수탁사무의 처리에 관한 책임을 진다. 책임을 진다는 것은 민간수탁자가 민간위탁기관뿐만 아니라 사인에 대해서도 책임을 진다는 것을 의미한다고 볼 것이다. 그리고 책임이란 단순한 도의적 책임이 아니라 법적 책임(공법과 사법상 책임)을 말하며, 그 책임의 유무 또는 범위는 관련 법령이 정하는 바에 의해 제한될 수도 있다.

▣ 서울특별시 행정사무의 민간위탁에 관한 조례 제10조(책임의 소재 및 명의표시) ① 수탁사무의 처리에 관한 책임은 수탁기관에 있으며, 시장은 그에 대한 감독책임을 진다.

4. 기부 A608

민간위탁기관으로부터 재정적 지원이 있는 경우 등 사정에 따라 민간위탁기관은 민간수탁자에게 시설을 국가·지방자치단체에 기부하게 할 수도 있다.

▣ 서울특별시 행정사무의 민간위탁에 관한 조례 제15조(수탁기관의 의무) ⑤ 시장은 제4항에 따라 증·개축 또는 추가로 신축하는 시설에 대하여 이를 시장에게 기부하게 할 수 있다.

Ⅲ. 국가·지방자치단체의 지도·감독, 지원 A609

1. 지도·감독의 관념 A610

(1) 지도·감독의 의의 A611

국가·지방자치단체는 민간수탁자가 위임의 목적과 취지에 따라 선량한 관리자의 주의로써 민간수탁사무를 처리하도록 지도·감독할 수 있는 권리(권한)를 갖는다. 말하자면 민간위탁기관은 민간위탁사무의 범위 안에서 민간수탁자에 대하여 일반적인 지도·감독의 권한을 갖는다. 따라서 국가·지방자치단체는 필요한 경우에 민간수탁자에게 민간위탁한 사무에 관하여 지시를 할 수 있다.

(2) 지도·감독의 필요 A612

민간위탁에서는 여러 문제점, 예컨대 일반 기계시설의 경우 무리한 가동으로 인한 사용 연한 단축, 환경기초시설의 경우 약품투입량 미준수, 수질오염 배출기준 초과배출 등 불법행위, 시설물 관리의 경우 부실한 관리, 노후화 촉진, 적자운영시 수수료(사용료) 인상 추진으로 주민부담, 계속 형식적·독점적 위·수탁 반복, 부패·부작용 발생, 노조활동 등으로 서비스 정지 시 주민불편 초래 등의 문제가 발생할 수 있다.[1] 이러한 문제점의 발생을 미연에 방지하기 위해 또는 발생된 문제점을 해결하기 위해 지도·감독이 필요하다.

---

1) 민간위탁 실무편람, 38쪽.

(3) 지도 · 감독의 법적 근거 A613

법령에서 국가 · 지방자치단체의 지도 · 감독에 관한 규정을 둔다면, 그러한 규정이 우선 적용된다. 법령에서 특별히 정한 바가 없다고 하여도, 민간위탁기관은 민간위탁협약을 체결할 때에 필요한 최소한의 범위안에서 국가 · 지방자치단체의 지도 · 감독권을 정할 수도 있을 것이다. 그렇다고 민간위탁기관과 민간수탁자의 관계가 특별권력관계에[1] 놓인다고 볼 수는 없다.

▣ 행정권한의 위임 및 위탁에 관한 규정 제12조(민간위탁 대상기관의 선정기준 등) ③ 행정기관은 행정사무를 민간위탁하는 경우에는 사무 처리의 지연, 불필요한 서류의 요구, 처리기준의 불공정, 수수료의 부당징수 등 문제점을 종합적으로 검토하여 이를 방지할 보완조치를 마련하여야 한다.
제14조(지휘 · 감독) ① 위탁기관은 민간위탁사무의 처리에 대하여 민간수탁기관을 지휘 · 감독하며, 필요하다고 인정될 때에는 민간수탁기관에 민간위탁사무에 관하여 필요한 지시를 하거나 조치를 명할 수 있다.

▣ 서울특별시 행정사무의 민간위탁에 관한 조례 제16조(지도 · 점검 등) ① 시장은 수탁기관에 대하여 위탁사무의 처리와 관련하여 필요한 사항을 보고하게 할 수 있다. <개정 2014. 5. 14.>
② 시장은 수탁기관에 대하여 매년 1회 이상 지도 · 점검을 실시하여야 하며, 지도 · 점검 시 필요한 서류, 시설 등을 검사할 수 있다. <개정 2014. 5. 14.>
③ 시장은 제1항 및 제2항에 따른 보고 및 지도 · 점검 결과 위탁사무의 처리가 위법 또는 부당하다고 인정될 때에는 수탁기관에 대하여 시정요구 등 필요한 조치를 하여야 한다. <개정 2014. 5. 14.>
④ 시장은 제3항에 따라 시정조치를 할 경우 문서로 수탁기관에 통보하고 사전에 의견진술의 기회를 주어야 한다. <신설 2014. 5. 14.>
⑤ 시장은 위탁사무에 대한 감사가 필요하다고 인정할 경우 감사를 실시할 수 있다. <신설 2014. 5. 14.>

▣ 서울특별시 행정사무의 민간위탁에 관한 조례 시행규칙 제9조(지도 · 점검) 시장은 조례 제16조 제2항에 따른 지도 · 점검을 하는 경우 성과점검을 포함하여야 한다. 다만, 조례 제18조 제1항에 따라 종합성과평가를 실시하는 경우에는 당해 사업연도의 성과점검을 생략할 수 있다.
[전문개정 2014. 7. 31.]

---

1) 특별권력관계에 관해서는 졸저, 행정법원론(상), 옆번호 360 이하 참조.

(4) 지도 · 감독의 한계 A614

지나친 지도·감독은 민간수탁자의 자율권을 침해하고, 전문기술 능력을 발휘할 수 없게 하는 요인으로 작용할 수 있다. 따라서 민간수탁자의 자율성을 과도하게 제한하는 국가·지방자치단체의 지도·감독은 억제되어야 한다. 이러한 사유로 인해 민간수탁자의 사무처리에 있어 사전에 민간위탁기관이 승인·협의 등을 요구할 수는 없어야 한다.

2. 지도 · 감독의 방법 A615

(1) 사무처리기준의 제시 A616

국가·지방자치단체는 위탁사무가 공적 사무라는 점에 비추어 민간수탁자에게 위탁사무의 처리에 필요한 사무처리기준을 제시할 필요가 있다. 민간수탁자는 국가·지방자치단체가 제시하는 사무편람을 작성·비치하여야 한다. 사무편람에는 수탁사무의 종류별로 처리부서·처리기간·처리절차·처리기준·구비서류·서식·수수료 등을 구분하여 명시하여야 할 것이다.

▣ 행정권한의 위임 및 위탁에 관한 규정 제15조(사무편람) ① 민간수탁기관은 수탁사무의 종류별로 처리부서, 처리기간, 처리절차, 처리기준, 구비서류, 서식 및 수수료 등을 구분하여 구체적으로 밝힌 사무편람을 작성하여 갖춰 두어야 한다.
② 민간수탁기관은 제1항의 편람을 작성하였을 때에는 위탁기관의 승인을 받아야 한다.

(2) 사무처리의 보고와 감사 A617

① 국가·지방자치단체는 민간수탁자의 사무처리상황을 파악하기 위하여 민간수탁자에게 일정한 사항을 주기적으로 보고하게 할 수 있다. ② 국가·지방자치단체는 민간위탁의 사무처리 결과에 대하여 매년 정기적으로 감사를 실시할 수 있다.

▣ 행정권한의 위임 및 위탁에 관한 규정 제14조(지휘 · 감독) ② 위탁기관은 민간수탁기관에 대하여 필요한 사항을 보고하게 할 수 있다.
제16조(처리 상황의 감사) ① 위탁기관의 장은 민간위탁사무의 처리 결과에 대하여 매년 1회 이상 감사를 하여야 한다.

▣ 서울특별시 행정사무의 민간위탁에 관한 조례 제16조(지도 · 점검 등) ① 시장은 수탁기관에 대하여 위탁사무의 처리와 관련하여 필요한 사항을 보고하게 할 수 있다. <개정 2014. 5. 14.>
⑤ 시장은 위탁사무에 대한 감사가 필요하다고 인정할 경우 감사를 실시할 수 있다. <신설 2014. 5. 14.>
[제목개정 2014. 5. 14.]

(3) 처분의 취소와 정지 A618

국가 · 지방자치단체는 민간수탁자의 사무처리가 위법 또는 부당하다고 인정되는 때에는 그 처분을 취소하거나 정지할 수도 있다. 이러한 경우에는 민간수탁자에게 의견진술의 기회를 부어야 한다.

▣ 행정권한의 위임 및 위탁에 관한 규정 제14조(지휘 · 감독) ③ 위탁기관은 민간수탁기관의 사무 처리가 위법하거나 부당하다고 인정될 때에는 이를 취소하거나 정지시킬 수 있다.
④ 위탁기관이 제3항에 따라 취소하거나 정지시킬 때에는 그 취소 또는 정지의 사유를 문서로 민간수탁기관에 통보하고 사전에 의견 진술의 기회를 주어야 한다.

▣ 서울특별시 행정사무의 민간위탁에 관한 조례 제16조(지도 · 감독) ③ 시장은 제1항 및 제2항에 따른 보고 및 지도 · 점검 결과 위탁사무의 처리가 위법 또는 부당하다고 인정될 때에는 수탁기관에 대하여 시정요구 등 필요한 조치를 하여야 한다. <개정 2014. 5. 14.>
④ 시장은 제3항에 따라 시정조치를 할 경우 문서로 수탁기관에 통보하고 사전에 의견진술의 기회를 주어야 한다. <신설 2014. 5. 14.>

(4) 시정조치의 요구 등 A619

민간위탁기관은 감사의 결과, 수탁사무의 처리에 위법 또는 부당함이 있다고 인정되는 때에는 민간수탁자에 대하여 적절한 시정조치를 요구하고, 관계 임원 및 직원에 대하여는 인사조치를 요구할 수 있다.

▣ 행정권한의 위임 및 위탁에 관한 규정 제16조(처리 상황의 감사) ② 위탁기관의 장은 제1항에 따른 감사 결과 민간위탁사무의 처리가 위법하거나 부당하다고 인정될 때에는 민간수탁기관에 대하여 적절한 시정조치를 할 수 있고, 관계 임원과 직원에 대해서는 문책을 요구할 수 있다.

▣ 서울특별시 행정사무의 민간위탁에 관한 조례 제16조(지도 · 감독) ③ 시장은 제1항 및 제2항에 따른 보고 및 지도 · 점검 결과 위탁사무의 처리가 위법 또는 부당하다고 인정될 때에는 수탁기관에 대하여 시정요구 등 필요한 조치를 하여야 한다. <개정 2014. 5. 14.>
④ 시장은 제3항에 따라 시정조치를 할 경우 문서로 수탁기관에 통보하고 사전에 의견진술의

기회를 주어야 한다. <신설 2014. 5. 14.>

(5) 민간위탁의 취소

A620

민간수탁자가 협약을 제대로 이행하지 못하였을 경우에는 징벌적 배상을 부과하고 위탁의 취소 또는 업무의 정지를 명할 수 있다. 물론 업무를 중지시킬 경우에는 위탁사무가 중단되어서는 아니되는바, 위탁업무의 중단 및 민간수탁자의 계약위반에 대한 대비책이 필요하다.1)

▣ 서울특별시 행정사무의 민간위탁에 관한 조례 제19조(위탁의 취소 등) ① 시장은 다음 각 호의 어느 하나에 해당하는 사유가 발생한 때에는 위탁을 취소할 수 있다.
1. 수탁기관이 제15조의 의무를 이행하지 아니한 때
2. 수탁기관이 위탁계약 조건을 위반한 때
② 시장이 제1항에 따라 위탁을 취소하고자 하는 경우에는 사전에 수탁기관에 의견진술의 기회를 주어야 한다. <개정 2009. 7. 30.>
③ 시장은 제1항에 따라 위탁을 취소하는 경우에는 위탁비용 지원금의 환수, 공유재산 및 물품에 대한 사용허가의 취소 등 필요한 조치를 하여야 한다. <신설 2014. 5. 14.>

(6) 종합성과평가

A621

민간위탁기관은 민간수탁자의 위탁사무처리와 관련하여 종합성과평가를 할 수 있다. 종합성과평가의 결과에 따라 민간위탁의 취소, 재계약의 거부 등의 조치가 따를 수 있다.

▣ 서울특별시 행정사무의 민간위탁에 관한 조례 제18조(종합성과평가) ① 시장은 위탁사무 중 규칙으로 정하는 사무에 대하여 위탁기간의 만료 90일 전까지 종합성과평가를 실시하여야 한다. <개정 2014. 5. 14.>
② 시장은 제1항에 따른 종합성과평가를 전문평가기관에 위탁할 수 있다. <개정 2014. 5. 14.>
③ 시장은 제1항에 따른 종합성과평가 결과를 운영위원회에 보고하고, 시 홈페이지에 공개하여야 한다. <신설 2014. 5. 14.>
[본조신설 2009. 7. 30.]
[제목개정 2014. 5. 14.]

---

1) 민간위탁 실무편람, 44쪽.

3. 지도 · 감독의 책임 A622

민간수탁자에 대한 감독책임은 민간위탁기관(예: 서울특별시장)이 진다.

▣ 서울특별시 행정사무의 민간위탁에 관한 조례 제10조(책임의 소재 및 명의표시) ① 수탁사무의 처리에 관한 책임은 수탁기관에 있으며, 시장은 그에 대한 감독책임을 진다.

4. 지원 A623

국가 · 지방자치단체는 위탁사무의 수행을 위해 민간수탁자에게 법령의 범위 안에서 재정지원 등을 할 수 있다.

▣ 서울특별시 행정사무의 민간위탁에 관한 조례 제13조(운영지원) ① 시장은 수탁기관이 수탁사무의 수행에 필요하다고 인정할 때에는 공유재산 및 물품을 사용하게 하거나, 소요되는 비용을 예산의 범위 내에서 수탁기관에 지원할 수 있다. <개정 2009. 7. 30, 2014. 5. 14.>
② 시장은 제1항에 따라 예산을 지원하는 경우에는 수탁기관으로 하여금 협약의 이행을 보증하게 하여야 하며, 이행의 보증방법 등에 관하여는 「지방자치단체를 당사자로 하는 계약에 관한 법률」을 준용할 수 있다. <신설 2014. 5. 14.>

제2절 민간수탁자와 이용자(국민 · 주민)와의 관계(이용관계) A624

Ⅰ. 민간수탁자의 지위 A625

1. 기능적 의미의 행정기관 A626

(1) 의의 A627

민간수탁자는 행정조직법상 행정기관은 아니다. 그러나 민간수탁자는 국가 · 지방자치단체의 사무를 위탁받아 처리하는 범위에서 행정기관의 성격을 갖는다. 특히 수탁사무가 행정절차법의 적용을 받는 것이라면, 행정절차법 제2조 제1호 나목에 근거하여 행정절차법상 행정청의 지위를 갖는다. 민간수탁자의 이러한 지위를 기능적 의미의 행정청이라 부른다.[1)]

▣ 행정절차법 제2조(정의) 이 법에서 사용하는 용어의 뜻은 다음과 같다.
1. "행정청"이란 다음 각 목의 자를 말한다.
나. 그 밖에 법령 또는 자치법규(이하 "법령등"이라 한다)에 따라 행정권한을 가지고 있거나 위임 또는 위탁받은 공공단체 또는 그 기관이나 사인(私人)

(2) 효과 A628

민간수탁자가 이용자(국민·주민)에 대하여 한 결정은 위탁자인 국가·지방자치단체가 한 결정으로 간주된다. 그리하여 그 결정의 효과는 국가·지방자치단체에 귀속된다.

(3) 공무원의 의제 A629

민간수탁자가 공적 사무를 수행하는 경우, 사무의 공공성으로 인해 민간수탁자를 형법상 공무원으로 보는 경우도 있다.

▣ 관광진흥법 제80조(권한의 위임·위탁 등) ③ 문화체육관광부장관 또는 시·도지사 및 시장·군수·구청장은 다음 각 호의 권한의 전부 또는 일부를 대통령령으로 정하는 바에 따라 한국관광공사, 협회, 지역별·업종별 관광협회 및 대통령령으로 정하는 전문 연구·검사기관이나 자격검정기관에 위탁할 수 있다.
1. 제6조에 따른 관광 편의시설업의 지정 및 제35조에 따른 지정 취소 (이하 생략)
④ 제3항에 따라 위탁받은 업무를 수행하는 한국관광공사, 협회, 지역별·업종별 관광협회 및 전문 연구·검사기관이나 자격검정기관의 임원 및 직원과 제23조 제2항·제25조 제2항에 따라 검사기관의 검사·검정 업무를 수행하는 임원 및 직원은 「형법」 제129조부터 제132조까지의 규정을 적용하는 경우 공무원으로 본다.

2. 민간수탁자의 권리 A630

① 민간수탁자는 수탁을 받은 범위 안에서 수탁사무에 대한 결정을 할 수 있는 권한(권리)을 가진다. ② 민간수탁자는 경우에 따라 수수료를 징수할 수도 있다. ③ 민간수탁자는 이용자인 사인(국민·주민)이 이용·사용질서를 깨뜨리는 경우에는 사무편

1) 졸저, 행정법원론(하), 옆번호 38 참조.

람에서 정하는 바에 따라 불이익조치를 취할 수도 있다.

3. 민간수탁자의 의무 A631

(1) 기본권 구속 A632

민간수탁자는 수탁사무를 처리하는 범위 안에서 헌법 제10조 등이 정하는 기본권에 구속된다. 수탁사무를 처리하는 한에 있어서 민간수탁자는 공행정기관의 한 부분이기 때문이다. 따라서 민간수탁자가 이용자인 사인(국민·주민)의 자유를 침해하려면 법적 근거가 있어야 한다. 민간수탁자의 행위가 기본권에 반하면, 그러한 행위는 행정쟁송의 대상이 될 수 있다.

▣ 헌법 제10조 모든 국민은 인간으로서의 존엄과 가치를 가지며, 행복을 추구할 권리를 가진다. 국가는 개인이 가지는 불가침의 기본적 인권을 확인하고 이를 보장할 의무를 진다.

(2) 부당행위 등의 금지 A633

민간수탁자는 이용자(국민·주민)에게 위법하거나 부당한 행위를 하여서는 아니 된다. 민간수탁자가 부당행위 등을 하는 경우에는 위탁기관으로부터 시정조치가 가해질 수 있다.

▣ 서울특별시 행정사무의 민간위탁에 관한 조례 제15조(수탁기관의 의무) ① 수탁기관은 위탁사무를 처리함에 있어 사무의 지연처리·불필요한 서류의 요구·불공정한 사무처리 및 비용 등의 부당 징수행위를 하여서는 아니 된다.
② 수탁기관은 위탁받은 목적 외에 위탁시설·장비·비용 등을 사용하여서는 아니 된다.
③ 수탁기관은 관계법령, 이 조례 및 위탁협약사항을 준수하여야 하며, 시장의 명령이나 처분 등 지시사항을 이행하여야 한다.

(3) 사무편람의 비치 A634

민간수탁기관은 수탁사무의 종류별로 처리부서, 처리기간, 처리절차, 처리기준, 구비서류, 서식 및 수수료 등을 구분하여 구체적으로 밝힌 사무편람을 작성하여 갖춰 두어야 한다(행정권한의 위임 및 위탁에 관한 규정 제15조 제1항). 민간수탁기관은 제1항의 편람을 작성하였을 때에는 위탁기관의 승인을 받아야 한다(행정권한의 위임 및 위탁에 관한 규정 제15조 제2항).

▣ 서울특별시 행정사무의 민간위탁에 관한 조례 제17조(사무편람) ① 수탁기관은 수탁사무의 종류별로 처리부서·처리기간·처리과정·처리기준·구비서류·서식과 수수료 등을 구분하여 명시한 사무편람을 작성·비치하여야 한다.
② 수탁기관은 제1항의 편람을 작성한 때에는 시장의 승인을 얻어야 한다. <본조개정 2009. 7. 30>

▣ 서울특별시 행정사무의 민간위탁에 관한 조례 시행규칙 제8조(사무편람) ① 소관부서의 장은 조례 제17조에 따라 위탁기간 개시 전까지 사무편람을 승인하여 수탁기관에 비치하도록 하여야 한다.
② 소관부서의 장은 수탁기관이 승인 신청한 사무편람 내용이 부당하거나 미흡한 경우에는 보완을 요구할 수 있다.

4. 권한행사의 명의인 A635

(1) 의의 A636

민간수탁자가 수탁사무에 관한 권한을 행사함에 있어서는 민간수탁자 자기의 이름(명의)으로 한다. 서울특별시 행정사무의 민간위탁에 관한 조례의 경우도 같다.

▣ 서울특별시 행정사무의 민간위탁에 관한 조례 제10조(책임의 소재 및 명의표시) ② 수탁사무에 관한 권한을 행사함에 있어서는 수탁기관의 명의로 한다. <개정 2009. 7. 30>

(2) "자기 이름으로 한다"의 의미 A637

(가) 문제상황 A638

민간위탁사무를 처리함에 있어 자기의 이름으로 한다는 것은 위탁받은 민간의 이름만 밝히면 된다는 것인지, 아니면 위탁받은 민간의 이름 외에 위탁한 기관의 이름도 밝혀야 하는 것인지가 문제된다. 민간위탁 실무편람에서[1] 질의·답변으로 구성된 사례를 참고로 하면서 검토해본다.

▣ 질의내용
시립정신병원 운영의 민간수탁자가 그의 명의와 책임하에 병원을 운영하기 위하여 수탁자 고유의 병원명칭을 표시·사용하고 그 직인을 사용한다면 법적으로 하자있는 행위인지

1) 민간위탁 실무편람, 40쪽.

▣ 답변내용

○ 의료법 제30조 제3항(현행법 제33조 제3항 · 제4항)에 의거 개설된 의료기관은 동법 제35조(현행법 제42조)에 의거 다른 명칭의 사용이 불가하고 개설허가된 의료기관의 명칭을 사용하여야 함

○ 또한, 지방자치단체가 정신보건사무 전부 또는 일부를 민간위탁하였을 경우 그 사무에 대한 행정권한의 주체가 수탁받은 기관으로 변경되는 것이므로 권한행사에 따른 책임소재도 변경됨.

○ 그러나 위탁하더라도 병원의 공식명칭은 지방자치단체 조례에 명시되어 있듯이 『○○광역시립정신병원』이며, 수탁기관의 의료행위시는 권한위탁에 따른 책임소재를 명확히 하기 위하여 자치법규 및 협약서에서 명시된 수탁기관의 명칭과 직인을 사용하여야 함이 타당 — ○○광역시립정신병원설치운영조례를 살펴볼 때 수탁기관인 의료관련 법인명칭과 함께 수탁자 고유의 병원명칭과 직인을 사용할 수 있다라고 보여짐 — 다만, 의료행위시 지방자치단체사무가 위탁되어 처리됨을 표시하기 위해서는 수탁기관명칭과 함께 별도로 조례상 공식명칭을 부가하여 표시함이 바람직함

※ 예 시: 『의료행위의 경우』
○○광역시립병원을 위탁받은 의료법인 △△의료재단 또는 ○○광역시립병원을 위탁받은 의료법인 △△의료재단 ◎◎병원

(나) 위탁사무 명시의 필요성 **A639**

민간위탁의 경우, 민간수탁사무는 민간위탁기관의 사무이지 민간수탁자의 고유한 사무가 아니다. 민간수탁자의 고유한 사무의 경우에 민간수탁자와 이용자(국민 · 주민)의 관계는 사법관계이지만, 민간위탁사무의 경우에 민간수탁자와 이용자(국민 · 주민)의 관계는 공법관계인 경우도 적지 않다. 사법관계와 공법관계는 적용법규에 차이가 있는 점을 고려한다면, 이용자(국민 · 주민)는 민간수탁자로부터 제공받는 역무 등이 민간위탁사무인지 여부를 알 필요가 있다. 따라서 민간위탁사무를 처리하는 한, 민간수탁자는 위탁받은 내용을 이용자(국민 · 주민)에게 알려야 할 것이다.

(다) 일반법의 결여와 위탁계약 **A640**

위탁받은 사무를 처리하는 민간에게 '자신이 제공하는 역무 등이 국가 또는 지방자치단체로부터 위탁받은 것'임을 알 수 있게 하는 내용을 이용자(국민 · 주민)에게 알리도록 하는 규정은 보이지 아니한다. 시행규칙 등에서 이러한 사항을 규정할 수 있을 것이지만, 일반적인 규정이 마련되어 있지 않다고 하여도 위탁계약의 체결 시에 이러한 사항을 계약내용으로 반영하는 것이 필요하다.

(라) 특별법상 제한 A641

의료법 제42조 제2항과 제3항에서 보는 바와 같이 개별 법령에서 특정한 명칭의 사용이 강제되는 경우라면, 그 명칭을 사용하여야 한다.

> ▣ 의료법 제42조(의료기관의 명칭) ① 의료기관은 제3조 제2항에 따른 의료기관의 종류에 따르는 명칭 외의 명칭을 사용하지 못한다. 다만, 다음 각 호의 어느 하나에 해당하는 경우에는 그러하지 아니하다.(각호 생략)
> ③ 의료기관이 아니면 의료기관의 명칭이나 이와 비슷한 명칭을 사용하지 못한다.

(마) 답변내용의 평가 A642

민간위탁 실무편람의 답변내용에서는 책임소재를 명확히 하기 위해 민간위탁하는 자 또는 민간위탁받는 기관의 이름을 표시하는 것이 바람직하다는 논리를 펴고 있는 것으로 보인다. 말하자면 답변내용에서 책임소재의 여부는 민간위탁기관과 민간수탁자의 관계에 중심을 둔 것으로 보인다. 구체적인 용어 사용방식은 위의 답변의 예시대로 하거나 아니면 그와 유사하게 하면 될 것이다.

5. 민간위탁시 기존 사업소 등의 명칭 사용 A643

(1) 그대로 사용의 원칙 A644

민간위탁이 추진되어 시설 등이 민간수탁자에게 넘어가는 경우에 시설의 명칭이나 사업소의 명칭을 그대로 사용할 것인가의 문제가 있다. 민간위탁 실무편람은 직영체제로 운영하던 시설을 민간위탁할 시 지금까지 사용하던 사업소의 명칭을 갑자기 변경하면 행정서비스의 수혜자인 주민들에게 혼란을 주게되는바, 그대로 사용하여야 한다고 지적하고 있다.[1)]

(2) 그대로 사용하는 이유 A645

기존 사업소 등의 명칭을 그대로 사용하여야 하는 이유는 민간위탁의 경우, 시설·사무가 민간에 위탁된다 하더라도 시설의 명칭과 사무의 명칭에는 변동이 있을 수 없고 시설의 역할기능과 사무처리 내용도 민간위탁기관에서 결정하기 때문에 직영할 때와 같으며, 위탁사무에 대하여 수탁기관은 민간위탁기관에서 결정한 범위 내

---

1) 민간위탁 실무편람, 37쪽.

에서 업무처리가 가능하고, 민간위탁기관의 지도·감독을 받는 종속적인 관계에 불과하다는 것이다. 말하자면 민간위탁 시설의 관리와 사무처리가 이용자·수혜자인 국민·주민의 입장에서는 직영과 민간위탁 사이에 차이점은 없는바, 이러한 관점에서 직영체제로 운영하던 시설을 민간위탁시 지금까지 사용하던 사업소의 명칭을 갑자기 변경하면 행정서비스의 이용자·수혜자인 국민·주민들에게 혼란을 주게 된다는 것이다.[1)]

Ⅱ. 이용자(국민·주민)의 지위 A646

1. 이용자(국민·주민)의 권리 A647

① 이용자·사용자로서 사인(국민·주민)은 민원사무편람에서 정하는 바에 따라 민간수탁자가 처리하는 사무의 내용을 이용·사용할 수 있는 권리를 가진다. ② 민간수탁자가 수탁사무처리와 관련하여 이용자·사용자로서 사인(국민·주민)의 권리를 침해하면, 그 이용자(국민·주민)는 행정심판·행정소송이나[2)] 민사소송을 제기할 수 있다. ③ 민간수탁자가 수탁사무를 위법하게 처리함으로써 피해를 입은 사인(국민·주민)은 국가배상법이 정하는 바에 따라 손해배상을 청구할 수 있다.[3)] ④ 민간수탁자가 공익사업을 함으로써 피해를 입은 이용자(국민·주민)는 손실보상을 청구할 수도 있다.[4)]

2. 이용자(국민·주민)의 의무 A648

이용자·사용자로서 사인(국민·주민)은 민원사무편람에서 정하는 바에 따라 민간수탁사무를 이용·사용하여야 할 의무, 민간수탁사무의 처리에 소요되는 비용을 납부하여야 할 의무 등을 진다.

---

1) 민간위탁 실무편람, 37쪽.
2) 행정심판에 관해서는 A815 이하, 행정소송에 관해서는 A826 이하를 보라.
3) 손해배상에 관해서는 A838 이하를 보라.
4) 손실보상에 관해서는 A851 이하를 보라.

제3절 국가 · 지방자치단체와 이용자(국민 · 주민)의 관계 A649

Ⅰ. 국가 · 지방자치단체의 지위 A650

민간위탁의 영역에서 이용자(국민 · 주민)와의 법관계의 직접적인 상대방은 민간수탁자이다. 따라서 국가 · 지방자치단체와 이용자(국민 · 주민) 사이의 법관계는 직접적인 법관계가 아니라 민간수탁자와 이용자(국민 · 주민) 사이의 법관계가 간접적으로 투영되는 법관계이다.

1. 법적 효과의 귀속주체 A651

민간수탁자와 이용자(국민 · 주민) 사이의 법관계에서 민간수탁자에게 발생하는 법적 효과는 궁극적으로 국가 · 지방자치단체에 귀속되는 것이므로, 법적 효과의 관점에서 본다면, 국가 · 지방자치단체는 이용자(국민 · 주민)와의 관계에서 민간위탁으로 인해 발생하는 법적 효과의 귀속주체가 된다.

2. 법적 책임의 귀속주체 A652

국가 · 지방자치단체가 민간위탁의 법관계에서 법적 효과의 귀속주체가 된다는 것은 민간수탁자와 이용자(국민 · 주민) 사이의 법관계로 인해 발생하는 법적 문제에 대한 법적 책임의 귀속주체가 된다는 것을 의미한다. 따라서 민간수탁자로 인해 이용자(국민 · 주민)에게 재산상 피해가 발생한다면,[1] 국가 · 지방자치단체는 손해를 배상하거나 손실을 보상하여야 할 책임을 지게 된다.

---

1) 이에 관해서는 A850에서 살핀다.

Ⅱ. 이용자(국민 · 주민)의 지위 A653

국가 · 지방자치단체와 이용자(국민 · 주민)의 관계가 간접적이긴 하지만, 국가 · 지방자치단체와의 관계에서 이용자(국민 · 주민)는 기본권의 주체로서의 지위, 행정의 파트너로서의 지위를 갖는다.

1. 기본권의 주체 A654

"모든 국민은 인간으로서의 존엄과 가치를 가지며, 행복을 추구할 권리를 가진다. 국가는 개인이 가지는 불가침의 기본적 인권을 확인하고 이를 보장할 의무를 진다"는 헌법 제10조 등에 따라 이용자(국민 · 주민)는 국가 · 지방자치단체로부터 기본권의 주체로서 보호를 받을 권리를 가진다. 이에 상응하여 국가 · 지방자치단체는 민간위탁의 영역에서도 이용자(국민 · 주민)의 기본권을 최대한 실현할 의무를 진다.

2. 행정의 파트너 A655

오늘날 이용자(국민 · 주민)는 단순한 행정의 객체가 아니다. 오늘날 이용자(국민 · 주민)는 행정목적을 실현하는 데 국가 · 지방자치단체와 함께하고 협력하는 자이다. 이러한 지위로 인해 이용자(국민 · 주민)는 민간수탁자에게 협력하여야 한다. 협력을 게을리하거나 하지 아니하는 경우에는 제재가 가해질 수 있어야 한다.

제8장 민간위탁의 내부적 통제 A701

제1절 일반론 A702

Ⅰ. 「민간위탁의 통제」의 의의[1) A703

1. 법치행정의 확보 A704

민간위탁은 행정작용의 한 부분이므로, 당연히 법치주의 내지 법치행정의 원리에 부합하여야 한다. 즉, 민간위탁은 적법하고 타당하게 이루어져야 한다. 만약 위법하거나 부당하게 이루어졌다면 시정되어야 한다. 민간위탁이 적법하고 타당하게 이루어지도록 하는 것, 그리고 만약 위법하거나 부당하게 이루어졌다면, 이를 바로잡는 작용이 민간위탁의 통제이다.

2. 민간수탁자의 권리보호 A705

민간위탁으로 인해 민간수탁자의 권익이 부당 또는 위법하게 침해되는 것은 미연에 방지되어야 한다. 만약 민간수탁자의 권익이 부당 또는 위법하게 침해되었다면, 침해된 사인의 권익은 회복되어야 한다. 이러한 민간수탁자의 권리보호를 위한 사전

1) 졸저, 행정법원론(상), 제1판(1992), 612쪽.

적 · 사후적 작용 역시 민간위탁의 통제이다.

3. 「민간위탁의 통제」의 개념의 정리 A706

민간위탁이 적법하고 타당하게 이루어지도록, 만약 위법하거나 부당하게 이루어졌다면, 이를 바로잡는 작용, 그리고 민간위탁으로 인해 민간수탁자의 권익이 부당 또는 위법하게 침해되는 것을 미연에 방지하고, 만약 민간수탁자의 권익이 부당 또는 위법하게 침해되었다면, 침해된 민간수탁자의 권익을 회복시키는 작용을 민간위탁의 통제라 하겠다.

Ⅱ. 민간위탁의 통제의 유형 A707

1. 유형의 개관 A708

민간위탁의 통제는 관점에 따라 여러 가지로 구분할 수 있다. ① 통제의 주체를 기준으로 자기통제와 외부적 통제, ② 통제를 가하는 시기를 기준으로 사전통제(예: 제1차적 의사결정과정상의 절차로서 행정절차)와 사후통제(예: 손해배상 · 손실보상을 주요 내용으로 하는 국가책임제도, 행정심판 · 행정소송을 주요 내용으로 하는 행정쟁송제도), ③ 통제의 대상에 가해지는 효과의 직접성 여부를 기준으로 직접통제(예: 행정쟁송제도)와 간접통제(예: 국정감시권 발동), ④ 통제의 법적 근거의 유무를 법규상 통제(예: 행정쟁송제도)와 비법규상 통제(예: 여론) 등으로 구분해 볼 수 있다.[1)]

2. 통제의 주체를 기준으로 한 유형 A709

(1) 개관 A710

통제의 주체를 기준으로 하여, 민간위탁에 대한 통제의 유형을 세부적으로 나누어보면 아래의 표와 같이 정리될 수 있다.

---

1) 졸저, 행정법원론(상), 제1판(1992), 613쪽 이하.

국가행정기관의 민간위탁	국가행정 내부적 통제		내부절차상 통제
			감독청의 통제
			집행공무원의 심사
	국가행정 외부적 통제		국회의 통제
			법원의 통제
			헌법재판소의 통제
			국민의 통제
지방자치단체장의 민간위탁	지방자치단체 내부적 통제	ⓐ 집행기관의 자기통제	**내부절차상 통제**
			집행공무원의 심사
		ⓑ 지방의회의 통제	**위탁의 승인 · 동의**
			감시권
	지방자치단체 외부적 통제		감독청의 통제
			법원의 통제
			헌법재판소의 통제
			주민의 통제

(2) 평가 A711

앞의 표에서 나타난 수단 전반에 대한 논의는[1] 생략하고, 다만 민간위탁과 관련하여 특별한 수단으로 볼 수 있는 제도에 관해, 그것도 논의의 편의를 위해 서울특별시의 경우를 중심으로 살펴보기로 한다. 서울특별시의 경우 ① 민간위탁의 적합 여부, ② 민간위탁계약의 적정 여부 등과 관련하여 ⓐ 집행기관의 자기통제로서 내부절차상 통제와 ⓑ 지방의회의 통제로서 위탁의 승인·동의의 수단이 있다. 절을 바꾸어 지방자치단체 내부적 통제수단을 집행기관의 자기통제와 지방의회의 통제의 문제로 나누어 살피기로 한다.

1) 졸저, 행정법원론(상), 옆번호 309, 637, 727 이하 참조.

제2절 집행기관의 자기통제 A712

서울특별시의 경우, 집행기관 내부에서 이루어지는 민간위탁의 절차상 통제로서 위의 ①과 관련하여 민간위탁 운영평가위원회의 심의, ②와 관련하여 적격자 심의위원회의 의결을 볼 수 있다. 아래에서 차례로 보기로 한다.

Ⅰ. 민간위탁 운영평가위원회의 심의 A713

1. 연혁 A714

서울특별시는 2009. 7. 30. 공포(2010. 1. 1. 시행)한 「서울특별시 행정사무의 민간위탁에 관한 조례」 제4조 제2항에서 서울특별시 행정사무를 민간위탁하는 경우에는 민간위탁 운영평가위원회의 심의를 받도록 하는 절차를 도입하였다. 그 후 2011. 12. 29. 공포(2012. 3. 29. 시행)한 개정조례에서 약간의 자구수정이 있었고, 2014. 5. 14. 공포(2014. 8. 15. 시행)한 개정 조례에서 조문의 위치가 바뀌었고, 내용이 보완되었다.

▣ 2009. 7. 30. 공포(2010. 1. 1. 시행) 서울특별시 행정사무의 민간위탁에 관한 조례 제4조(민간위탁 사무의 기준 등) ② 시장은 제1항 각 호에 해당되는 사무를 민간위탁 하고자 하는 경우에는 그 필요성, 타당성 등을 종합적으로 검토하여 제5조에 따른 민간위탁 운영평가위원회의 심의를 받아야 한다.

▣ 2011. 12. 29. 공포(2012. 3. 29. 시행) 서울특별시 행정사무의 민간위탁에 관한 조례 제4조(민간위탁 사무의 기준 등) ② 시장은 제1항 각 호 사무에 대해 민간위탁을 하는 경우에는 제5조에 따라 민간위탁 운영평가위원회의 심의와 서울특별시의회(이하 "의회"라 한다)의 동의를 받아야 한다. 다만, 재위탁 또는 재계약시에도 의회의 동의를 받아야 한다.

▣ 2012. 12. 31. 공포(2012. 8. 1. 시행) 서울특별시 행정사무의 민간위탁에 관한 조례 제4조(민간위탁 사무의 기준 등) ② 시장은 제1항 각 호 사무에 대해 민간위탁을 하는 경우에는 제5조에 따라 민간위탁 운영평가위원회의 심의와 서울특별시의회(이하 "의회"라 한다)의 동의를 받아야 한다. 다만, 재위탁 또는 재계약시에는 소관 상임위원회에 보고하는 것으로 의회의 동의를 갈음한다.

■ 2014. 5. 14. 공포(2014. 8. 15. 시행) 서울특별시 행정사무의 민간위탁에 관한 조례 제5조(민간위탁 운영평가위원회) ① 시장은 민간위탁 사무의 선정 및 운영상황의 평가 등을 심의하기 위하여 민간위탁 운영평가위원회(이하 "운영위원회"라 한다)를 설치한다.
② 시장은 제4조 각 호 사무에 대해 민간위탁을 하고자 하는 경우에는 운영위원회의 심의를 거쳐야 하며, 운영위원회는 민간위탁의 적정성을 종합적으로 검토하여 심의하여야 한다.

2. 지위(필요적 심의기관) A715

(1) 심의기관 A716

서울특별시의 민간위탁 운영평가위원회는 민간위탁 사무의 선정 및 운영상황의 평가 등을 심의하는 기관이다(서울특별시 행정사무의 민간위탁에 관한 조례 제5조 제1항). 민간위탁 운영평가위원회는 자문기관도 아니고 의결기관도 아니다. 민간위탁 운영평가위원회는 심의기관이지만 운영 여하에 따라서는 단순한 자문기관으로 그칠 수도 있고, 의결기관의 기능을 수행할 수도 있을 것이다.

(2) 필요적 심의기관 A717

서울특별시는 민간위탁을 하고자 하는 경우에 반드시 민간위탁 운영평가위원회의 심의를 거쳐야 하는바(서울특별시 행정사무의 민간위탁에 관한 조례 제5조 제2항), 민간위탁 운영평가위원회는 필요적 심의기관이다. 민간위탁 운영평가위원회의 심의를 거치지 아니하고 민간위탁을 하는 경우, 외부법적으로 위법이라 말하기 어렵지만, 내부법적으로는 위법의 문제가 발생할 수도 있다.

■ 서울특별시 행정사무의 민간위탁에 관한 조례 시행규칙 제2조(의회동의) ① 서울특별시장(이하 "시장"이라 한다)은 「서울특별시 행정사무의 민간위탁에 관한조례」(이하 "조례"라 한다) 제4조의3 및 제5조 제2항에 따라 민간위탁을 하고자 하는 경우 해당 사무에 대해 민간위탁 운영평가위원회의 심의를 받은 후 서울특별시의회(이하 "의회"라 한다)의 동의를 받아야 한다. <개정 2014. 7. 31.>
② 제1항에 따라 시장이 의회의 민간위탁 동의를 받고자 할 때는 「지방자치법」 제46조에 따라 의회에 부의하는 안건으로 처리하며, 안건 작성은 별지 서식을 따른다.

(3) 직무상 독립성 문제 A718

서울특별시의 민간위탁 운영평가위원회는 시장 소속하에 설치되지만, 구성원의 다수가 민간인이라는 점, 그리고 위원장을 위원 중에서 호선한다는 점을 고려한다

면,[1] 민간위탁 운영평가위원회는 직무상 독립성을 갖는 기구로 볼 수 있다.[2]

3. 설치 · 구성 · 회의 A719

(1) 설치 A720

① 시장은 민간위탁 사무의 선정 및 운영상황의 평가 등을 심의하기 위하여 민간위탁 운영평가위원회(이하 "운영위원회"라 한다)를 설치한다(서울특별시 행정사무의 민간위탁에 관한 조례 제5조 제1항). ② 운영위원회의 업무를 효율적으로 추진하기 위하여 필요한 경우에 분과위원회를 설치하여 운영할 수 있다(서울특별시 행정사무의 민간위탁에 관한 조례 제5조 제7항).

(2) 구성 A721

① 운영위원회는 서울특별시(이하 "시"라 한다) 공무원, 시의회 의원, 그리고 민간위탁 관련 전문가 등을 포함하여 15명 이내로 한다. 이 경우 시 공무원이 아닌 위원을 과반수 이상으로 구성한다(서울특별시 행정사무의 민간위탁에 관한 조례 제5조 제3항).[3] 민간인

---

1) 서울특별시의 경우, 2009년 민간위탁 운영평가위원회의 설치 이래 민간이 계속하여 위원장을 맡고 있다.

2) 지방자치단체가 운영하는 모든 민간위탁관련 위원회가 독립기관이라고 말하기는 어렵다. 예컨대 서울특별시 중구의 민간위탁심의위원회는 서울특별시의 민간위탁 운영평가위원회에 비추어 독립기관성이 약하다고 볼 것이다(다음의 표 참조).

[서울특별시 민간위탁 운영평가위원회 · 서울특별시 중구 민간위탁심의위원회 비교]

	서울특별시	서울특별시 중구
명칭	민간위탁 운영평가위원회(5①)	민간위탁심의위원회(6①)
직무	민간위탁 사무의 선정 및 운영상황의 평가(5①) 수탁기관 적정여부 판단(비공개모집)(8③) 수탁기관 적정여부 판단(재계약시)(12)	수탁기관 선정(공개모집시)과 운영상황평가(6①)
위원 수	15인 이내(공무원 아닌 위원이 과반수)(5③)	6인−9인(공무원 아닌 위원이 과반수)(6②)
위원장	호선(처음부터 민간인이 하고 있음)(5⑤)	부구청장(6②)
위원임기	2년(5④)	일시적
해산	위원 임기 만료시(계속적 조직으로서 위원회)	심의종료시(일시적 조직으로서 위원회)

※ 괄호안의 숫자는 아래 조례의 조문을 의미한다.
서울특별시 행정사무의 민간위탁에 관한 조례(2014. 8. 15)
서울특별시 중구 사무의 민간위탁에 관한 조례(2011. 7. 22)

3) 2014년 2월에 구성된 제3기 운영위원회의 경우, 외부위원인 민간인 위원 7명, 시의원인 위원 1명, 내부위원 3명, 총 11명의 위원으로 구성되고 있다.

위원을 과반수 이상으로 한 것은 운영위원회의 운영에 주민의 객관적 의사를 보다 충실히 반영하고자 하는 것으로 이해된다. ② 위원의 임기는 2년으로 하되, 연임할 수 있고, 보궐위원의 임기는 전임자의 남은 기간으로 한다. 다만, 공무원인 위원의 임기는 그 직에 재직하는 기간으로 한다(서울특별시 행정사무의 민간위탁에 관한 조례 제5조 제4항). ③ 위원장은 위원 중에서 호선한다(서울특별시 행정사무의 민간위탁에 관한 조례 제5조 제5항).

▣ 서울특별시 행정사무의 민간위탁에 관한 조례 시행규칙 제3조(민간위탁 운영평가위원회 구성 · 운영) ① 조례 제5조 제2항의 민간위탁 운영평가위원회의 위원 중 공무원인 위원은 정책기획관, 창조경제기획관, 복지정책관으로 한다. <개정 2014. 12. 30>

(3) 회의 A722

(가) 소집 · 정족수 A723

조례에서 정한 것은 없지만, 그동안 2개월마다 회의가 소집되었다(정기회). 출석회의에서 심의하는 것을 원칙으로 한다. 출석회의의 경우, 운영위원회의 회의는 재적위원 과반수의 출석으로 개의하고, 출석위원 과반수의 찬성으로 의결한다(서울특별시 행정사무의 민간위탁에 관한 조례 제5조 제6항). 예외적으로 서면심의를 하는 경우도 있다(임시회).

(나) 위원장 직무대행 등 A724

위원장이 회의에 참석하지 못하는 경우에 임시위원장의 선출, 안건에 이해관계 있는 위원의 심의참여 제한, 공무원인 위원의 대리 참석 등이 이루어진다.

▣ 서울특별시 행정사무의 민간위탁에 관한 조례 시행규칙 제3조(민간위탁 운영평가위원회 구성 · 운영) ② 위원장이 부득이한 사정으로 회의에 참석하지 못할 경우, 출석한 위원 중에서 위원장의 직무를 대행할 임시위원장을 선출한다. 이 경우 선출방법은 호선으로 하며 임기는 해당 회의에 한정한다.
③ 위원이 심의 안건과 직접적인 이해관계가 있다고 인정되는 경우 해당 위원은 안건의 심의에 참여할 수 없다.
④ 공무원인 위원이 부득이한 사정으로 회의에 참석하지 못할 때는 소속 과장 또는 담당관을 대리 참석하게 할 수 있다. <개정 2013. 11. 14>

(4) 수당 A725

운영위원회의 회의 등에 참석하는 위원에 대하여는 예산의 범위 안에서 활동비 ·

수당 · 여비 등을 지급할 수 있다. 다만, 공무원인 위원이 그 직무와 관련하여 참석하는 경우에는 그러하지 아니하다(서울특별시 행정사무의 민간위탁에 관한 조례 제5조 제8항). 수당의 지급은 실비보상의 의미를 갖는다.

4. 직무 A726

(1) 내용 A727

(가) 민간위탁 사무의 선정과 운영상황의 평가 A728

운영위원회는 민간위탁 사무의 선정 및 운영상황의 평가 등을 심의한다(서울특별시 행정사무의 민간위탁에 관한 조례 제5조 제1항).

(나) 공개모집 외의 방법으로 수탁기관을 선정시 심의 A729

시장이 공개모집 외의 방법으로 수탁기관을 선정할 경우에는 운영위원회의 심의를 거쳐야 한다(서울특별시 행정사무의 민간위탁에 관한 조례 제8조 제3항).

(다) 재계약시 적정성 심의 A730

시장은 기존 수탁기관과 재계약하고자 하는 경우, 위탁기간 만료 90일 전까지 심의위원회와 운영위원회의 심의를 통해 수탁기관의 적정여부를 판단하여야 한다(서울특별시 행정사무의 민간위탁에 관한 조례 제12조).

(라) 종합성과평가 결과 보고청취 A731

시장은 위탁사무 중 규칙으로 정하는 사무에 대하여 위탁기간의 만료 90일 전까지 종합성과평가를 실시하여야 한다(서울특별시 행정사무의 민간위탁에 관한 조례 제18조 제1항). 그리고 시장은 제1항에 따른 종합성과평가 결과를 운영위원회에 보고하고, 시 홈페이지에 공개하여야 한다(서울특별시 행정사무의 민간위탁에 관한 조례 제18조 제3항).

(마) 그 밖의 사항 A732

앞에서 언급한 사항과 같이 서울특별시 행정사무의 민간위탁에 관한 조례에서 명시적으로 규정한 사항이 아니라고 하여도 민간위탁 관련사무의 운영 전반에 대하여 심의가 가능하다(서울특별시 행정사무의 민간위탁에 관한 조례 제5조 제1항).

(2) 운영실무

A733

서울특별시의 민간위탁 운영평가위원회의 심의에서 위원들은 서울특별시가 민간위탁을 원하는 사업이 민간위탁의 대상으로서 타당한 것인지 여부, 그 사업이 추후에 서울특별시의 고유사무로 전환할 수 있는 사무인지 여부, 민간위탁기간이 적정한 것인지 여부, 소요예산이 과다한지 또는 부족한지 여부, 종래 예산이 적정하게 사용되었는지 여부, 관련규정에서 정한 기간이 경과한 후에 민간위탁 운영평가위원회의 심의에 회부한 경우에 심의 회부가 늦어진 이유, 종래 프로그램 운영이 제대로 이루어졌는지 여부, 서울특별시의 경영평가 등의 내용, 서울특별시가 민간수탁자에 대한 지도점검 등을 제대로 하였는지 여부 등을 세밀하게 살피고 있다.[1)]

5. 운영결과

A734

연 도	차수(일시)	심 의 안 건		심 의 결 과				
		신규	수의계약 · 재계약	적정(권고)	조건부적정	부적정	보류	심의제외
2009	(10.30)		29	29				
2010	제1차 (1.12)	3	6	6	1	1	1	
	2월수시(2.24)	1	1	2				
	제2차 (4.6)	8	8	13	3			
	5월수시(5.26)	4		4				
	제3차(6.25,30)	11	48	50	9			
	제4차 (10.1)	13	41	51	2		1	
	제5차 (12.21)	13	30	22	10	1	8	2
2011	제1차 (3.25)	5	8	12	1			
	제2차 (6.9)	2	8	10				
	제3차 (8.9)	3	34	21	1	1	14	
	제4차 (9.22)	7	24	23	3	3	2	
	제5차 (12.1)	1	20	13	4	4		
2012	제1차 (2.28)	12	5	13(3)	2	2		
	제2차 (6.1)	7	6	10(2)	2	1		
	제3차 (8.1)	3	8	8	1		2	
	제4차 (10.25)	8	14	21(1)	1			

1) 2010년 4월부터 주심제를 운영하고 있다. 말하자면 중요안건은 사전에 주심위원을 지정하여 검토하고, 본 회의에서 주심위원의 보고를 들은 후 위원들 간의 토론을 거쳐 최종 의결하고 있다.

	제5차 (11.27)		18	18				
	12월수시(12.20)	1		1				
2013	제1차 (2.5)	2	3	3	1		1	
	제2차 (4.2)	3	3	2	3		1	
	제3차 (6.5)	4	11	11	2		2	
	제4차 (8.23)	6	21	19	6		2	
	제5차 (11.5)	4	31	17	13	2	3	
	제6차 (12.13)	1	14	7	7	1		
계	총 25차	123	391	386	72	16	38	2

6. 평가 A735

(1) 민간위탁 운영평가위원회 존재 자체의 의미 A736

서울특별시가 민간에 위탁하는 사무의 종류가 광범위할 뿐만 아니라 위탁금액도 엄청나다는 점을 고려할 때, 서울특별시가 민간위탁 운영평가위원회를 설치하여 민간위탁에 대한 절차적 통제를 확보한다는 것은 상당히 의미를 갖는다고 볼 것이다.

(2) 민간위탁 운영평가위원회의 운영상 의미 A737

주관적인 평가로서 오해의 소지가 있을 수 있지만, 그럼에도 민간위탁 운영평가위원회에 참여한 필자의 시각에서 본다면, 민간위탁 운영평가위원회는 실무부서의 민간위탁관련 사무 담당자들에게 민간위탁의 의미를 강하게 각인하는 데 큰 기여를 하였다고 말하고 싶다. 말하자면 그들에게 민간위탁 운영평가위원회의 심의절차가 단순한 통과의례의 절차가 아니라 심도 있게 민간위탁의 타당성 등을 심의하는 절차라는 점을 각인시켰다고 할 수 있다. 민간위탁 운영평가위원회가 설치되던 초기에는 민간위탁 운영평가위원회의 심의안건이 비교적 제한 없이 많이 제출되었으나, 민간위탁 운영평가위원회의 운영이 활성화된 요즈음은 심의안건의 제출에 상당한 연구가 수반되는 것으로 보이기 때문이다. 말하자면 민간위탁 운영평가위원회가 주무부서의 민간위탁(안)을 받아들이지 아니하고 보완을 요구하거나 거부하는 경우가 많지 않다고 하여도 그것만으로 민간위탁 운영평가위원회의 의미를 과소평가할 수만은 없다. 왜냐하면 민간위탁 운영평가위원회 제도를 도입한 이래 서울특별시 소속 공무원들의 민간위탁추진계획은 그 이전에 비해 상당히 신중하게 접근하고 있는 것으로 보이기 때문이다.

(3) 다른 지방자치단체에 확산 A738

다음에 살펴볼 민간수탁기관 선정을 위한 「적격자 심의위원회」의 설치 · 운영은 여러 지방자치단체에서도 볼 수 있다. 그러나 민간위탁을 하고자 하는 사무가 민간위탁 대상으로서 타당한지 여부 등을 심의하기 위한 민간위탁 운영평가위원회의 설치 · 운영은 다른 지방자치단체에서는 찾아보기 어렵다. 서울특별시가 운영하는 민간위탁 운영평가위원회제도의 경험과 의미를 고려할 때, 민간위탁이 이루어지는 모든 지방자치단체가 민간위탁 운영평가위원회제도를 도입할 것을 권고하고 싶다.

Ⅱ. 적격자 심의위원회의 의결 A739

1. 관련규정 A740

「서울특별시 행정사무의 민간위탁에 관한 조례」 제8조 제2항은 수탁기관을 공개모집하는 경우에 적격자 심의위원회에서 적격자를 선정하도록 하고, 제9조에서 적격자 심의위원회의 조직 · 구성에 관해 규정하고 있다.

■ 서울특별시 행정사무의 민간위탁에 관한 조례 제8조(수탁기관 선정) ② 시장은 수탁기관을 공개모집할 경우에는 신청서와 함께 위탁사무의 사업계획서등을 제출하게 하고, 해당 분야의 전문가 등으로 구성된 적격자 심의위원회(이하 "심의위원회"라 한다)에서 제7조에 따른 적격자를 선정하도록 한다. <개정 2014. 5. 14.>
제9조(적격자 심의위원회) ① 심의위원회는 위원장과 부위원장 각 1명을 포함하여 6명 이상 9명 이내의 위원으로 구성하되, 위원장은 외부위원 중에서 호선한다. <개정 2013. 8. 1.>
② 위원은 다음 각 호의 사람 중에서 시장이 임명 또는 위촉하되, 공무원인 위원의 수는 전체 위원수의 4분의 1이내로 하고 심의가 끝나면 심의위원회는 해산한 것으로 본다. <개정 2013. 8. 1.>
1. 서울특별시의회 의원
2. 변호사 · 공인회계사 · 기술사 · 건축사 또는 세무사 자격이 있는 사람
3. 시민단체(「비영리민간단체 지원법」 제2조에 따른 비영리민간단체를 말한다)에서 추천한 사람
4. 대학에서 해당 민간위탁사무 분야와 관련된 학과를 담당하는 부교수 이상으로 재직 중인 사람
5. 관계공무원

6. 그 밖에 심의위원회 심의의 전문성·공정성 등을 위하여 시장이 필요하다고 인정하는 사람
③ 심의위원회는 사업계획서 등의 심사 및 현장 확인과 신청인에 대하여 필요한 소명자료를 제출하게 할 수 있다.
④ 심의위원회는 재적위원 과반수의 출석으로 개의하고 출석위원 과반수의 찬성으로 의결한다.
⑤ 심의위원회에 출석한 위원에 대하여는 예산의 범위 내에서 수당과 여비를 지급할 수 있다. 다만, 공무원인 위원이 그 직무와 관련하여 참석하는 경우에는 그러하지 아니하다. <개정 2009. 7. 30.>

2. 지위(필요적 의결기관) A741

(1) 의결기관 A742

서울특별시의 적격자 심의위원회는 수탁기관을 공개모집할 경우에 수탁기관(적격자)의 선정을 의결하는 기관이다(서울특별시 행정사무의 민간위탁에 관한 조례 제8조 제2항). 적격자 심의위원회는 명칭과 달리 의결기관으로 볼 것이다. 왜냐하면 조례 제8조 제2항이 수탁기관의 공개모집 시, 적격자 심의위원회에서 적격자 선정을 규정하고 있기 때문이다. 한편, 운영 여하에 따라서는 단순한 자문기관으로 그칠 수도 있을 것이다.

(2) 필요적 의결기관 A743

서울특별시는 수탁기관을 공개모집할 경우에는 반드시 적격자 심의위원회의 의결을 거쳐야 하는바(서울특별시 행정사무의 민간위탁에 관한 조례 제8조 제2항), 적격자 심의위원회는 필요적 의결기관이다. 왜냐하면 조례 제8조 제2항이 수탁기관의 공개모집시, 적격자 심의위원회에서 적격자 선정을 의무화하고 있기 때문이다. 적격자 심의위원회의 의결을 거치지 아니하고 민간위탁을 하는 경우, 외부법적으로 위법이라 말하기 어렵지만, 내부법적으로는 위법의 문제가 발생할 수도 있다.

(3) 직무상 독립 문제 A744

서울특별시의 적격자 심의위원회는 구성원의 다수가 민간인이라는 점, 그리고 위원장을 위원 중에서 호선한다는 점을 고려한다면,[1] 적격자 심의위원회는 직무상 독

1) 민간위탁 운영평가위원회의 위원장은 위원 중에서 호선하지만(서울특별시 행정사무의 민간위탁에 관한 조례 제5조 제4항), 적격자 심의위원회의 위원장은 외부위원(민간)중에서 호선하도록 규정하고 있는바(서울특별시 행정사무의 민간위탁에 관한 조례 제9조 제1항), 조례상 민간위탁 운영평가위원회의 위원장은 공무원인 위원도 가능하지만, 적격자 심의위원회의 위원장은 민간으로 제한되고 있다.

립성을 갖는 기구로 볼 수 있다.

3. 구성 · 회의 A745

(1) 구성 A746

(가) 위원의 수

심의위원회는 위원장과 부위원장 각 1명을 포함하여 6명 이상 9명 이내의 위원으로 구성하되, 위원장은 외부위원 중에서 호선한다(서울특별시 행정사무의 민간위탁에 관한 조례 제9조 제1항).

(나) 위원의 자격

위원은 다음 각 호(1. 서울특별시의회 의원, 2. 변호사 · 공인회계사 · 기술사 · 건축사 또는 세무사 자격이 있는 사람, 3. 시민단체(「비영리민간단체 지원법」제2조에 따른 비영리민간단체를 말한다)에서 추천한 사람, 4. 대학에서 해당 민간위탁사무 분야와 관련된 학과를 담당하는 부교수 이상으로 재직 중인 사람, 5. 관계공무원, 6. 그 밖에 심의위원회 심의의 전문성 · 공정성 등을 위하여 시장이 필요하다고 인정하는 사람)의 사람 중에서 시장이 임명 또는 위촉한다(서울특별시 행정사무의 민간위탁에 관한 조례 제9조 제2항). 판례는 아래에서 보는 바와 같이 조례에서 적격자 심의위원회의 위원 중 일부를 시의회 의원 중에서 임명토록 하는 것을 적법한 것으로 본다. 만약 조례가 시의회 의원인 위원의 수를 적격자 심의위원회의 위원 정수의 1/2을 초과하도록 규정한다면, 그러한 조례는 적법한 것으로 보기 어려울 것이다.

(다) 공무원인 위원 수의 제한

공무원인 위원의 수는 전체 위원 수의 4분의 1이내로 한다(서울특별시 행정사무의 민간위탁에 관한 조례 제9조 제2항). 민간인 위원을 다수로 한 것은 심의위원회의 운영에 주민의 객관적 의사를 보다 충실히 반영하고자 하는 것으로 이해된다.

(라) 해산

심의가 끝나면 심의위원회는 해산한 것으로 본다(서울특별시 행정사무의 민간위탁에 관한 조례 제9조 제2항). 따라서 심의가 끝나면 위원의 직무는 종료한다.

[판례] 대법원 2012. 11. 29. 선고 2011추87 판결(조례안재의결무효확인)(청구기각) **A747**

[사건개요]

2011. 2. 25. 피고(경기도 성남시의회)는 제176회 성남시의회 임시회를 개최하여 '성남시 사무의 민간위탁 촉진 및 관리조례 일부개정 조례안'(이하 '이 사건 조례안'이라고 한다)을 의결하였다.

2011. 2. 28. 피고는 원고에게 이 사건 조례안을 이송하였다.

- 이 사건 조례안 제7조 제2항(이하 '이 사건 조례안 규정'이라고 한다)에 의하면 원고는 그 권한에 속하는 민간위탁사무와 관련하여 수탁기관의 선정권한을 가지는 민간위탁적격자심사위원회의 위원 6 내지 9명 중 2인을 반드시 시의원 중에서 위촉하여야 한다.

2011. 3. 16. 원고(경기도 성남시장)는 이 사건 조례안 규정이 지방자치단체장에 대하여 법령에 규정이 없는 새로운 견제장치를 만들어 지방의회 조례제정권의 한계를 벗어난 것일 뿐만 아니라 지방자치단체장의 고유권한인 위원위촉권에 대하여 사전적·직접적으로 개입하는 것으로서 위법하다는 이유로 피고에게 재의를 요구하였다.

2011. 7. 18. 피고는 이 사건조례안을 재의결함으로써 이 사건 조례안을 확정하였다. 이에 원고는 조례안재의결무효확인소송을 제기하였다.

[판결요지]

가. 법령상 근거 없는 새로운 견제장치에 해당하는지 여부

지방자치단체는 그 소관사무의 일부를 독립하여 수행할 필요가 있을 때 합의제 행정기관을 설치할 수 있고(지방자치법 제116조 제1항), 합의제 행정기관의 설치·운영에 관하여 필요한 사항은 조례로 정할 수 있다(지방자치법 제116조 제2항). 이와 같이 지방자치법에서 합의제 행정기관의 설치·운영에 관하여 필요한 사항을 조례로 정하도록 위임한 취지는 각 지방자치단체의 특수성을 고려하여 그 실정에 맞게 합의제 행정기관을 조직하도록 한 것이어서, 당해 지방자치단체가 합의제 행정기관의 일종인 민간위탁적격자심사위원회의 공평한 구성 및 그 운영에 대한 적절한 통제를 위하여 민간위탁적격자심사위원회 위원의 정수 및 그 위원의 구성비를 어떻게 정할 것인지는 당해 지방의회가 조례로써 정할 수 있는 입법재량에 속하는 문제로서 조례제정권의 범위 내라고 봄이 타당하다. 따라서 이 사건 조례안 규정에서 민간위탁적격자심사위원회의 위원 중 2명을 시의원 중에서 위촉하도록 정하고 있다고 하더라도, 이것만으로는 이 사건 조례안 규정이 법령상 근거 없는 새로운 견제장치에 해당한다고 볼 수 없다.

나. 원고의 위원위촉권한에 대한 적극적 개입인지 여부

집행기관 구성원의 전부 또는 일부를 지방의회가 임면하도록 하는 것은 지방의회가 집행기관의 인사권에 사전에 적극적으로 개입하는 것이어서 원칙적으로 허용되지 아니하지만, 이 사건 조례안 규정에서 민간위탁적격자심사위원회의 위원장과 부위원장 각 1인을 포함한 6 내지 9명의 위원 중 2명을 시의원 중에서 위촉하도록 정한 것은 상호 견제와 균형의 원칙에 입각한 집행기관과 의결기관과의 권한 분리 및 배분의 범위 등에 비추어 볼 때, 집행기관의 인사권에 소극적으로 개입하는 것으로서 지방자치법이 정하고 있는 지방의회의 집행기관에 대한 견제권의 범위 안에 포함되어 허용된다고 봄이 타당하다.

다. 평등의 원칙 위반 여부

이 사건 조례안 규정은 단지 민간위탁적격자심사위원회의 위원 중 2인을 시의원 중에서 위촉하도록 정하고 있을 뿐 위원의 위촉권한은 여전히 원고가 보유하도록 하고 있어, 시의원이라는 신분만으로 위원이 되는 것이 아니다. 따라서 이 사건 조례안 규정이 현저하게 합리성을 결여한 자의적인 기준을 설정하였다거나 합리적 근거가 없는 차별을 하고 있다고 할 수 없으므로, 평등의 원칙에 반한다고 볼 수 없다.

(2) 회의 A748

심의위원회는 사업계획서 등의 심사 및 현장 확인과 신청인에 대하여 필요한 소명자료를 제출하게 할 수 있다(서울특별시 행정사무의 민간위탁에 관한 조례 제9조 제3항). 심의위원회는 재적위원 과반수의 출석으로 개의하고 출석위원 과반수의 찬성으로 의결한다(서울특별시 행정사무의 민간위탁에 관한 조례 제9조 제4항). 제척제도가 적용된다.

▣ 서울특별시 행정사무의 민간위탁에 관한 조례 시행규칙 제5조(적격자 심의위원회 운영) 위원이 심의 대상기관과 직접적인 이해관계가 있는 경우 해당 위원은 안건의 심의에 참여할 수 없다. [전문개정 2013. 11. 14]

(3) 수당 A749

심의위원회에 출석한 위원에 대하여는 예산의 범위 내에서 수당과 여비를 지급할 수 있다. 다만, 공무원인 위원이 그 직무와 관련하여 참석하는 경우에는 그러하지 아니하다(서울특별시 행정사무의 민간위탁에 관한 조례 제9조 제5항). 수당의 지급은 실비보상의 의미를 갖는다.

4. 직무 A750

(1) 내용 A751

시장은 수탁기관을 공개모집할 경우에는 신청서와 함께 위탁사무의 사업계획서등을 제출하게 하고, 해당 분야의 전문가 등으로 구성된 적격자 심의위원회(이하 "심의위원회"라 한다)에서 제7조에 따른 적격자를 선정하도록 한다(서울특별시 행정사무의 민간위탁에 관한 조례 제8조 제2항).

(2) 운영실무 A752

예컨대 서울특별시에서 청소년수련관의 시설관리와 운영에 관한 사무를 민간위탁하려는 경우, 적격자 심의위원회의 심사는 아래와 같이 항목별 점수제로 이루어진다.

심사영역	심사항목	배점	득점
조직 및 인사	- 조직 및 인사의 적정성 · 채용방법, 승진, 승급의 적정성, 인사위원회의 개최, 조직 등 - 복무관리, 청소년지도사 배치 등 각종 전문 자격증 확보	5점	
예산 및 회계	- 예산 및 자금 운영의 적정성 - 회계관리 및 계약의 적정성 - 예결산의 목표달성, 예결산의 투명성(회계시스템활용 등) - 예산 절감 노력도 및 실적	10점	
시설 및 재산	- 시설활용도 제고를 위한 노력 - 각종 장비 및 물품관리실태 - 시설의 안전점검 등 비상대책 강구	5점	
프로그램	- 프로그램 구성 및 운영의 적정성 - 프로그램 전문 강사자격증 소지자의 확보 및 배치 - 프로그램 개발 실적, 프로그램의 평가 및 개선 노력도 등 - 공휴일, 주말(토·일) 청소년 프로그램 운영실적 - 중장기 발전계획 수립 및 시행여부	20점	
운영실적	- 위탁기간 중 경영실적(자산, 부채) - 이용자 대비 청소년 이용율 - 학교 및 지역사회 연계사업 실적 - 시설활용도 제고를 위한 노력도 등 - 위탁운영 법인의 관심도 지원사항 등(인적, 물적), 홍보실적 등	20점	

※ 배점은 가변적이다.

5. 평가 A753

민간위탁사무의 처리에 가장 적합한 자를 민간수탁자로 선정한다는 것은 민간위탁의 의미를 확보하는 데 결정적인 것이므로 다양한 전문가들로 구성된 회의체에서 적격자를 선정토록 한다는 것은 상당한 의미를 갖는다. 문제는 민간인 위원들이 갖는 특장점을 최대한 발휘할 수 있도록 적격자 심의위원회의 환경을 만드는 일일 것이다.

제3절 지방의회에 의한 통제[1] A754

Ⅰ. 일반론 A755

1. 문제상황 A756

2012. 3. 29. 발효된 개정 서울특별시 행정사무의 민간위탁에 관한 조례 제4조 제2항은 서울특별시장이 민간위탁을 하는 경우에는 의회의 동의를 받도록 하는 절차를 도입하였다. 서울특별시의회가 제정·개정한 개별 조례에서 서울특별시장에게 민간위탁을 할 수 있도록 해놓고, 다시 민간위탁에 관한 일반 조례인 서울특별시 행정사무의 민간위탁에 관한 조례 제4조의3에서 서울특별시장이 민간위탁하는 경우에는 서울특별시의회의 동의를 받도록 하는 것이 과연 집행기관(서울시장)에 대한 정당한 통제수단인지의 여부에 관해 의문이 있는바, 이에 대하여 살펴보기로 한다.

2. 관련 규정의 변화 A757

서울특별시장이 민간위탁을 하는 경우에 의회의 동의를 받도록 하는 절차가 조례에 도입된 이후 몇 차례 관련 규정의 개정이 있었다.

▣ 2011. 12. 29. 공포(2012. 3. 9. 시행) 서울특별시 행정사무의 민간위탁에 관한 조례 제4조(민간위탁 사무의 기준 등) ② 시장은 제1항 각 호 사무에 대해 민간위탁을 하는 경우에는 제5조에 따라 민간위탁 운영평가위원회의 심의와 서울특별시의회(이하 "의회"라 한다)의 동의를 받아야 한다. 다만, 재위탁 또는 재계약시에도 의회의 동의를 받아야 한다.

▣ 2012. 12. 31. 공포(2012. 12. 31. 시행) 서울특별시 행정사무의 민간위탁에 관한 조례 제4조(민간위탁 사무의 기준 등) ② 시장은 제1항 각 호 사무에 대해 민간위탁을 하는 경우에는 제5조에 따라 민간위탁 운영평가위원회의 심의와 서울특별시의회(이하 "의회"라 한다)의 동의를

---

1) 이 부분은 최윤영, "지방자치단체 사무 민간위탁의 법적 근거," 지방자치법연구, 통권 제44호, 392~402쪽 내용의 상당부분을 활용하였다. 다만 최윤영의 글은 민간위탁의 법적 근거의 시각에서 논술되고 있으나 이 책에서는 통제의 시각에서 논술한다.

받아야 한다. 다만, 재위탁 또는 재계약시에는 소관 상임위원회에 보고하는 것으로 의회의 동의를 갈음한다.

▣ 2014. 5. 14. 공포(2014. 8. 15. 시행) 서울특별시 행정사무의 민간위탁에 관한 조례 제4조의3(의회동의 및 보고) 시장은 제4조 각 호 사무에 대해 민간위탁을 하고자 하는 경우에는 서울특별시의회(이하 "의회"라 한다)의 동의를 받아야 한다. 다만, 재위탁 또는 재계약시에는 소관 상임위원회에 보고하는 것으로 의회의 동의를 갈음한다.
[본조신설 2014. 5. 14.]

▣ 서울특별시 행정사무의 민간위탁에 관한 조례 시행규칙 제2조(의회동의) ① 서울특별시장(이하 "시장"이라 한다)은 「서울특별시 행정사무의 민간위탁에 관한조례」(이하 "조례"라 한다) 제4조의3 및 제5조 제2항에 따라 민간위탁을 하고자 하는 경우 해당 사무에 대해 민간위탁 운영평가위원회의 심의를 받은 후 서울특별시의회(이하 "의회"라 한다)의 동의를 받아야 한다. <개정 2014. 7. 31.>

3. 관련 규정의 평가 A758

2011. 12. 29. 공포(2012. 3. 9. 시행)된 서울특별시 행정사무의 민간위탁에 관한 조례 제4조 제2항은 신규위탁의 경우뿐만 아니라 재위탁 또는 재계약의 경우에도 서울시의회의 동의를 받도록 하였다가, 2012. 12. 31. 공포(2012. 12. 31. 시행)된 서울특별시 행정사무의 민간위탁에 관한 조례 제4조 제2항[2014. 5. 14. 공포(2014. 8. 15. 시행)된 조례 제4조의3도 같다]은 신규위탁의 경우에만 서울시의회의 동의를 받도록 하고, 재위탁 또는 재계약시에는 소관 상임위원회에 보고하도록 하였다. 재위탁 또는 재계약의 경우에 소관 상임위원회에 보고토록 하는 것은 뒤에서 보는 바와 같이 지방의회의 집행기관(서울특별시장)에 대한 정당한 통제수단으로 이해할 수 있을 것이다. 그러나 신규위탁의 경우에는 여전히 지방의회에 보고하여야 하는바, 앞의 문제 상황에서 언급한 문제점은 여전히 남는다.

Ⅱ. 대법원 판례의 태도와 그에 대한 비판 A759

1. 판례의 태도 A760

판례는 아래에서 보는 바와 같이 "지방자치단체 사무의 민간위탁에 관하여 지방의회의 사전 동의를 받도록 한 것은 지방자치단체장의 민간위탁에 대한 일방적인 독주를 제어하여 민간위탁의 남용을 방지하고 그 효율성과 공정성을 담보하기 위한 장치에 불과하고, 민간위탁 권한을 지방자치단체장으로부터 박탈하려는 것이 아니므로 지방자치단체장의 집행권한을 본질적으로 침해하는 것으로 볼 수 없다"고 하여 적법한 것으로 본다.

[판례 1] 대법원 2011. 2. 10. 선고 2010추11 판결(조례안재의결무효확인)(청구기각) A761

[사건개요]

2009. 12. 18. 피고(서울특별시 중구의회)는 '서울특별시 중구 사무의 민간위탁에 관한 조례안'(이하, '이 사건 조례안'이라 한다)을 의결하였다.

2009. 12. 23. 피고는 '이 사건 조례안'을 원고(서울특별시 중구청장)에게 이송하였다.

2010. 1. 9. 원고는 '이 사건 조례안'이 원고의 권한을 침해하여 법령에 위배된다는 이유 등으로 피고에게 재의를 요구하였다.

2010. 2. 26. 피고는 원안대로 재의결함으로써 이 사건 조례안을 확정하였다.

이에 원고는 "피고가 2010. 2. 26.에 한 '서울특별시 중구 사무의 민간위탁에 관한 조례안'에 관한 재의결은 효력이 없다."는 청구취지의 조례안재의결무효확인소송을 제기하였다.

[참고]

이 사건 조례안에 의하면, 원고는 자치사무를 민간에 위탁하고자 할 때에는 의회의 동의를 받아야 하고, 이 경우 동일한 수탁자에게 재위탁하거나 기간연장 등 당초 동의받은 내용 중 중요한 사항을 변경할 때에는 위탁기간 만료 3월 전에 의회의 동의를 받아야 한다(제4조 제3항). (재협약 부분 생략)

[원고주장요지]

이 사건 조례안 중 원고가 자치사무를 민간위탁할 때 피고의 동의를 받아야 하고, 나아가 피고의 동의를 받은 민간위탁 사무를 동일 수탁자에게 재위탁하거나 위탁계약의 중요한 사항을 변경할 때 다시 피고의 동의를 받도록 규정한 부분은 원고의 집행권한의 본질적 내용을 침해하여 위법하다. (재협약 부분 생략)

[판결요지]

이 사건 조례안이 지방자치단체 사무의 민간위탁에 관하여 지방의회의 사전 동의를 받도록 한 것은 지방자치단체장의 민간위탁에 대한 일방적인 독주를 제어하여 민간위탁의 남용을 방지하고 그 효율성과 공정성을 담보하기 위한 장치에 불과하고, 민간위탁의 권한을 지방자치단체장으로부터 박탈하려는 것이 아니므로, 지방자치단체장의 집행권한을 본질적으로 침해하는 것으로 볼 수 없다. 또한 지방자치단체장이 동일 수탁자에게 위탁사무를 재위탁하거나 기간연장 등 기존 위탁계약의 중요한 사항을 변경하고자 할 때 지방의회의 동의를 받도록 한 목적은 민간위탁에 관한 지방의회의 적절한 견제기능이 최초의 민간위탁 시뿐만 아니라 그 이후에도 지속적으로 이루어질 수 있도록 하는 데 있으므로, 이에 관한 이 사건 조례안 역시 지방자치단체장의 집행 권한을 본질적으로 침해하는 것으로 볼 수 없다.

[판례 2] 대법원 2009. 12. 24. 선고 2009추121 판결(조례안재의결무효확인)(청구기각) **A762**

[사건개요]

2008. 12. 19. 피고(순천시의회)는 청구취지 기재 각 조례안(이하 '이 사건 조례안'이라 한다)을 의결하였다.

2008. 12. 22.피고는 '이 사건 조례안'을 원고(순천시장)에게 이송하였다.

2009. 1. 12. 원고는 '이 사건 조례안'이 원고의 권한을 침해하여 법령에 위배된다는 이유 등으로 피고에게 재의를 요구하였다.

2009. 7. 10. 피고는 원안대로 재의결함으로써 '이 사건 조례안'을 확정하였다.

이에 원고는 "피고의 2009. 7. 10.자 순천시 지방공기업단지 조성 및 분양에 관한 조례 일부개정 조례안, 순천시 공립보육시설 운영 조례 일부개정 조례안, 순천시 건강가정지원 조례 일부개정 조례안, 순천시 유스호스텔 관리 및 운영 조례 일부개정 조례안, 순천시 청소년 수련소 시설사용료 징수 조례 일부개정 조례안, 순천시 체육시설 관리 운영 조례 일부개정 조례안에 대한 재의결은 효력이 없다."는 청구취지의 조례안재의결무효확인소송을 제기하였다.

[참고]

이 사건 조례안의 각 해당 조항에서는 순천시장이 당해 조례안에서 규정한 사업 등의 관리·운영과 관련한 사무를 민간위탁 하고자 하는 경우 순천시의회의 동의를 받도록 규정하고 있다.

[원고주장요지]

원고는 이 사건 조례안에서 원고가 해당 사무에 대해 민간에 위탁할 경우 피고의 사전 동의를 받도록 하는 것은 지방자치단체장에게 부여된 집행권한을 침해하는 것으로서 법령에 위반된다고 주장한다.

[판결요지]

지방자치법 제104조 제3항에서 지방자치단체의 장은 그 권한에 속하는 사무 중 주민의 권리·의무와 직접 관련이 없는 사무에 대해서는 조례나 규칙으로 정하는 바에 따라 민간에게 위탁할 수 있다고 규정함으로써 지방자치단체 사무의 민간위탁과 관련하여 조례 등에 의한 한계 설정을 예정하고 있는 점을 아울러 고려하여 보면, 이 사건 조례안이 지방자치단체 사무의 민간위탁에 관하여 지방의회의 사전 동의를 받도록 한 것은 지방자치단체장의 민간위탁에 대한 일방적인 독주를 제어하여 민간위탁의 남용을 방지하고 그 효율성과 공정성을 담보하기 위한 장치에 불과하고, 민간위탁 권한을 지방자치단체장으로부터 박탈하려는 것이 아니므로 지방자치단체장의 집행권한을 본질적으로 침해하는 것으로 볼 수 없다. 따라서 원고의 주장은 이유 없다.

2. 신규위탁시 지방의회의 필요적 사전 동의에 관한 판례 태도 비판 A763

(1) 개별 조례에 민간위탁의 근거규정이 없는 경우 A764

(가) 문제상황 A765

개별 조례에 민간위탁의 근거규정이 없는 경우, 일반법인 조례(예컨대, 서울특별시의 경우에는 서울특별시 행정사무의 민간위탁에 관한 조례)에 근거하여 시장이 민간위탁을 하고자 할 때, 의회의 사전 동의를 요구하는 것이 적법한가의 여부는 일반법인 조례의 민간위탁에 관한 규정의 성질과 관련하여 살펴볼 필요가 있다. 이 문제는 지방자치법 제104조 제3항의 해석과 관련한다.

■ 지방자치법 제104조(사무의 위임 등) ③ 지방자치단체의 장은 조례나 규칙으로 정하는 바에 따라 그 권한에 속하는 사무 중 조사·검사·검정·관리업무 등 주민의 권리·의무와 직접 관련되지 아니하는 사무를 법인·단체 또는 그 기관이나 개인에게 위탁할 수 있다.

(나) 가능한 해석 A766

1) 일반 조례가 민간위탁의 근거가 되지 않는다는 견해의 입장 A767

이러한 입장에서 보면, 의회의 사전 동의는 민간위탁의 법적 근거 내지 법적 정당성의 근거를 확보하는 의미를 갖는다고 보아, 지방의회의 사전 동의는 적법한 것으로 이해된다. 따라서 지방의회의 사전 동의를 규정하는 조례는 지방자치법 제104조 제3항에서 말하는 조례에 해당한다고 볼 것이다.

2) 일반 조례가 민간위탁의 근거가 된다는 견해의 입장 A768

이러한 입장에서 보면, 「일반 조례에서 규정되고 있는 지방의회의 사전 동의」는 「일반 조례에서 정하는 민간위탁의 절차의 한 부분」으로 볼 수 있는바, 민간위탁의 경우마다 지방의회의 사전 동의를 요하게 하는 것은 적법한 것으로 이해된다. 따라서 지방의회의 사전 동의를 규정하는 조례는 지방자치법 제104조 제3항에서 말하는 조례에 해당한다고 볼 것이다. 지방의회의 사전 동의제도는 집행부의 민간위탁에 대한 강한 통제수단이라는 점을 고려하면, 지방의회의 사전 동의제도는 행정조직법정주의의 엄정한 집행에 부합하는 것이기도 하다.

(다) 판례태도 검토(소결) A769

개별 조례에 민간위탁의 근거규정이 없는 경우, 일반 조례에 근거하여 시장이 민간위탁을 하고자 할 때, 일반 조례에서 지방의회의 사전 동의를 요구하는 것은 적법하다. 지방의회의 사전 동의를 규정하는 조례는 지방자치법 제104조 제3항에서 말하는 조례에 해당한다. 따라서 대법원이 위의 2개의 판결에서 "지방자치단체 사무의 민간위탁에 관하여 지방의회의 사전 동의를 받도록 한 것은 지방자치단체장의 민간위탁에 대한 일방적인 독주를 제어하여 민간위탁의 남용을 방지하고 그 효율성과 공정성을 담보하기 위한 장치에 불과하고, 민간위탁 권한을 지방자치단체장으로부터 박탈하려는 것이 아니므로 지방자치단체장의 집행권한을 본실석으로 침해하는 것으로 볼 수 없다"고 판시한 것은 타당하다.

(2) 개별 조례에 민간위탁의 근거규정이 있는 경우 A770

(가) 문제상황 A771

지방의회가 개별 조례에서 단체장으로 하여금 민간위탁을 할 수 있도록 하면서 다시 지방의회의 동의를 받으라고 하는 것은 지방의회와 장의 지위에 비추어 문제가 없는지의 여부를 검토할 필요가 있다.

(나) 지방의회 · 집행기관의 지위와 집행적 사무 A772

① 현행 지방자치법은 지방자치단체의 조직형태로 기관대립주의(기관분립주의)를 채택하고 있다.[1] 말하자면 지방자치법은 지방의회와 단체장 사이에 상호 견제와 균형을 이루도록 하고 있다. ② 지방의회가 국법의 체계상 행정기관의 성질을 갖는다고 하여도[2] 단체장으로 대표되는 집행기관과의 관계에서 자치입법기관의 성질을 갖는다고 함에는 의문이 없다.[3] 집행기관과의 관계에서 보면, 집행적인 성질의 사무는 집행기관이 맡고, 입법적인 사무는 지방의회가 맡아야 함은 분명하다. 지방의회가 집행적인 사무를 수행한다고 하여도 그것은 제한적이어야 하며 일반적이어서는 아니 된다. 의회가 집행적인 사무를 광범위하게 수행한다면, 그것은 지방자치법이 예정하는 지방의회의 지위에 반한다.

---

1) 졸저, 신지방자치법, 211쪽. 그리고 이에 관한 판례모음은 같은 책, 212쪽 이하 참조.
2) 졸저, 신지방자치법, 226쪽 참조.
3) 졸저, 신지방자치법, 227쪽 참조.

(다) 판례태도 비판(소결) **A773**

개별 조례에 민간위탁의 근거규정이 있는 경우, 시장이 민간위탁을 하고자 할 때에도 일반 조례에 근거하여 지방의회의 사전 동의를 요하게 하는 것은 다음의 사유로 지방자치단체장의 집행권한을 본질적으로 침해하는 것으로 볼 수박에 없는바, 판례의 태도는 타당하지 않다.

첫째, 일반 조례에 근거하여 민간위탁을 할 수 있음에도 다시 개별 조례에서 민간위탁을 할 수 있다고 하는 것은 지방의회가 민간위탁에 대하여 2차례에 걸쳐 판단한 것이라 할 것이며, 지방의회의 2차례에 걸친 판단 후에 다시 지방의회의 동의를 요하게 하는 것은 개별 조례를 통한 제2차의 판단을 의미 없게 하는 것이 된다. **A774**

둘째, 개별 조례가 있음에도 불구하고 모든 신규의 민간위탁에 지방의회의 사전 동의를 요하게 하는 것은 민간위탁과 관련하는 한 지방의회의 개입을 전면적으로 허용하는 것이 되는바, 이것은 민간위탁과 관련하는 한 지방의회가 집행적인 사무를 광범위하게 수행하는 것이 된다. 이것은 앞에서 언급한 바의 지방자치법이 예정하는 지방의회의 지위에 반한다. **A775**

셋째, 국회와 정부의 관계와 지방의회와 지방자치단체의 장의 관계가 동일한 성질은 아니지만, 유사성이 있다고 전제한다면, 다음의 지적이 가능하다. 국가행정의 경우, 정부조직법에 근거한 행정권한의 위임 및 위탁에 관한 규정이 위임의 직접적인 근거규정이 된다는 판례의 논리, 그리고 정부가 위임이나 위탁을 할 때에 국회의 사전 동의를 요하지 않는다는 점 등을 고려한다면, 지방자치법에 근거한 지방자치단체의 민간위탁에 관한 조례가 위탁의 직접적인 근거규정이 된다고 보고, 아울러 단체장이 위임이나 위탁을 할 때에 지방의회의 사전 동의를 요하지 않는다고 보는 것이 논리체계적이다. **A776**

결론적으로 말해, 개별 조례에서 민간위탁을 할 수 있다고 규정하고 있다면, 지방의회가 단체장에게 위탁할 수 있도록 결정해준 것으로 보는 것이 타당하다.[1] **A777**

---

1) 민간위탁 실무편람, 61~62쪽.

3. 재위탁시 지방의회의 필요적 보고에 관한 판례 태도 검토 A778

재위탁 또는 재계약시에 소관 상임위원회에 보고하도록 하는 것은 지방자치단체장의 집행권한을 본질적으로 침해하는 것은 아니고, 지방의회가 갖는 조례제정권의 정당한 행사를 위한 수단으로 이해될 수 있다. 여기서 보고는 민간위탁 후에 이루어지는 사후적인 것으로 볼 것이다.

4. 조례개정의 필요 A779

시장이 신규로 민간위탁을 하는 경우에 서울특별시의회(이하 "의회"라 한다)의 동의를 받도록 하는 제도는 사후에 서울특별시의회 또는 소관 상임위원회에 보고하는 제도로 개정하여야 한다. 이렇게 되면, 재위탁 또는 재계약의 경우에도 사후 보고가 동의에 갈음하는 것이 아니라 단순히 보고하는 것으로 개정되어야 한다. 개정시안을 아래와 같이 생각해 볼 수 있다. 오히려 삭제하는 것도 방법일 것이다.

▣ 서울특별시 행정사무의 민간위탁에 관한 조례

[현행] 제4조의3(의회동의 및 보고) 시장은 제4조 각 호 사무에 대해 민간위탁을 하고자 하는 경우에는 서울특별시의회(이하 "의회"라 한다)의 동의를 받아야 한다. 다만, 재위탁 또는 재계약시에는 소관 상임위원회에 보고하는 것으로 의회의 동의를 갈음한다.
[본조신설 2014. 5. 14.]

[시안] 제4조의3(의회에 보고) ① 시장은 제4조 각 호 사무에 대해 민간위탁을 하고자 하는 경우에는 서울특별시의회(이하 "의회"라 한다)의 동의를 받아야 한다.
② 제1항에 불구하고 시장은 개별 조례가 정하는 민간위탁에 관한 규정에 따라 제4조 각 호 사무에 대해 민간위탁을 하는 경우에는 의회에 보고하여야 한다.
③ 재위탁 또는 재계약의 경우는 소관 상임위원회에 보고하여야 한다.

Ⅲ. 행정실무 A780

1. 지방의회의 공감대 형성 A781

대법원이 「지방자치단체 사무의 민간위탁에 관하여 지방의회의 사전 동의를 받도록 한 것은 위법한 것이 아니다」라고 하였으므로 지방의회의 사전 동의제도를 도입한 지방자치단체에서는 행정실무상 지방의회의 사전 동의를 받지 않을 수 없다. 지방의회의 사전 동의를 원활히 받기 위해 집행부는 민간위탁의 안건을 지방의회에 보내기 전에 소관 상임위원회 등과 사전보고나 협의를 통하여 민간위탁에 대한 공감대를 형성하는 것이 필요할 것이다.

2. 소요예산의 확보 A782

소관 상임위원회 등과 사전보고나 협의를 통하여 민간위탁에 대한 공감대를 형성하기 위해서는 직영·위탁 간의 장·단점을 분석하는 내용 외에 민간위탁에 소요되는 경비에 관한 사항도 포함되어야 할 것이다. 여기에는 시가 직영하는 경우에 소요되는 경비와의 비교도 포함시켜야 할 것이다.

3. 서식 A783

아래는 서울특별시에서 민간위탁시 지방의회에 보내는 민간위탁 동의안의 서식이다.

▣ 서울특별시 행정사무의 민간위탁에 관한 조례 시행규칙 제2조(의회동의) ② 제1항에 따라 시장이 의회의 민간위탁 동의를 받고자 할 때는 「지방자치법」 제46조에 따라 의회에 부의하는 안건으로 처리하며, 안건 작성은 별지 서식을 따른다.

서울특별시 NPO지원센터 민간위탁 사무의 민간위탁 동의안(예)

의 안 번 호	

제출연월일 : ○○○○년 월 일
제 출 자 : 서 울 특 별 시 장

1. 제안이유

가. 시민사회단체의 지속가능한 발전을 제도적으로 지원하기 위한 「서울특별시 시민공익활동촉진에 관한 조례」가 2013. 5. 16일자 공포 및 시행됨에 따라,

나. 이에 따른 후속조치로 『서울특별시 NPO지원센터』 개설·운영을 위해 시민사회의 자율성을 유지하면서 시민사회를 효율적으로 지원하기 위해 민간위탁이 필요한 사무라고 판단되는바, 「서울특별시 행정사무의 민간위탁에 관한 조례」 제4조 제2항에 의거 서울특별시 의회의 동의를 받고자 함

2. 주요내용

가. 서울시 NPO지원센터 설립개요

○ 명 칭: 「서울 NPO지원센터」

○ 설립시기: 2013년 9월

○ 장 소: (구)질병관리본부 8동 4층

○ 설립규모: 전용면적 544.86㎡(165평), 전체면적 838㎡(254평)

○ 공간내용: 교육장, 회의실, 단체보육실, 자료 및 정보검색실 사무공간, 상담실 등

○ 주요사무: 시민사회단체 활동 및 공간 지원, 공익활동가 교육·상담, 정보 및 자료 지원, 시민사회단체간, 시민사회단체와 기업, 지방정부 간 네트워크 구축, 기타, 시민사회활성화 지원 업무 등

나. 위탁 주요내용

○ 위탁기간: 협약체결일부터 3년이내

○ 위탁방법: 공개경쟁을 통해 수탁기관 선정

○ 위탁 주요사무

– 센터의 사업계획 수립 및 시행

- 시민공익활동 및 NPO의 활성화를 위한 장소와 시설·설비 등의 제공
- 시민공익활동 및 NPO 관련되는 교육·훈련 등 인재육성
- 시민공익활동 및 NPO에 관한 상담·컨설팅
- NPO의 네트워크 및 민관협력체계 구축
- 시민공익활동 및 NPO에 관한 조사·연구
- 시민공익활동 및 NPO 관련 정보의 집적·제공
- 그 밖에 시민공익활동 및 NPO의 발전을 위하여 필요하다고 인정되는 사업

다. 민간위탁 필요성

- 시민사회단체의 활동은 자율성이 보장되어야 함이 시민사회에 대한 지원 기본 원칙임 (비영리민간단체지원법 제5조, 서울특별시 시민공익활동촉진에 관한 조례 제3조)

◆ 비영리민간단체지원법 제5조(비영리민간단체에 대한 지원 등) ① 비영리민간단체의 활동은 자율성이 보장되어야 한다.

◆ 서울특별시 시민공익활동촉진에 관한 조례 제3조(기본원칙) 시민사회의 발전과 시민의 공익활동을 지원하기 위하여 서울특별시, 공익활동을 하는 시민, NPO는 각 주체의 다양성과 자발성 및 창조성을 이해하고 존중하며, 상호 신뢰와 협력을 통해 지속적으로 시민공익활동을 촉진하여야 한다.

- 관에서 직접 운영하는 경우 정치적 영향력이 개입될 우려가 있고, 시민사회의 자발성을 침해할 소지가 큼
- 또한, 시민사회를 가장 잘 이해하고, 가장 잘 대변할 수 있는 단체는 시민사회단체라고 판단되는 바,
- 단기적으로 시민사회를 지원하되 간섭은 최소화 할 수 있는 운영방식이 민간위탁 방식이므로, 시민사회단체를 지원하는 기능을 수행하기 가장 적합하고, 역량있는 중간지원조직을 공개모집 및 수탁기관으로 선정하여 『서울특별시 NPO지원센터』를 운영하고자 함.

3. 참고사항

가. 관계법령: 비영리민간단체지원법 제5조(비영리민간단체에 대한 지원 등)
서울특별시 시민공익활동의 촉진에 관한 조례 제11조(센터의 위탁)

나. 예산조치: 별도조치 필요 없음(2013년 예산 기반영)

다. 합　　의: 해당사항 없음

라. 기　　타: 가칭 「서울 시민참여지원센터」 설립·운영계획

제9장 이용자의 권리보호 A801

민간위탁과 관련한 권리보호의 문제는 ① 보호의 주체와 관련하여 ⓐ 민간위탁기관(국가 · 지방자치단체)과 민간수탁자 사이에서 민간수탁자의 권리보호와 ⓑ 민간수탁자와 이용자(사인, 국민 · 주민) 사이에서 이용자의 권리보호의 문제가 있다. ⓐ는 행정법상 일반적인 권리보호의 문제가 되며, ⓑ는 민간위탁에서의 특수문제가 된다. 제9장에서는 ⓑ를 다룬다. 한편, ② 제9장에서 ⓑ를 다룬다고 할 때, 내용과 관련하여서는 ㉠ 이용자가 민간수탁자의 행위의 위법 여부 또는 부당 여부를 다투는 행정상 쟁송과 ㉡ 민간수탁자의 행위로 피해를 입은 이용자인 사인(국민 · 주민)에게 피해를 물어주는 손해전보제도와 관련한다. 제9장에서는 ㉠과 ㉡을 모두 살핀다.

제1절 행정상 쟁송 A802

Ⅰ. 일반론 A803

1. 행정쟁송의 유형 A804

민간위탁에 따라 민간수탁자가 처리하는 사무가 사법상의 사무라면 민사소송으로 다툴 수 있고, 공법상 사무라면 행정쟁송으로 다툴 수 있다. 행정쟁송의 구체적인 방식은 그 사무의 성질에 따라 사정이 다르다. 그 사무가 처분성이 있는 경우라면 행정심판이나 항고소송으로 다투어야 하고, 공법상 계약이라면 당사자소송으로 다툴 수 있다.

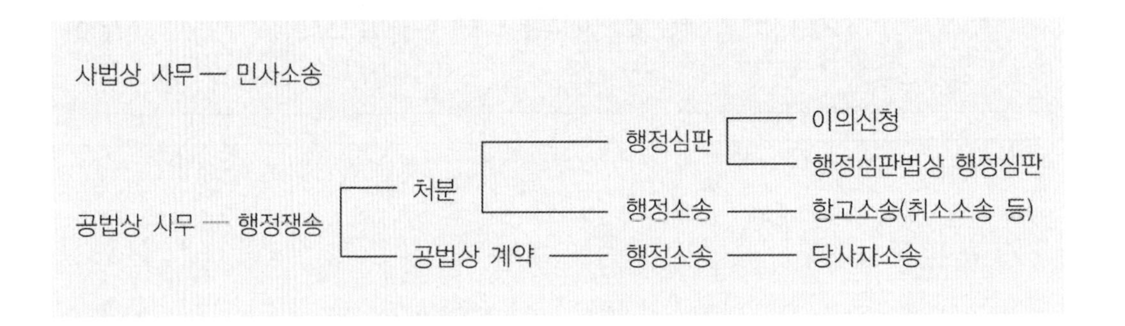

2. 민간수탁자의 행위와 처분성 A805

이용자가 민간수탁자의 행위를 행정심판법과 행정소송법으로 다투기 위해서는 행정심판법과 행정소송법이 다툼의 대상으로 규정하는 처분에 해당하여야 한다.

▣ 행정심판법 제1조(목적) 이 법은 행정심판 절차를 통하여 행정청의 위법 또는 부당한 처분(處分)이나 부작위(不作爲)로 침해된 국민의 권리 또는 이익을 구제하고, 아울러 행정의 적정한 운영을 꾀함을 목적으로 한다.
제2조(정의) 이 법에서 사용하는 용어의 뜻은 다음과 같다.
1. "처분"이란 행정청이 행하는 구체적 사실에 관한 법집행으로서의 공권력의 행사 또는 그 거부, 그 밖에 이에 준하는 행정작용을 말한다.

▣ 행정소송법 제1조(목적) 이 법은 행정소송절차를 통하여 행정청의 위법한 처분 그 밖에 공권력의 행사·불행사등으로 인한 국민의 권리 또는 이익의 침해를 구제하고, 공법상의 권리관계 또는 법적용에 관한 다툼을 적정하게 해결함을 목적으로 한다.
제2조(정의) ① 이 법에서 사용하는 용어의 정의는 다음과 같다.
1. "처분등"이라 함은 행정청이 행하는 구체적 사실에 관한 법집행으로서의 공권력의 행사 또는 그 거부와 그 밖에 이에 준하는 행정작용(이하 "처분"이라 한다) 및 행정심판에 대한 재결을 말한다.

▣ 대법원 2009. 12. 24, 2009두12853(항고소송의 대상이 되는 행정처분은 행정청의 공법상의 행위로서 특정 사항에 대하여 법규에 의한 권리의 설정 또는 의무의 부담을 명하거나 기타 법률상의 효과를 직접 발생케 하는 등 국민의 구체적인 권리·의무에 직접 관계가 있는 행위를 말한다).

그런데 정부조직법 제6조 제3항은 "조사 · 검사 · 검정 · 관리 업무 등 국민의 권리 · 의무와 직접 관계되지 아니하는 사무"를 민간위탁의 대상으로 규정하고 있고, 지방자치법 제104조 제3항도 "조사 · 검사 · 검정 · 관리업무 등 주민의 권리 · 의무와 직접 관련되지 아니하는 사무"를 민간위탁의 대상으로 규정하고 있으므로 민간수탁자가 국민 · 주민의 권리 · 의무와 직접 관련된 처분을 할 수 있는 상황은 발생하지 않을 것이라는 시각도 있어 보인다.[1] 그러나 개별 법률에서 국민이나 주민의 권리 · 의무와 직접 관련 있는 사항의 민간위탁도 가능하므로[2] 민간수탁자의 이용자에 대한 행위가 처분성을 갖는 경우도 있을 수 있다.

Ⅱ. 이의신청 A806

1. 일반론 A807

(1) 의의 A808

이의신청이란 위법 · 부당한 행정작용으로 인해 권리가 침해된 자가 처분청에 대하여 그러한 행위의 취소를 구하는 절차를 말한다. 행정심판법상 행정심판이 처분청의 직근상급행정청 등에 소속된 행정심판위원회에 대한 것인 점에서 이의신청과 다르다. 실정법상으로는 이의신청 · 불복신청 · 재결신청 등으로 표현된다.

(2) 법적 근거 A809

행정심판법은 행정심판의 제기를 개괄적으로 인정하고 있기 때문에(행정심판법 제3조 제1항), 개별법에서 이의신청을 규정하지 않는 한 이의신청은 인정될 수 없다. 왜냐하면 처분청이 자기가 한 행위에 대해 재심사하도록 규정하는 일반법은 없기 때문이다. 현행법상 이의신청을 인정하고 있는 경우로는 지방자치법상 이의신청(지방자치법 제140조 제3항), 주민등록법상 이의신청(주민등록법 제21조) 등을 볼 수 있다.

---

1) 최철호, "국가사무 위임 · 위탁법제에 관한 고찰," 법제, 2013. 12, 15쪽 참조.

2) 이와 관련하여 A447 이하를 보라.

▣ 행정심판법 제3조(행정심판의 대상) ① 행정청의 처분 또는 부작위에 대하여는 다른 법률에 특별한 규정이 있는 경우 외에는 이 법에 따라 행정심판을 청구할 수 있다.

▣ 지방자치법 제140조(사용료 등의 부과 · 징수, 이의신청) ③ 사용료 · 수수료 또는 분담금의 부과나 징수에 대하여 이의가 있는 자는 그 처분을 통지받은 날부터 90일 이내에 그 지방자치단체의 장에게 이의신청할 수 있다.

▣ 주민등록법 제21조(이의신청 등) ① 시장 · 군수 또는 구청장으로부터 제20조 제5항 또는 제6항에 따른 주민등록 또는 등록사항의 정정이나 말소 또는 거주불명 등록의 처분을 받은 자가 그 처분에 대하여 이의가 있으면 그 처분일 또는 제20조 제7항에 따른 통지를 받거나 공고된 날부터 30일 이내에 서면으로 해당 시장 · 군수 또는 구청장에게 이의를 신청할 수 있다. <개정 2009. 4. 1.>
② 시장 · 군수 또는 구청장이 제1항에 따른 이의신청을 받으면 그 신청을 받은 날부터 10일 이내에 심사 · 결정하여 그 결과를 지체 없이 신청인에게 알려야 하며, 그 요구가 정당하다고 결정되면 주민등록표를 정정하여야 한다.
③ 시장 · 군수 또는 구청장이 이의신청을 각하 또는 기각하는 결정을 하면 제2항에 따른 결과통지서에 행정심판이나 행정소송을 제기할 수 있다는 취지를 함께 적어 신청인에게 알려야 한다.

(3) 절차 A810

이의신청 기간 · 절차 · 형식 등은 개별규정에 따라야 할 것이다. 예컨대 주민등록법은 불복기간, 이의신청서식, 이의신청에 대한 결정기간, 이의신청에 심사결과 통지방식, 이의신청에 대한 각하 또는 기각 결정을 하는 경우에 행정심판이나 행정소송을 제기할 수 있음 등을 규정하고 있다(주민등록법 제21조, 주민등록법 시행령 제33조).

▣ 주민등록법 시행령 제33조(이의신청 등) ① 법 제21조 제1항에 따른 이의신청은 별지 제25호서식에 따른다.
② 제1항의 이의신청에 대한 심사결과의 통지는 별지 제26호서식에 따른다.
③ 법 제21조 제2항에 따라 주민등록표를 정정한 때에는 그 주민등록표에 "이의신청 정정"이라고 기록한 후 정정일자 및 관계 공무원의 성명을 기록하여야 한다.

(4) 불복 A811

이의신청에 대한 재결에 대하여 불복이 있는 경우, 개별법에서 상급행정청에 행정심판을 제기할 수 있음을 규정하기도 한다(예: 지방세기본법 제119조). 아울러 행정심판을 먼저 거친 후에만 행정소송을 제기할 수 있음을 규정하기도 한다(예: 국세기본법 제56조 제2항). 그러나 그러한 제한이 없는 경우에는 재결에 불복하는 자는 바로 행정소송을 제기할 수 있다. 왜냐하면 행정심판의 전치에 관해 규정하는 행정소송법 제18조에서 말하는 행정심판은 이의신청도 포함하는 개념으로 새겨야 할 뿐만 아니라 행정소송법은 임의적 행정심판전치를 원칙으로 하고 있기 때문이다.

▣ 지방세기본법 제119조(심사청구 및 심판청구) ① 이의신청을 거친 후에 심사청구 또는 심판청구를 할 때에는 이의신청에 대한 결정 통지를 받은 날부터 90일 이내에 도지사의 결정에 대하여는 조세심판원장에게 심판청구를, 시장·군수의 결정에 대하여는 도지사에게 심사청구를 하거나 조세심판원장에게 심판청구를 하여야 한다.

▣ 국세기본법 제56조(다른 법률과의 관계) ② 제55조에 규정된 위법한 처분에 대한 행정소송은 「행정소송법」 제18조 제1항 본문, 제2항 및 제3항에도 불구하고 이 법에 따른 심사청구 또는 심판청구와 그에 대한 결정을 거치지 아니하면 제기할 수 없다.

▣ 행정소송법 제18조(행정심판과의 관계) ① 취소소송은 법령의 규정에 의하여 당해 처분에 대한 행정심판을 제기할 수 있는 경우에도 이를 거치지 아니하고 제기할 수 있다. 다만, 다른 법률에 당해 처분에 대한 행정심판의 재결을 거치지 아니하면 취소소송을 제기할 수 없다는 규정이 있는 때에는 그러하지 아니하다. <개정 1994. 7. 27.>

2. 민간위탁에서 특수문제 A812

(1) 민간수탁자의 지위 A813

앞에서 살펴본 바와 같이[1] 민간수탁자는 행정조직법상 행정기관은 아니지만, 민간수탁자가 위탁받은 사무가 행정절차법의 적용을 받는 것이라면, 민간수탁자는 행정절차법 제2조 제1호 나목에 근거하여 행정절차법상 행정청의 지위를 갖는다.

▣ 행정절차법 제2조(정의) 이 법에서 사용하는 용어의 뜻은 다음과 같다.
1. "행정청"이란 다음 각 목의 자를 말한다.
가. 행정에 관한 의사를 결정하여 표시하는 국가 또는 지방자치단체의 기관
나. 그 밖에 법령 또는 자치법규(이하 "법령등"이라 한다)에 따라 행정권한을 가지고 있거나 위임 또는 위탁받은 공공단체 또는 그 기관이나 사인(私人)

(2) 이의신청기관 A814

민간위탁사무와 관련하여 제기되는 이의신청절차에서 이의신청은 처분청이라 할

1) 이와 관련하여 A304 이하를 보라.

민간수탁자에게 제기하여야 하는지, 아니면 위탁기관에게 제기하여야 하는지는 법령(조례)이 정하는 바에 의할 것이다. 입법론상 민간수탁자의 위법·부당한 처분에 대한 이의신청은 서면으로 하되 민간수탁자를 경유하여 위탁기관에 하도록 하는 것이 바람직할 것이다.[1] 물론, 이의신청을 받은 민간수탁자는 이의신청과 관련된 의견서·관계서류 등을 첨부하여 위탁기관에 송부토록 규정하여야 할 것이다.[2]

Ⅲ. 행정심판 A815

1. 일반론 A816

(1) 의의 A817

행정심판법상 행정심판이란 행정청의 위법 또는 부당한 처분이나 부작위로 권리(법률상 이익)가 침해된 국민이 행정심판위원회에 그 처분이나 부작위에 대하여 심사를 구하고, 이에 대해 행정심판위원회가 재결을 행하는 절차를 말한다. 행정심판법상 행정심판은 실질적 심판·주관적 심판·항고심판의 성격을 가진다. 행정심판법에서는 취소심판 외에도 무효등확인심판·의무이행심판이 인정되고 있다.

(2) 법적 근거 A818

행정심판법 제3조 제1항은 "행정청의 처분 또는 부작위에 대하여는 다른 법률에 특별한 규정이 있는 경우 외에는 이 법에 따라 행정심판을 청구할 수 있다"고 규정하는바, 행정심판법은 행정심판에 관한 일반법이다. 따라서 개별 법령에 행정심판의 제기에 관해 아무런 규정을 두고 있지 아니하여도 개별 법령에 따른 행정작용이 행정심판법이 정하는 처분이나 부작위에 해당하면 행정심판을 제기할 수 있다.

(3) 행정심판법의 내용 A819

행정심판법은 행정심판의 종류(취소심판·무효등확인심판·의무이행심판), 심판청구의 대

---

1) 민간위탁 실무편람, 45쪽.
2) 민간위탁 실무편람, 45쪽.

상·방식·기간, 심판청구서의 제출, 심판청구의 변경·효과·취하, 가구제, 심리, 재결 등에 관해 규정하고 있다.[1] 아래에서 보는 「2. 민간위탁에서 특수문제」에서 언급한 사항의 고려하에 행정심판법의 규정내용은 당연히 민간수탁자를 피청구인으로 하는 행정심판에 그대로 적용된다.

(4) 불복 A820

행정심판에 불복하면 행정소송을 제기할 수 있다. 심판청구에 대한 재결이 있으면 그 재결 및 같은 처분 또는 부작위에 대하여 다시 행정심판을 청구할 수 없다(행정심판법 제51조).

2. 민간위탁에서 특수문제 A821

(1) 민간수탁자의 지위 A822

행정심판법 제2조 제4호는 "'행정청'이란 행정에 관한 의사를 결정하여 표시하는 국가 또는 지방자치단체의 기관, 그 밖에 법령 또는 자치법규에 따라 행정권한을 가지고 있거나 위탁을 받은 공공단체나 그 기관 또는 사인(私人)을 말한다"고 규정하고 있다. 따라서 민간수탁자가 위탁받은 사무의 성질이 행정심판법 제13조 제1항의 처분이나 부작위에 해당한다면, 민간수탁자는 행정심판법 제2조 제4호에 근거하여 기능적 의미에서 행정청의 지위를 갖는다.

(2) 행정심판의 제기가능성 A823

민간수탁자가 행정심판법 제2조 제4호에 근거하여 행정청의 지위를 갖는바, 민간수탁자가 위탁받은 사무의 성질이 처분이나 부작위에 해당하는 경우, 민간수탁자의 위법 또는 부당한 처분(處分)이나 부작위(不作爲)로 인해 권리 또는 이익을 침해당한 이용자(국민·주민)는 당연히 행정심판법상 행정심판을 제기할 수 있다.

(3) 피청구인 A824

행정심판법 제17조 제1항 본문은 "행정심판은 처분을 한 행정청(의무이행심판의 경

---

1) 자세한 것은 졸저, 행정법원론(상), 옆번호 2260 이하 참조.

우에는 청구인의 신청을 받은 행정청)을 피청구인으로 하여 청구하여야 한다"고 규정하고 있다. 그런데 민간수탁자가 위탁받은 사무의 성질이 처분에 해당하는 경우, 민간수탁자는 행정심판법 제2조 제4호에 근거하여 행정청에 해당하므로, 권리 또는 이익을 침해당한 이용자(국민·주민)가 행정심판을 청구한다면, 민간수탁자가 행정심판의 피청구인이 된다고 볼 것이다.[1]

(4) 위탁기관에 통지 A825

민간수탁자를 피청구인으로 하여 행정심판이 제기되는 경우, 민간수탁자는 행정심판이 제기된 사실과 제기된 행정심판의 내용 등을 위탁한 행정기관에 통지하고, 위탁기관의 협력을 받아야 할 것이다. 그런데 행정심판법은 이에 관한 규정을 두고 있지 않다. 입법적 보완이 필요하다.

Ⅳ. 행정소송 A826

1. 일반론 A827

(1) 의의 A828

행정소송이란 행정법규의 적용과 관련하여 위법하게 권리(법률상 이익)가 침해된 자가 소송을 제기하고, 법원이 이에 대해 심리·판단을 행하는 정식의 행정쟁송을 말한다. 행정소송은 당사자로부터 독립한 지위에 있는 제3자 기관인 법원이 구두변론 등을 거쳐 행하는 정식쟁송절차이다. 따라서 행정청이 자기의 행위를 간략한 절차에 따라 행하는 행정심판 등의 약식쟁송과 구별된다.

(2) 법적 근거 A829

1985년 10월 1일부터 발효된 현행 행정소송법은 행정소송에 관한 일반법이다. 특허법이나 디자인법 등 개별 법률에서 행정소송법의 특례를 규정하는 경우가 있다. 그러한 법률에 규정이 없는 사항은 당연히 일반법인 행정소송법이 적용된다.

---

1) 이와 관련하여 A835를 보라.

(3) 행정소송법의 내용 A830

행정소송법은 행정소송의 종류(취소소송 · 무효등확인소송 · 부작위위법확인소송), 관할법원, 원고적격, 피고적격, 제소기간, 소의 변경, 심리, 집행정지, 재판, 사정판결, 재심 등에 관해 규정하고 있다.[1] 아래에서 보는 「2. 민간위탁에서 특수문제」에서 언급한 사항의 고려하에 행정소송법의 규정내용은 당연히 민간수탁자를 피고로 하는 행정소송에 그대로 적용된다.

(4) 불복 A831

행정소송에 불복하면 항소 · 상고할 수 있다. 기판력 있는 판결이 있거나 이미 제소가 되어 있다면, 다시 행정소송을 제기할 수 없다.

2. 민간위탁에서 특수문제 A832

(1) 민간수탁자의 지위 A833

행정소송법 제2조 제2항은 "이 법을 적용함에 있어서 행정청에는 법령에 의하여 행정권한의 위임 또는 위탁을 받은 행정기관, 공공단체 및 그 기관 또는 사인이 포함된다"고 규정하고 있다. 따라서 민간수탁자가 위탁받은 사무의 성질이 처분이나 부작위에 해당한다면, 민간수탁자는 행정소송법 제2조 제2항에 근거하여 기능적 의미에서 행정청의 지위를 갖는다.

(2) 행정소송의 제기가능성 A834

민간수탁자가 행정소송법 제2조 제2항에 근거하여 행정청의 지위를 갖는바, 민간수탁자가 위탁받은 사무의 성질이 처분에 해당하는 경우, 민간수탁자의 위법한 처분으로 인해 권리 또는 이익을 침해당한 사인(국민 · 주민)은 당연히 행정소송법이 정하는 바에 따라 행정소송을 제기할 수 있다.

---

1) 자세한 것은 졸저, 행정법원론(상), 옆번호 2427 이하 참조.

(3) 피고 A835

행정소송법 제13조 제1항 본문은 "취소소송은 다른 법률에 특별한 규정이 없는 한 그 처분등을 행한 행정청을 피고로 한다"고 규정하고 있다. 그런데 민간수탁자가 위탁받은 사무의 성질이 처분에 해당하는 경우, 민간수탁자는 행정소송법 제2조 제2항에 근거하여 행정청에 해당하므로, 권리 또는 이익을 침해당한 이용자(국민·주민)가 행정소송을 청구한다면, 민간수탁자가 행정소송의 피고가 된다고 볼 것이다.

[판례 상황] 판례도 행정권한의 위탁이 있는 경우에는 현실적으로 처분을 한 수탁청이 피고가 된다고 하며[판례 1, 2], 국가나 지방자치단체의 사무가 공법인(예: 공무원연금공단·국민연금공단·근로복지공단·한국농어촌공사·한국자산관리공사)에 위임된 경우에는 그 대표자가 아니라 공법인 그 자체가 피고가 된다고 한다[판례 3].

[판례 1] 지방자치법 제104조 제2항에 따른 행정권한의 위탁과 피고적격
(에스에이치공사(변경 전 명칭 서울특별시 도시개발공사)를 피고로 한 입주권확인청구소송에서) 구 지방자치법 제95조 제2항(현행 제104조 제2항) 및 조례(서울특별시 도시개발공사 설립 및 운영에 관한 조례)의 관계 규정과 대행계약서(위 조례에 근거하여 서울특별시장과 피고 공사 사장 사이에 체결된 서울특별시 도시개발사업 대행계약서)의 내용 등을 종합하여 보면, 피고 공사는 서울특별시장으로부터 서울특별시가 사업시행자가 된 이 사건 택지개발사업지구 내에 거주하다가 사업시행에 필요한 가옥을 제공함으로 인하여 생활의 근거를 상실하게 되는 이주자들에게 택지개발촉진법과 구 공공용지의 취득 및 손실보상에 관한 특례법(2002. 2. 4. 법률 6656호로 폐지되기 전의 것) 및 주택공급에 관한 규칙 등의 법령에 따라서 위 택지개발사업의 시행으로 조성된 토지를 분양하여 주거나 분양아파트 입주권을 부여하는 내용의 이주대책 수립권한을 포함한 택지개발사업에 따른 권한을 위임 또는 위탁받았다고 할 것이므로, 서울특별시가 사업시행자가 된 이 사건 택지개발사업과 관련하여 이주대책 대상자라고 주장하는 자들이 피고 공사 명의로 이루어진 이주대책에 관한 처분에 대한 취소소송을 제기함에 있어 정당한 피고는 피고 공사가 된다고 할 것이다(대법원 2007. 8. 23, 2005두3776).

[판례 2] 성업공사가 한 공매처분에 대한 취소소송의 피고적격(성업공사)
(성업공사(현재는 한국자산관리공사)의 공매처분의 취소를 구한 사건에서) 성업공사가 체납압류된 재산을 공매하는 것은 세무서장의 공매권한 위임에 의한 것으로 보아야 할 것이므로, 성업공사가 한 그 공매처분에 대한 취소 등의 항고소송을 제기함에 있어서는 수임청으로서 실제로 공매를 행한 성업공사를 피고로 하여야 하고, 위임청인 세무서장은 피고적격이 없다(대법원 1997. 2. 28, 96누1757).

[판례 3] 고속국도 통행료 징수권 및 체납통행료 부과를 다투는 소의 피고적격
(당초 유료도로였다가 무료도로로 된 양재~판교간 경부고속국도 구간을 8차선 도로로 확장한 후 한국도로공사가 위 구간에 대하여 종전과 같이 다시 통행료를 징수하기로 한 것에 대해 분당주민이 다툰 통행료부과처분무효확인소송에서) 고속국도법은 고속국도의 관리청을 피고 건설교통부장관으로 규정하고 있으며, 한국도로공사법 제6조 제1항은 국가는 유료도로관리권을 피고 공사에 출

자할 수 있다고 규정하고 있고, 구법 제2조 제3항은 유료도로관리권이라 함은 유료도로를 유지·관리하고 유료도로를 통행하거나 이용하는 자로부터 통행료 또는 점용료 등을 징수하는 권리를 말한다고 규정하고 있는바, 위에서 본 사실 및 관계 법령의 규정을 종합하면, 피고 공사는 국가로부터 유료도로 통행료 징수권이 포함된 유료도로관리권을 출자받아 이 사건 구간의 통행료 징수권을 행사할 권한을 적법하게 가지게 되었고, 이에 따라 피고 한국도로공사가 이 사건 처분을 한 것이지 피고 장관이 이 사건 처분을 하였다고 볼 수 없으므로 이 사건 소 중 피고 장관을 상대로 한 부분은 부적법하고, 한편 이 사건 처분의 통지서 명의자가 피고 공사가 아닌 피고 공사의 중부지역본부장으로 되어 있지만, 피고 공사의 중부지역본부장은 한국도로공사법 제11조에 의한 피고 공사의 대리인으로서 이 사건 처분은 피고 공사의 중부지역본부장이 피고 공사를 대리하여 적법하게 행한 것이라고 할 것이다(대법원 2005. 6. 24, 2003두6641).

(4) 위탁기관에 통지 A836

민간수탁자를 피고로 하여 행정소송이 제기되는 경우, 민간수탁자는 행정소송이 제기된 사실과 제기된 행정소송의 내용 등을 위탁한 행정기관에 통지하고, 위탁기관의 협력을 받아야 할 것이다. 그런데 행정소송법은 이에 관한 규정을 두고 있지 않다. 입법적 보완이 필요하다.

제2절 손해전보 A837

민간수탁자가 수탁사무를 처리하면서 이용자에게 피해를 발생시키면, 그 이용자는 피해를 구제받을 수 있다. 피해의 구제는 위법한 침해로 인한 피해의 구제인 손해배상과 적법한 침해로 인한 피해의 구제인 손실보상으로 나누어서 살펴볼 수 있다.

Ⅰ. 손해배상(국가배상) A838

1. 일반론 A839

(1) 의의 A840

공무원이 사무수행과 관련하여 위법하게 타인에게 손해를 가한 경우에 국가나 지방자치단체가 피해자에게 손해를 배상해주는 제도를 국가배상제도라 한다. 국가배상제도(손해배상제도)는 위법한 침해로 인한 재산이나 생명·신체에 대한 피해의 보상을 내용으로 한다는 점에서 적법한 침해로 인한 재산상 피해에 대한 보상제도인 손실보상제도와 다르다.

(2) 법적 근거(일반법) A841

"국가 또는 지방자치단체의 손해배상의 책임에 관하여는 이 법의 규정에 의한 것을 제외하고는 민법의 규정에 의한다. 다만, 민법 이외의 법률에 다른 규정이 있을 때에는 그 규정에 의한다"는 국가배상법 제8조의 규정내용상 국가배상법은 국가 또는 지방자치단체의 불법행위책임에 관한 일반법이다. 국가배상법을 공법으로 보게 되면, 민간수탁자가 위탁받은 사무가 사법(私法)상 사무에 해당한다면 국가배상법이 아니라 민법에 의할 것이다. 그러나 국가배상법을 사법으로 보게 되면, 민간수탁자가 위탁받은 사무가 사법상 사무일지라도 민법이 아니라 국가배상법이 적용된다고 볼 것이다. 판례는 후자의 입장이다.

(3) 배상책임의 성립요건 A842

(가) 위법한 직무집행행위로 인한 배상책임의 성립요건 A843

국가배상법 제2조는 위법한 직무집행행위로 인한 배상책임을 규정하고 있다. 동조는 ① 공무원, ② 직무, ③ 집행하면서, ④ 고의 또는 과실, ⑤ 법령을 위반, ⑥ 타인, ⑦ 손해의 개념을 요소로 하여 국가배상책임의 성립요건을 규정하고 있다. 국가배상책임이 성립하기 위해서는 이러한 요건을 모두 구비하여야만 한다.[1)]

---

1) 요건에 대한 자세한 분석은 졸저, 행정법원론(상), 옆번호 1894 이하 참조.

▣ 국가배상법 제2조 (배상책임) ① 국가나 지방자치단체는 공무원 또는 공무를 위탁받은 사인(이하 "공무원"이라 한다)이 직무를 집행하면서 고의 또는 과실로 법령을 위반하여 타인에게 손해를 입히거나, 「자동차손해배상 보장법」에 따라 손해배상의 책임이 있을 때에는 이 법에 따라 그 손해를 배상하여야 한다. …….

㈏ 영조물의 하자로 인한 배상책임의 성립요건 A844

국가배상법은 제5조에서 영조물의 하자로 인한 배상책임을 규정하고 있다. 동조는 ① 영조물, ② 설치 또는 관리에 하자, ③ 타인, ④ 손해의 개념을 요소로 하여 국가배상책임의 성립요건을 규정하고 있다. 국가배상책임이 성립하기 위해서는 이러한 요건을 모두 구비하여야만 한다.[1]

▣ 국가배상법 제5조 (공공시설 등의 하자로 인한 책임) ① 도로·하천, 그 밖의 공공의 영조물(營造物)의 설치나 관리에 하자(瑕疵)가 있기 때문에 타인에게 손해를 발생하게 하였을 때에는 국가나 지방자치단체는 그 손해를 배상하여야 한다. …

2. 민간위탁에서 특수문제 A845

(1) 민간수탁자의 지위 A846

국가배상법 제2조 제1항은 "공무를 위탁받은 사인"을 공무원으로 간주하고 있다. 따라서 공무수탁사인의 수탁사무 수행행위는 국가배상법상 공무원의 행위가 된다.

(2) 배상책임자 A847

㈎ 국가와 지방자치단체의 배상책임 A848

① 위법한 행위를 한 자가 "공무를 위탁받은 사인"이라고 하여도, 배상책임자는 공무원이 위법한 행위를 한 경우와 다를 바 없다. ② 국가배상법은 제2조 제1항과 제5조 제1항에서 사무의 귀속주체로서 국가와 지방자치단체의 배상책임을 규정하고 있고,[2] 국가배상법 제6조 제1항에서 비용부담자로서 국가와 지방자치단체의 배상책임을 규정하고 있다.[3]

---

1) 요건에 대한 자세한 분석은 졸저, 행정법원론(상), 옆번호 1975 이하 참조.
2) 이에 관해 졸저, 행정법원론(상), 옆번호 1937 참조.
3) 이에 관해 졸저, 행정법원론(상), 옆번호 1938 이하 참조.

(나) 공무수탁자의 배상책임 A849

국가 또는 공공단체가 배상책임을 지는 경우, 공무원 자신의 책임은 면제되지 아니한다(헌법 제29조 제1항 단서). 따라서 공무수탁자의 책임은 면제되지 아니한다. 판례에 의하면, 공무원에게 고의·중과실이 있는 경우 공무원은 피해자에 대하여 민사상 손해배상책임을 진다.

(다) 선택적 청구 A850

판례의 입장에서 보면, 민간수탁자의 행위로 손해를 입은 이용자는 ① 민간수탁자에게 경과실이 있는 경우에는 국가 또는 공공단체에 손해배상을 청구하여야 하고, ② 민간수탁자에게 고의·중과실이 있는 경우에는 국가 또는 공공단체에 손해배상을 청구할 수도 있고, 민간수탁자에게 손해배상을 청구할 수도 있다. 따라서 민간수탁자가 업무처리와 관련하여 제3자에게 손해를 입힌 경우에는 1차적으로 수탁자 부담으로 배상하여야 하는 것이 원칙이라는 시각은[1] 실무상 지적으로는 가능할 수 있겠으나, 국가배상법상 해석으로는 타당하다고 보기 어렵다.[2]

▣ 대법원 1996. 2. 15, 95다38677(공무원이 직무를 수행함에 있어 경과실로 타인에게 손해를 입힌 경우에는 그 직무수행상 통상 예기할 수 있는 흠이 있는 것에 불과하므로 이러한 공무원의 행위는 여전히 국가 등의 기관의 행위로 보아 그로 인하여 발생한 손해에 대한 배상책임도 전적으로 국가 등에만 귀속시키고 공무원 개인에게는 그로 인한 책임을 부담시키지 아니하여 공무원의 공무집행의 안정성을 확보하고, 반면에 공무원의 위법행위가 고의·중과실에 기한 경우에는 비록 그 행위가 그의 직무와 관련된 것이라고 하더라도 위와 같은 행위는 그 본질에 있어서 기관행위로서의 품격을 상실하여 국가 등에게 그 책임을 귀속시킬 수 없으므로 공무원 개인에게 불법행위로 인한 손해배상책임을 부담시키되, 다만 이러한 경우에도 그 행위의 외관을 객관적으로 관찰하여 공무원의 직무집행으로 보여질 때에는 피해자인 국민을 두텁게 보호하기 위하여 국가 등이 공무원 개인과 중첩적으로 배상책임을 부담하되 국가 등이 배상책임을 지는 경우에는 공무원 개인에게 구상할 수 있도록 함으로써 궁극적으로 그 책임이 공무원 개인에게 귀속되도록 하려는 것이라고 봄이 합당할 것이다).

---

1) 민간위탁 실무편람, 46쪽.

2) 자세한 것은 졸저, 행정법원론(상), 옆번호 1964 이하를 보라.

Ⅱ. 손실보상 A851

1. 일반론 A852

(1) 의의 A853

국가나 지방자치단체가 공공의 필요(예: 도로확장)에 응하기 위한 적법한 공권력행사(예: 수용권의 발동)로 인해 사인의 재산권에 특별한 희생(예: 소유권의 박탈)을 가한 경우에 재산권 보장과 공적 부담 앞의 평등이라는 견지에서 그 사인에게 조절적인 보상(예: 토지소유권에 대한 보상)을 해주는 제도가 바로 손실보상제도이다.

(2) 법적 근거 A854

㈎ 보상규정이 있는 경우 A855

헌법은 제23조 제3항에서 "공공필요에 의한 재산권의 수용·사용 또는 제한 및 그에 대한 보상은 법률로써 하되, 정당한 보상을 지급하여야 한다"고 규정하고 있으나, 현재로서 손실보상에 관한 일반법은 없다. 공익사업에 필요한 토지 등의 수용 및 사용과 그 손실보상에 관한 일반법으로 '공익사업을 위한 토지 등의 취득 및 보상에 관한 법률'이 있다. 이 법률에는 공용제한과 그 보상에 관해서는 특별히 규정하는 바는 없다. 그 밖에 손실보상을 규정하는 개별 법률(예: 도로법 제99조; 하천법 제76조; 소방기본법 제25조)도 적지 아니하다.

㈏ 보상규정이 없는 경우 A856

재산권의 수용·사용 또는 제한에 관해서는 법률로써 규정하면서 그에 대한 보상은 법률에서 규정되고 있지 아니한 경우에 이루어지는 재산권의 수용·사용 또는 제한으로 인하여 발생한 손실의 보상은 헌법 제23조 제3항이 예정하고 있지 않다. 생각건대 보상에 관한 법률의 규정 유무를 불문하고 공공필요를 위한 침해는 동일하게 다루어져야 한다는 점을 고려할 때, 헌법 제23조 제1항(재산권보장)과 제11조(평등원칙)에 근거하고, 헌법 제23조 제3항 및 관계 규정의 유추해석을 통하여 보상을 청구할 수 있다고 볼 것이다.

(3) 보상책임의 성립요건 A857

헌법 제23조 제3항은「공공필요」,「재산권」,「침해」,「특별한 희생(이 부분은 해석상 도출된다)」을 손실보상청구권의 성립요건으로 규정하고 있다. ① 도로·항만의 건설 등 일정한 공익을 위한 것이면 공공필요에 해당하는 것으로 볼 것이다. 국고목적, 즉 재정확보를 목적으로 하는 것은 공공필요에 해당하지 않는다. ② 재산권의 종류는 물권인가 채권인가를 가리지 않고 공법상의 권리인가 사법상의 권리인가도 가리지 않는다. 재산적 가치 있는 모든 공권과 사권이 침해의 대상이 될 수 있다. ③ 침해에는 수용(재산권의 박탈)·사용(재산권의 일시사용)·제한(재산권의 사용·수익의 제한)이 있다. 재산의 파기처분 역시 침해의 한 종류가 될 수 있다. ④ 특별한 희생이란 사회적 제약을 벗어나는 희생을 말한다.

2. 민간위탁에서 특수문제 A858

(1) 공익사업의 주체로서 민간수탁자 A859

특정 사기업이 법률 또는 법률에 근거한 처분에 따라 수용절차를 거친 후 생활배려 영역에서 복리적인 사업을 하게 되면(예: 사기업인 원자력발전소가 전기공급을 하기 위한 경우)(헌법재판소 2009. 9. 24, 2007헌바114 전원재판부), 이러한 경우의 사기업은 국가나 지방자치단체가 수행하여야 할 사무를 위탁받아 처리하는 것으로 볼 수 있다.

(2) 보상의무자(사업시행자보상의 원칙) A860

보상의무자는 수용을 통해 직접 수익한 자이다. 수익자와 침해자가 상이하다면 침해자는 보상의무자가 아니다. 공익사업을 위한 토지 등의 취득 및 보상에 관한 법률은 "공익사업에 필요한 토지등의 취득 또는 사용으로 인하여 토지소유자나 관계인이 입은 손실은 사업시행자가 보상하여야 한다"고 규정하고 있다(공익사업을 위한 토지 등의 취득 및 보상에 관한 법률 제61조). 따라서 민간수탁자가 공익사업의 주체인 경우에는 민간수탁자가 보상하여야 한다.

제3절 기타 구제수단 A861

Ⅰ. 헌법소원 A862

1. 헌법소원의 의의 A863

헌법은 법률이 정하는 헌법소원에 관한 심판을 헌법재판소의 관장사항으로 규정하고 있다(헌법 제111조 제1항 제5호). 이 조문에 근거한 헌법재판소법 제68조는 헌법소원 심판의 청구사유를 규정하고 있다. 헌법 제111조 제1항 제5호와 헌법재판소법 제68조를 종합하면, 헌법소원이란 공권력작용에 의하여 기본권이 침해된 국민이 헌법재판소에 제기하는 기본권구제수단으로 정의할 수 있다. 심리결과 위헌성이 있으면, 헌법재판소가 그 공권력작용을 취소하거나 위헌임을 인정함으로써 국민은 침해된 기본권을 구제받게 된다.

▣ 헌법 제111조 ① 헌법재판소는 다음 사항을 관장한다.
5. 법률이 정하는 헌법소원에 관한 심판

2. 헌법소원의 유형 A864

헌법재판소법이 규정하는 헌법소원에는 동법 제68조 제1항에 따른 권리구제형 헌법소원과 동법 제68조 제2항에 따른 위헌심사형 헌법소원이 있다. 권리구제형 헌법소원이 본래의 헌법소원이고, 위헌심사형 헌법소원은 사실상 위헌법률심사이다. 민간수탁자의 행위를 헌법소원으로 다툰다면, 그것은 대체로 권리구제형 헌법소원이 될 것이다.

▣ 헌법재판소법 제68조(청구 사유) ① 공권력의 행사 또는 불행사(不行使)로 인하여 헌법상 보장된 기본권을 침해받은 자는 법원의 재판을 제외하고는 헌법재판소에 헌법소원심판을 청구할 수 있다. 다만, 다른 법률에 구제절차가 있는 경우에는 그 절차를 모두 거친 후에 청구할 수 있다.

② 제41조 제1항에 따른 법률의 위헌 여부 심판의 제청신청이 기각된 때에는 그 신청을 한 당사자는 헌법재판소에 헌법소원심판을 청구할 수 있다. 이 경우 그 당사자는 당해 사건의 소송절차에서 동일한 사유를 이유로 다시 위헌 여부 심판의 제청을 신청할 수 없다.

3. 헌법소원의 청구 A865

권리구제형 헌법소원은 헌법상 보장된 기본권의 침해를 가져오는 공권력의 행사 또는 불행사를 대상으로 한다. 공권력의 행사란 공권력을 적극적 행사한 경우를 말하고, 불행사란 헌법상 요구되는 작위의무를 소극적으로 행사하지 아니한 것을 말한다(헌법재판소 2004. 8. 26, 2003헌마916). 따라서 이용자가 민간수탁자의 공권력의 행사 또는 불행사로 기본권이 침해되었다면, 권리구제형 헌법소원을 제기할 수 있다. 실제상 그러한 예를 찾아보기는 어려울 것이다. 하여간 헌법소원의 제기를 위해서는 청구인 능력, 청구인적격, 권리보호의 이익, 보충성, 재판의 전제성, 청구기간 등의 요건을 구비하여야 한다.

Ⅱ. 청원 A866

1. 청원의 의의 A867

청원이란 국민이 국가나 지방자치단체 등에 대하여 의견이나 희망을 진술하는 것을 말한다. 청원을 권리로 관념하여 청원권이라 부른다. 헌법 제26조 제1항은 "모든 국민은 법률이 정하는 바에 의하여 국가기관에 문서로 청원할 권리를 가진다"고 하여 청원권을 명시적으로 규정하고 있다.

2. 청원의 법적 근거 A868

헌법 제26조의 규정에 의한 청원권 행사의 절차와 청원의 처리에 관한 사항을 규정함을 목적으로 청원법이 제정되어 있다. 국회에 청원하려는 경우와 관련하여 국회법(제123조 내지 제126조), 지방의회에 청원을 하여는 경우와 관련하여 지방자치법(제73조 내지 제76조)에 청원에 관한 규정이 있다. 청원에 관하여는 다른 법률에 특별한 규정이 있는 경우를 제외하고는 청원법에 의한다(청원법 제2조). 즉, 청원법이 일반법이다.

3. 사인의 청원가능성 A869

헌법 제26조 제1항에서 규정하는 바와 같이 모든 국민은 청원할 수 있다. 자연인이거나 법인이거나를 가리지 않는다. 권리나 이익이 침해된 자뿐만 아니라 권리나 이익에 대한 침해가 없는 자도 청원할 수 있다. 민간수탁자로 인해 권리 또는 이익이 침해된 자는 당연히 청원을 할 수 있다.

4. 청원기관 A870

청원법에 의하여 청원을 제출할 수 있는 기관으로 ① 국가기관, ② 지방자치단체와 그 소속기관, ③ 법령에 의하여 행정권한을 가지고 있거나 행정권한을 위임 또는 위탁받은 법인·단체 또는 그 기관이나 개인이 있다(청원법 제3조). 국회법 제123조 제1항에 의하여 국회도 청원대상기관이고, 지방자치법 제73조 제1항에 의하여 지방의회도 청원대상기관이다.

5. 청원사항 A871

청원법상 청원사항은 ① 피해의 구제, ② 공무원의 위법·부당한 행위에 대한 시정이나 징계의 요구, ③ 법률·명령·조례·규칙 등의 제정·개정 또는 폐지, ④ 공공의 제도 또는 시설의 운영, 그리고 ⑤ 그 밖에 국가기관 등의 권한에 속하는 사항이다(청원법 제4조).

6. 청원기간 A872

청원기간에는 제한이 없다. 따라서 행정심판의 제기기간이나 행정소송의 제기기간이 경과한 경우에도 청원할 수 있다. 관련된 행정행위에 형식적 존속력(불가쟁력)이 발생한 경우에도 청원은 가능하다.

7. 청원방법 A873

① 청원은 청원인의 성명(법인인 경우에는 명칭 및 대표자의 성명을 말한다)과 주소 또는 거소를 기재하고 서명한 문서(「전자정부법」에 의한 전자문서를 포함한다)로 하여야 한다(청원법 제6조 제1항). ② 국회에 청원하려고 하는 자는 의원의 소개를 얻어 청원서를 제출하여야 한다(국회법 제123조 제1항). ③ 지방의회에 청원을 하고자 하는 자는 지방의회의원의 소개를 얻어 청원서를 제출하여야 한다(지방자치법 제73조 제1항).

8. 청원의 효과 A874

청원을 수리한 기관은 성실하고 공정하게 청원을 심사·처리하여야 한다(청원법 제9조 제1항). 청원을 관장하는 기관이 청원을 접수한 때에는 특별한 사유가 없는 한 90일 이내에 그 처리결과를 청원인에게 통지하여야 한다(청원법 제9조 제3항). 통지된 내용에 관해서는 법적 효과가 발생하지 아니한다. 판례는 심사처리결과의 통지유무는 행정소송의 대상이 아니라 한다(대법원 1990. 5. 25, 90누1458).

Ⅲ. 고충민원 A875

1. 의의 A876

부패방지 및 국민권익위원회의 설치와 운영에 관한 법률에서 "고충민원"이란 행정기관등의 위법·부당하거나 소극적인 처분(사실행위 및 부작위를 포함한다) 및 불합리한 행정제도로 인하여 국민의 권리를 침해하거나 국민에게 불편 또는 부담을 주는 사항에 관한 민원(현역장병 및 군 관련 의무복무자의 고충민원을 포함한다)을 말한다(같은 법 제2조 제5호). 고충민원처리제도는 운영여하에 따라 국민의 피해구제에 대한 효과적인 제도일 수 있다.

2. 관장기관 (국민권익위원회) A877

(1) 국민권익위원회 A878

고충민원의 처리와 이에 관련된 불합리한 행정제도를 개선하고, 부패의 발생을 예방하며 부패행위를 효율적으로 규제하도록 하기 위하여 국무총리 소속으로 국민권익위원회(이하 "위원회"라 한다)를 둔다(같은 법 제11조).

(2) 시민고충처리위원회 A879

지방자치단체 및 그 소속 기관에 관한 고충민원의 처리와 행정제도의 개선 등을 위하여 각 지방자치단체에 시민고충처리위원회를 둘 수 있다(같은 법 제32조 제1항).

(3) 상호간의 관계 A880

위원회 또는 각 시민고충처리위원회는 상호 독립하여 업무를 수행하고, 상호 협의 또는 지원을 요청받은 경우 정당한 사유가 없는 한 이에 협조하여야 한다(같은 법 제54조 제1항). 위원회는 시민고충처리위원회의 활동을 적극 지원하여야 한다(같은 법 제54조 제2항).

3. 고충민원의 신청 A881

누구든지(국내에 거주하는 외국인을 포함한다) 위원회 또는 시민고충처리위원회(이하 이 장에서 "권익위원회"라 한다)에 고충민원을 신청할 수 있다. 이 경우 하나의 권익위원회에 대하여 고충민원을 제기한 신청인은 다른 권익위원회에 대하여도 고충민원을 신청할 수 있다(동법 제39조 제1항). 권익위원회에 고충민원을 신청하고자 하는 자는 다음 각 호(1. 신청인의 이름과 주소(법인 또는 단체의 경우에는 그 명칭 및 주된 사무소의 소재지와 대표자의 이름), 2. 신청의 취지·이유와 고충민원신청의 원인이 된 사실내용, 3. 그 밖에 관계 행정기관의 명칭 등 대통령령으로 정하는 사항)의 사항을 기재하여 문서(전자문서를 포함한다. 이하 같다)로 이를 신청하여야 한다. 다만, 문서에 의할 수 없는 특별한 사정이 있는 경우에는 구술로 신청할 수 있다(동법 제39조 제2항).

4. 조정결정 등 A882

(1) 합의의 권고 A883

권익위원회는 조사 중이거나 조사가 끝난 고충민원에 대한 공정한 해결을 위하여 필요한 조치를 당사자에게 제시하고 합의를 권고할 수 있다(동법 제44조).

(2) 조정 A884

권익위원회는 다수인이 관련되거나 사회적 파급효과가 크다고 인정되는 고충민원의 신속하고 공정한 해결을 위하여 필요하다고 인정하는 경우에는 당사자의 신청 또는 직권에 의하여 조정을 할 수 있다(동법 제45조 제1항). 조정은 당사자가 합의한 사항을 조정서에 기재한 후 당사자가 기명날인하고 권익위원회가 이를 확인함으로써 성립한다.

Ⅳ. 기타 A885

앞에서 살펴본 제도 외에 민간수탁자 스스로에 의한 직권취소도 위법하거나 부당한 행위로 인해 침해된 이용자의 권익을 회복하는 데 의미를 갖는다. 이용자들의 여론이나 관련된 사인들의 진정도 위법하거나 부당한 민간수탁작용으로부터 이용자의 권익을 보호하는 데 나름대로 의미를 가질 것이다.

PART B

민간위탁 추진절차

— 서울특별시의 경우

민간위탁 추진절차의 전반을 규율하는 법령은 찾아보기 어렵다. 국가나 지방자치단체가 민간위탁을 추진하고자 할 때에 거치는 절차는 크게 다르지 않을 것이다. 여기서는 민간위탁이 활발하게 이루어지고 있는 서울특별시의 절차를 중심으로 하여 민간위탁 추진절차를 살피기로 한다.[1) 서울특별시의 민간위탁 추진절차는 특정의 사무를 신규로 민간위탁을 추진하는 경우와[2)] 이미 민간위탁하고 있는 사무의 재위탁을 위한 추진절차 사이에 다소 차이가 있다. 차례로 살피기로 한다.

B1

1) 이하 PART B의 내용은 「서울시 민간위탁관리지침(2014. 8)」, 「서울시 민간위탁관리지침(2012. 3)」과 「서울특별시 민간위탁협약 개선 가이드라인(2012. 12)」의 내용을 재구성·활용하고, 아울러 「민간위탁 실무편람」을 활용하면서 저자의 견해를 추가한 것이다.

2) 서울시는 ① 기존 위탁사무의 내용과 전혀 다른 새로운 사무를 기존 위탁사무에 추가하고자 하는 경우, ② 기존 위탁사무의 내용이 전면적으로 변경되는 경우, ③ 기존 위탁사무를 두 개 이상의 위탁사무로 분리하여 수행하고자 하는 경우, ④ 기존 위탁사무의 수행을 1년 이상 중단하였다가 다시 위탁하여 수행하고자 하는 경우, ⑤ 국가기관 또는 다른 지방자치단체 등에서 수행하던 사무를 이관받아 위탁 수행하고자 하는 경우 등은 신규 민간위탁사무 추진절차에 준하여 다루고 있다[서울시 민간위탁관리지침(2014. 8), 16쪽].

제1장 신규 민간위탁 추진절차 B2

[신규 민간위탁 추진절차 개요] B3

공모(공개경쟁)을 통한 민간위탁		수의계약을 통한 민간위탁	
절 차	주관 부서	절 차	주관 부서
Ⅰ. 민간위탁 사전조사	민간위탁 추진부서	Ⅰ. 민간위탁 사전조사	민간위탁 추진부서
Ⅱ. 민간위탁 추진계획	민간위탁 추진부서	Ⅱ. 민간위탁 추진계획	민간위탁 추진부서
Ⅲ. 위탁의 적정성 심사	민간위탁 총괄기관 민간위탁 운영평가위원회	Ⅲ. 위탁의 적정성 심사 수탁기관 적정성 심의	민간위탁 총괄기관 민간위탁 운영평가위원회
Ⅳ. 시의회 동의	민간위탁 추진부서 시의회	Ⅳ. 시의회 동의	민간위탁 추진부서 시의회
Ⅴ. 수탁기관 선정	민간위탁 추진부서 적격자 심의위원회		
Ⅵ. 계약심사 (비용심사 · 협약서심사)	재무국	Ⅴ. 계약심사 (비용심사 · 협약서심사)	재무국
Ⅶ. 계약(협약) 체결	민간위탁 추진부서	Ⅵ. 계약체결	민간위탁 추진부서
Ⅷ. 위탁사무 인계 · 인수	민간위탁 추진부서	Ⅶ. 위탁사무 인계 · 인수	민간위탁 추진부서
Ⅸ. 사후관리	민간위탁 추진부서 민간위탁 총괄기관	Ⅷ. 사후관리	민간위탁 추진부서 민간위탁 총괄기관

※ 서울특별시의 경우, 조직담당관이 민간위탁에 관한 업무의 총괄기관에 해당한다.

Ⅰ. 민간위탁 사전조사 B4

1. 민간위탁 추진 대상사무에 대한 현황분석 B5

(1) 민간사무 · 서울특별시 사무의 구분 B6

민간위탁을 추진하고자 하는 사무가 민간영역에서 민간의 사무로 민간이 수행하여야 할 사무인지, 아니면 서울특별시(공공)가 서울특별시의 사무로 수행하여야 할 사무인지를 먼저 검토하여야 한다.[1] 민간의 사무를 서울특별시의 사무로 한다는 것은 타당하지 않으므로 민간의 사무를 정책적 판단에 따라 장려 · 확대하고자 할 때에는 '보조금' 등의 지급을 통하는 등 민간위탁 외의 방법으로 추진하여야 할 것이다.[2]

(2) 서울특별시 사무와 서울특별시가 설립한(출연한) 법인 사무의 구분 B7

서울특별시의 사무인가의 여부와 관련하여 또한 검토를 요하는 것은 특정 사무가 서울특별시의 사무인지 아니면 서울특별시가 설립한(출연한) 법인의 사무인지의 여부이다.

민간위탁 관리지침은 출연기관의 고유사무와 서울특별시의 위탁사무의 구분기준으로 ① 출연기관 설립 목적에 타당한가, ② 출연기관이 업무수행 능력이 있는가, ③ 경쟁력 있는 민간업체가 존재하는가, ④ 대상사무가 공공적 성격이 강한가(특정 계층에 대한 지원, 보조사업 등 공공성이 요구되는지 여부), ⑤ 시민이 서비스 공급의 안정성 · 지속성(변경 가능성)을 원하는가, ⑥ 고유사무 전환에 일부 제약조건이 발생하는가를 기준으로 하고 있다.[3] 이러한 기준은 서울특별시가 자신의 사무를 출연기관에 위탁하는 것이 타당한가의 판단기준이지, 서울특별시의 사무인지 아니면 서울특별시가 설립한(출연한) 법인의 사무인지의 구분기준으로 보기는 어렵다. 양자의 구분은 그 법인의 설립에 근거가 된 법령과 그 법인의 정관에서 정하는 바에 따라야 할 것이다.[4]

---

1) 관련 사항의 해설은 A401 이하를 보라.
2) 관련 사항의 해설은 A96을 보라.
3) 민간위탁 관리지침(2014), 12쪽.
4) 이에 관해 A311 이하를 보라.

(3) 사무위탁의 필요성 검토 B8

서울특별시의 사무로 수행하는 것이 타당하다고 하면, 그 사무를 서울특별시 직영으로 수행하는 것이 바람직한 것인지 아니면 민간위탁으로 수행하는 것이 바람직한지를 검토하여야 한다.[1] 이를 위해 현황분석이 필요하다. 현황분석이란 사무(시설) 현황, 담당인력, 연간 유지·관리비, 연간 업무처리실적 등 기본현황의 검토를 말한다.[2] 민간위탁 계획수립의 시기부터 충분한 사전 조사 및 분석은 필수적이다. 사업의 효과성 제고 및 예산 절감 도모에 중점을 두면서 단위사무, 위탁기간, 소요 기구 및 인력 등에 대한 충분한 분석이 따라야 한다.

2. 타 지방자치단체의 유사 운영사례 조사 B9

위탁하고자 하는 사무 또는 그와 유사한 사무에 관한 다른 지방자치단체의 민간위탁 사례를 살펴보면서 민간수탁사무 수행에 필요한 수탁기관의 기구 및 인력을 면밀히 분석할 필요가 있다. 민간위탁 수행 경험이 있는 다른 지방자치단체의 자문이나 자료는 민간위탁의 수행에 착오를 방지하는 데 많은 도움이 될 수 있을 것이다.

3. 민간위탁의 필요성 및 기대효과 분석 B10

① 공공성 측면에서는 ⓐ 대상사무의 중요성, ⓑ 서비스 수혜대상 범위, ⓒ 서비스 공급의 지속성, ⓓ 서비스 중단의 파급효과 등을 고려하고, ② 효율성 측면에서는 ⓐ 민간의 전문성 정도, ⓑ 경제적 효율성, ⓒ 사업성과 측정 가능성, ⓓ 민간의 서비스 공급 시장여건, ⓔ 관리운영의 투명성 등을 고려하여야 할 것이다.[3] 이를 위해 가능한 한 많은 전문기관·학술연구단체 등에 자문을 구하는 것이 좋을 것이다. 다만, 특정인에 편중된 자문활동은 입찰과정에서 불공정 시비를 초래하므로 주의를 요한다는 지적을[4] 기억할 필요가 있다. 민간위탁의 필요성을 검토함에 있어서는 직영과의 비교 하에 경제성·효율성을 살펴야 할 것이다. 행정서비스 공급방식의 적정성에 대한 철저한 사전검토로 행정 편의적인 민간위탁 추진을 방지하여야 한다. 그

---

1) 관련 사항의 해설은 A428 이하를 보라.
2) 민간위탁 실무편람, 26쪽.
3) 민간위탁 관리지침(2014), 11쪽.
4) 민간위탁 실무편람, 26쪽.

리고 타부서 및 시의 투자·출연기관 사업과의 중복을 사전에 방지하는 데 유의하여야 한다.

4. 위탁 가능한 수탁기관 조사 등 B11

민간위탁을 추진하고자 하는 사무를 수행할 수 있는 수탁기관이 존재하는지 여부를 조사하여야 한다. 조사는 보다 광범위하게 이루어져야 할 것이다. 제한된 조사는 추후의 입찰과정에서 불공정 시비를 초래할 수도 있다.

5. 법령 또는 조례에 규정된 민간위탁사무 기준에의 적합여부 검토 B12

(1) 의미 B13

민간위탁을 추진하고자 하는 사무가 법령상 서울특별시의 사무인지 여부, 그리고 민간위탁의 대상사무일 수 있는지 여부를 먼저 판단하여야 한다. 이 부분은 법적 관점에서 매우 중요하다. 그릇된 판단은 위법의 문제를 가져오기 때문이다. 이 부분과 관련하여 앞에서 기술한 민간위탁과 다른 제도의 비교, 민간위탁의 대상 부분을 참고할 필요가 있다.[1]

(2) 개념파악의 곤란성 B14

민간위탁 대상사무 여부를 판단함에 있어 민간위탁을 「'단순용역', '대행사무', '사용수익허가', '보조금 사업' 등」과 명백히 구분하는 것은 용이하지 않다. 왜냐하면 「'단순용역', '대행사무', '사용수익허가', '보조금 사업'」 등은 민간위탁 개념과 대비되는 개념이 아니라, 민간위탁의 행위형식의 하나일 수 있기 때문이다. 말하자면 민간과의 관계에서 이루어지는 「'단순용역', '대행사무', '사용수익허가', '보조금 사업'」 등은 성질상 민간위탁에 해당하는 것으로 보아야 할 경우가 적지 아니할 것이다.[2]

(3) 위탁기준으로서 공공성 B15

민간위탁 대상사무 여부의 판단과 관련하여 '사회 및 공익서비스 분야 등 공공성

---

1) 관련 사항의 해설은 A428 이하를 보라.
2) 관련 사항의 해설은 A81 이하를 보라.

이 강한 사무는 법령의 근거 등 합리적 사유가 있는 경우에만 민간위탁을 추진한다. 민간위탁 추진 중인 (공공성이 약한) 사무는 직영 전환을 검토한다'라고 말하기도 어렵다. 여기서 공공성은 민간위탁의 목적에 초점을 둔 것이고, 경제성에 초점을 둔다면 공공성의 약한 사무도 민간위탁의 대상으로 할 수 있다고 볼 것이다.

Ⅱ. 민간위탁 추진계획 수립 B16

1. 세부 민간위탁 내용 확정 B17

(1) 민간위탁대상의 선정 요령 B18

민간위탁 실무편람은[1] ⓐ 적극 권장사무로 ① 지방자치단체 사무라 하더라도 민간에서 수행함이 효율적인 사무, ② 민간부문과 경쟁관계에 있는 사무 중 민간부문의 발전이 요청되는 사무, ③ 기업적 성격을 지닌 현업기능 및 생산·제작사무, ④ 비권력적 시설 및 장비관리사무, ⑤ 전문적인 지식과 기능을 요하는 시험·연구·조사사무, ⑥ 단순집행 또는 서비스제공 사무를 예시하고 있다. 그리고 ⓑ 지양해야 할 사무로 ① 위탁시 지나친 수익성 추구로 공공성을 심히 저해할 우려가 있는 사무, ② 시민의 의식주 생활에 직접적인 영향을 미치는 사무, ③ 국가의 검증, 시험연구, 공신력이 요구되는 사무, ④ 위탁관리시 오히려 서비스의 질을 크게 떨어뜨릴 우려가 있는 사무를 예시하고 있다.

(2) 위탁범위의 결정 B19

민간위탁 실무편람도[2] "① 가급적 사무(시설)의 운영전반을 위탁에 포함, ② 위탁대상 사무(시설)의 부분위탁은 민·관 이원체제의 운영으로 차후 책임소재의 불분명으로 인한 다툼의 여지가 있으므로 시설·사무운영 전부를 위탁하는 방향으로 추진, ③ 위탁기관이 시설물의 운영관리 목적으로 사용하고 있는 재산을 타 시설에 이용할 필요가 없을 때에는 이를 무상으로 수탁기관에 제공, 사유시설물과 지방자치단체에서

1) 민간위탁 실무편람, 27쪽.
2) 민간위탁 실무편람, 27쪽.

임대한 시설물은 위탁대상에서 제외, 그리고 장기적으로 사유시설물은 매입하고, 임대시설은 계약종결을 통해 일괄위탁방안 검토"를 지적하고 있다.

(3) 세부적 단위사무 결정 B20

민간위탁 추진계획을 수립할 때에 민간위탁 하고자 하는 사무의 세부단위사업까지 결정하여 수탁기관의 업무영역을 보다 명확히 하여야 한다.

2. 위탁기간의 결정 B21

(1) 위탁기간 B22

㈎ 일반적 경우 B23

서울특별시 행정사무의 민간위탁에 관한 조례 제11조 제2항은 "위탁기간은 3년 이내로 한다"고 규정하고 있는바, 다른 법령에 달리 정함이 없는 한, 위탁기간은 3년 이내로 하여야 한다. 반드시 3년으로 하여야 하는 것은 아니다. 처음 시행에 따른 부작용과 시행착오를 보완할 수 있도록 위탁사무에 따라 위탁기간을 1년 또는 2년 등으로 하는 것도 고려하여야 한다. 공유재산 및 물품관리법 제27조와 공유재산 및 물품관리법 시행령 제19조는 관리위탁기간을 5년 이내로 규정하므로 서울특별시 행정사무의 민간위탁에 관한 조례를 개정하여 위탁기간을 5년 이내로 할 수도 있다.

■ 서울특별시 행정사무의 민간위탁에 관한 조례 제11조(협약체결 등) ② 위탁기간은 3년 이내로 한다. <개정 2009. 7. 30.>

■ 공유재산 및 물품관리법 제27조(행정재산의 관리위탁) ① 지방자치단체의 장은 행정재산의 효율적인 관리를 위하여 필요하다고 인정하면 대통령령으로 정하는 바에 따라 지방자치단체 외의 자에게 그 재산의 관리를 위탁(이하 "관리위탁"이라 한다)할 수 있다.
② 제1항에 따라 행정재산의 관리위탁을 받은 자는 제20조에 따라 해당 행정재산의 사용·수익허가를 받은 자로 본다. <신설 2010. 2. 4.>
⑥ 다음 각 호의 사항은 대통령령으로 정한다. <개정 2010. 2. 4.>
2. 관리위탁의 기간 및 수탁재산의 관리

■ 공유재산 및 물품관리법 시행령 제19조(관리위탁 행정재산의 수탁자격 및 기간) ② 행정재산의 관리위탁기간은 5년 이내로 하되, 한 번만 갱신할 수 있다. 이 경우 갱신기간은 5년 이내로 한다.

③ 제2항에도 불구하고 그 기간을 두 번 이상 갱신할 필요가 있을 때에는 갱신할 때마다 지방자치단체의 조례로 정하는 바에 따라 법 제27조에 따라 관리위탁을 받은 자(이하 "관리수탁자"라 한다)의 관리능력 등을 평가한 후 그 기간을 갱신할 수 있다. 이 경우 갱신기간은 갱신할 때마다 5년을 초과할 수 없다. <개정 2013. 6. 21.>
④ 제2항 및 제3항에도 불구하고 다음 각 호의 어느 하나에 해당하는 경우에는 관리위탁을 갱신할 수 없다. <신설 2013. 6. 21.> (각호 생략)

(나) 사회복지시설의 경우 B24

서울특별시 사회복지시설 설치 및 운영에 관한 조례 제6조 제3항 단서는 "사회복지시설의 위탁기간은 같은 조례 제11조 제2항에도 불구하고 5년 이내로 한다"고 규정하는바, 다른 법령에 달리 정함이 없는 한, 위탁기간은 5년 이내로 하여야 한다. 반드시 5년으로 하여야 하는 것은 아니다. 일반적 경우와 마찬가지로 처음 시행에 따른 부작용과 시행착오를 보완할 수 있도록 위탁사무에 따라 위탁기간을 2년 또는 3년 등으로 하는 것도 고려하여야 한다.

■ 서울특별시 사회복지시설 설치 및 운영에 관한 조례 제6조(관리 · 운영의 위탁) ③ 제1항에 따라 사회복지시설의 관리 · 운영을 위탁하는데 필요한 절차 및 방법 등 필요한 사항은 「서울특별시 행정사무의 민간위탁에 관한 조례」 제7조부터 제19조까지의 규정을 준용한다. 다만, 사회복지시설의 위탁기간은 같은 조례 제11조 제2항에도 불구하고 5년 이내로 한다. <개정 2012. 7. 30.>

(2) 위탁기간의 활용 B25

민간수탁자가 최선으로, 안정적으로 수탁사무를 수행할 수 있도록 하기 위해 위탁기간의 연장(재계약)의 가능성을 열어두는 것도 검토할 필요가 있다. 특히 민간수탁자가 안정적으로 신기술도입을 위한 연구개발에 노력하는 것이 필요한 경우에는 기간의 연장을 용이하게 하고, 특별한 사유 없이 수탁자에 불이익을 주는 여지를 없애는 것도 필요하다.[1] 요컨대 위탁기간은 민간수탁자가 위탁사무를 수행하는 데 가장 적합한 기간으로 정하여야 한다.

■ 서울특별시 행정사무의 민간위탁에 관한 조례 제11조(협약체결 등) ③ 시장은 불가피한 사유가 있는 경우 수탁기관과 협의하여 1회에 한하여 90일의 범위에서 위탁기간을 일시 연장할 수 있다. <신설 2014. 5. 14.>

1) 민간위탁 실무편람, 28쪽.

(3) 위탁개시일 B26

① 사전심의절차(의회 동의, 위원회 심의 등), 자치법규 제·개정 일정 등과 수탁기관 공개모집 기간 등은 사전 준비기간이라 할 수 있다. 위탁비용을 위한 원가조사도 사전 준비기간에 포함시켜야 한다. ② 위탁협약 체결 후 준비기간에는 인수·인계, 시험운영, 근로자 고용승계 외에 수탁기관이 운영인력을 전원 확보하고 있지 못할 경우 인력을 보충하는 기간도 포함되어야 한다.[1] 실무상 신축시설 위탁의 경우에는 위탁시설의 준공일을 위탁개시일로 하는 것도 방법일 것이다.

3. 위탁비용산정 B27

(1) 산정방식 B28

민간위탁 실무편람은[2] 위탁비용 산정과 관련하여 "원가계산에 의해 산정한 원가를 기초로 위탁비용을 결정하며, 예정가격 결정은 위탁의 범위에 따라 유동적임"을 전제로, ① 준공과 동시에 위탁할 경우에는 일정 기간 동안(3년 정도) 실제 운영중인 유사 규모시설의 처리비용과 전국 평균처리비용을 비교하여 예정가 결정에 참고자료로 활용하고, ② 운영 중인 시설을 위탁할 경우에는 최근 일정 기간(3년 정도)의 결산자료에 기초한 비교분석, 당해 연도 예산 계상액을 기준으로 자체 산출한 비용, 견적가격 또는 원가계산을 통한 산정 등의 방식을 활용하고, 필요시 원가계산 용역을 의뢰할 것을 기술하고 있다.[3]

(2) 포함사항 B29

민간위탁비용에는 인건비, 임대료 등을 포함한 운영비, 사업비 등이 포함되어야 한다.

(3) 준칙 B30

위탁비용산정은 「지방자치단체 원가계산 및 예정가격 작성요령」(행정자치부 예규)

---

1) 민간위탁 실무편람, 29쪽.
2) 민간위탁 실무편람, 30쪽.
3) 서울시 지하철 9호선 2·3단계구간 운영사무 민간위탁의 경우, 위탁금은 위탁수수료에서 실질 운영수입을 공제한 것(위탁금=위탁수수료−실제수입)으로 하고 사후에 정산하는 방식을 취한다.

등 관련 법령 및 해당 사무의 관련 지침 등을 기초로 결정할 것이다.

4. 수탁기관 선정방법 결정 B31

서울특별시 행정사무의 민간위탁에 관한 조례 제8조 제1항이 "수탁기관의 선정은 공개모집을 원칙으로 한다"고 하면서 제3항에서 "제1항의 규정에 불구하고 공개모집 외의 방법으로 수탁기관을 선정할 경우에는 운영위원회의 사전 심의를 거쳐야 한다"고 규정하는바, 서울특별시 행정사무의 민간위탁에 관한 조례는 공개모집을 원칙으로 하고, 공개모집 외의 방법(수의협약 형태)을 예외적인 것으로 규정하고 있음은 분명하다. 문제는 어떠한 경우에 공개모집 외의 방법을 택할 수 있을 것인가라는 점이다. 공개모집 외의 방법이 도입되는 경우는 최소화되어야 할 것이다.[1] 여기서 민간위탁 운영평가위원회의 역할이 특히 중요하다.

5. 평가계획 수립 B32

위탁사무의 관리, 서비스 제고 등에 대한 명확한 달성지표의 설정 등을 내용으로 하는 평가계획의 수립은 민간수탁자의 선정과 민간수탁자의 사후평가에 의미를 갖는다. 민간수탁자에 대한 사후평가는 재계약 여부의 판단에 중요한 자료가 된다.

6. 개별 위탁조례 제 · 개정안 작성(필요시) B33

판례의 논리에 따라[2] 지방자치법 제104조 제3항에 따른 「서울특별시 행정사무의 민간위탁에 관한 조례」가 민간위탁의 일반적 근거규정이 될 수 있다. 물론 주민의 권리·의무와 직접 관련된 사무를 민간위탁하고자 하면 지방자치법 제104조 제3항에 비추어 개별 법률에서 명시적으로 민간위탁을 규정하는 조항이 있어야 한다.[3]

▣ 서울특별시 행정사무의 민간위탁에 관한 조례 제1조(목적) 이 조례는 「지방자치법」 제104조에 따라 서울특별시장의 권한에 속하는 사무 중 법인·단체 또는 그 기관이나 개인에게 위탁할 사무를 정하여 민간의 자율적인 행정참여기회를 확대하고 사무의 간소화로 인한 행정능률 향

---

1) 관련 사항의 해설은 A341 이하를 보라.
2) 관련 사항의 해설은 A161을 보라.
3) 관련 사항의 해설은 A162 이하를 보라.

상을 목적으로 한다. <개정 2007. 12. 26, 2009. 7. 30>

■ 지방자치법 제104조(사무의 위임 등) ③ 지방자치단체의 장은 조례나 규칙으로 정하는 바에 따라 그 권한에 속하는 사무 중 조사·검사·검정·관리업무 등 주민의 권리·의무와 직접 관련되지 아니하는 사무를 법인·단체 또는 그 기관이나 개인에게 위탁할 수 있다.

7. 적정 예산과목 편성 운영 B34

민간위탁사무는 특별한 사유가 없는 한 민간위탁금(307-05)으로 편성·운영한다. 민간경상보조, 사회단체보조금, 행사운영비, 일반운영비, 출연금 사무 등은 민간위탁사무와 구분하여야 한다.

Ⅲ. 민간위탁 운영평가위원회 심의 B35

서울특별시 행정사무의 민간위탁에 관한 조례 제5조는 민간위탁을 위한 절차의 하나로 민간위탁 운영평가위원회의 심의·의결을 요구하고 있다. 민간위탁 운영평가위원회의 심의·의결에 관해서는 이미 살펴본 바 있다.[1] 아래에서는 요지만 옮긴다. B36

1. 민간위탁 시행사무 선정심의 의뢰 B37

심의 이후 관련 추진절차(의회동의, 수탁기관 선정을 위한 적격자 심의위원회 심의, 협약체결, 인수인계 등)를 고려하여 사전 심의가 필수적이다. 심의를 의뢰할 때에는 민간위탁 필요성, 위탁 내용 및 추진계획 등을 제시한 심의의뢰서를 제출하여야 할 것이다. 민간위탁 운영평가위원회의 심의·의결절차를 위한 실무는 민간위탁 총괄기관(서울특별시의 경우에는 조직담당관)이 맡는다.

2. 민간위탁 운영평가위원회의 심의 B38

민간위탁 운영평가위원회가 위탁하고자 하는 사무가 위탁에 적합한 것인지의 여

1) 관련 사항의 해설은 A713 이하를 보라.

부를 심의할 때, 민간위탁 법적 개념, 적합성, 필요성, 타당성 등을 종합적으로 검토하여야 한다. 그리고 공개모집 외의 방법으로 수탁기관을 선정하는 경우에는 수탁기관의 적정성에 관해서도 심의하여야 한다.

3. 민간위탁 운영평가위원회의 의결 B39

(1) 의결의 통보 B40

민간위탁 총괄기관(서울특별시의 경우에는 조직담당관)은 심의의 결과인 의결을 지체없이 (원칙적으로 심의의결일로부터 7일 이내) 민간위탁 추진부서에 통보하여야 한다.

(2) 의결의 유형 B41

의결에는 적정의결, 조건부 적정의결, 부적정의결의 3종류가 있다. ① 부적정 의결의 경우, 민간위탁의 추진이 불가능하다. ② ⓐ 조건부 적정의결의 경우, 민간위탁 추진부서는 민간위탁 운영평가위원회 운영규칙에 따라 민간위탁 운영평가위원회(조직담당관)에 조치결과 및 계획을 제출하여야 한다. ⓑ 조건부 적정의결의 경우, 위원회에서 제시한 조건을 미이행하는 경우에는 부적정으로 처리한다. ⓒ 조건부 적정의결의 경우, 조건의 이행여부는 민간위탁 운영평가위원회의 확인을 거쳐야 한다. ③ 적정의결의 경우에도 위원회가 별도의 의견을 제시하면, 민간위탁추진부서는 위원회 의견을 검토한 후 사업계획에 반영하여야 한다.

Ⅳ. 시의회 동의[1) B42

1. 필요적 절차 B43

서울특별시 행정사무의 민간위탁에 관한 조례 제4조의3은 신규민간위탁을 위한 절차의 하나로 시의회의 동의를 요구하고 있다. 다만, 재위탁·재계약 사무는 민간위탁추진부서가 소관 상임위원회에 보고하는 것으로 의회 동의에 갈음하게 된다.

---

1) 시의회 동의에 관해 전반적인 사항은 옆번호 A754 이하를 보라.

■ 서울특별시 행정사무의 민간위탁에 관한 조례 제4조의3(의회동의 및 보고) 시장은 제4조 각 호 사무에 대해 민간위탁을 하고자 하는 경우에는 서울특별시의회(이하 "의회"라 한다)의 동의를 받아야 한다. 다만, 재위탁 또는 재계약시에는 소관 상임위원회에 보고하는 것으로 의회의 동의를 갈음한다. [본조신설 2014. 5. 14.]

■ 서울특별시 행정사무의 민간위탁에 관한 조례 시행규칙 제2조(의회동의) ① 서울특별시장(이하 "시장"이라 한다)은 「서울특별시 행정사무의 민간위탁에 관한조례」(이하 "조례"라 한다) 제4조의3 및 제5조 제2항에 따라 민간위탁을 하고자 하는 경우 해당 사무에 대해 민간위탁 운영평가위원회의 심의를 받은 후 서울특별시의회(이하 "의회"라 한다)의 동의를 받아야 한다. <개정 2014. 7. 31.>

2. 시의회 동의의 대상 B44

민간위탁을 위해 시의회의 동의를 받아야 하는 사항은 민간위탁의 가부이다. 민간위탁을 위한 협약의 구체적인 내용까지 시의회의 동의를 받아야 하는 것은 아니다. 민간위탁을 위한 협약의 구체적인 내용까지 시의회의 동의를 받아야 한다면, 시의회가 집행부의 기능을 대신하는 것이 되며, 이것은 기관대립형의 구조를[1] 취하는 지방자치법상 지방자치단체의 조직원리에 반하는 것이 될 것이다. 그러나 시의회가 민간위탁의 가부를 판단하는 데 필요한 자료의 제공이라는 의미에서 민간위탁을 위한 협약의 내용이 될 사항의 개요를 제공하는 것은 필요할 것이다.

3. 동의안 제출 · 처리절차 B45

시장이 의회의 민간위탁 동의를 받고자 할 때는 「지방자치법」 제46조에 따라 의회에 부의하는 안건으로 처리한다(서울특별시 행정사무의 민간위탁에 관한 조례 시행규칙 제2조 제2항). 실무상 시의회 동의절차는 민간위탁을 추진하는 부서가 시의회의 소관 상임위원회를 통하여 추진하게 된다. 시의회의 의안 처리절차는 일반안건 처리절차에 의한다.

[일반 안건 처리절차]
의안 제출 → 접수 및 의안번호 부여 → 소관 상임위원회 회부 → 상임위원회 심사 → 본회의 심사 → 집행기관에 이송

1) 지방자치법상 지방자치단체의 조직원리에 관해 졸저, 신지방자치법, 210쪽 이하 참조.

4. 동의안 서식과 제출시한

B46

① 시장이 의회의 민간위탁 동의를 받고자 할 때 안건 작성은 별지 서식을 따른다(서울특별시 행정사무의 민간위탁에 관한 조례 시행규칙 제2조 제2항). ② 시의회의 동의를 구하는 절차는 민간위탁 관련 추진절차(적격자 심의위원회 심의, 협약 체결 등)에 소요되는 시간을 고려하여 진행되어야 한다.

▣ 서울특별시 행정사무의 민간위탁에 관한 조례 시행규칙 제2조(의회동의) ② 제1항에 따라 시장이 의회의 민간위탁 동의를 받고자 할 때는「지방자치법」제46조에 따라 의회에 부의하는 안건으로 처리하며, 안건 작성은 별지 서식을 따른다.

[민간위탁 동의안 서식] B47

[별지 서식]

○○○사무의 민간위탁 동의안

의 안 번 호	

제출연월일 : 2○○○. ○○. ○○
제　출　자 : 서울특별시장

1. 제안이유

2. 주요내용
   가.
   나.
   다.

3. 참고사항
   가. 관계법령
   나. 기타사항

5. 사전보고 · 협의 B48

실무상 안건 상정 전에 유관 상임위원회 등에 사전보고 · 협의를 통하여 민간위탁에 대한 공감대를 형성하는 것이 필요할 것이다.[1)]

Ⅴ. 민간수탁자 선정 — 적격자 심의위원회 심의 B49

[공개모집을 통한 수탁기관 선정절차]

공고 → 신청서 접수 → 적격자 심의위원회 심의(수탁기관 선정) → 협약 체결

1. 민간수탁자 선정주체 B50

① 서울특별시 행정사무의 민간위탁에 관한 조례는 행정사무를 신규로 민간위탁할 때 민간수탁자를 공개모집할 경우에는 적격자 심의위원회가 선정하도록 규정하고, 수의계약을 할 경우에는 민간위탁 운영평가위원회가 선정하도록 규정하고 있다. 이하에서 공개모집의 경우와 관련하여 몇 가지 사항을 검토하기로 한다.

▣ 서울특별시 행정사무의 민간위탁에 관한 조례 제8조(수탁기관 선정) ② 시장은 수탁기관을 공개모집할 경우에는 신청서와 함께 위탁사무의 사업계획서등을 제출하게 하고, 해당 분야의 전문가 등으로 구성된 적격자 심의위원회(이하 "심의위원회"라 한다)에서 제7조에 따른 적격자를 선정하도록 한다. <개정 2014. 5. 14.>
③ 제1항의 규정에 불구하고 공개모집 외의 방법으로 수탁기관을 선정할 경우에는 운영위원회의 사전 심의를 거쳐야 한다.

1) 민간위탁 실무편람, 32쪽.

2. 민간수탁자 선정기준 B51

(1) 기준에 포함될 사항 B52

(가) 일반적 사항 B53

민간수탁기관의 선정기준은 서울특별시 행정사무의 민간위탁에 관한 조례 제7조에서 규정되고 있다.

▣ 서울특별시 행정사무의 민간위탁에 관한 조례 제7조(수탁기관의 선정기준 등) 시장은 수탁기관을 선정함에 있어 다음 각 호의 사항을 종합적으로 검토하여야 한다. <개정 2009. 7. 30., 2014. 5. 14.>
1. 위탁사무의 수행에 필요한 인력·기구·장비·시설 및 기술수준
2. 재정적인 부담능력
3. 위탁사무 관련 분야에 대한 전문성 확보여부 및 사무처리 실적
4. 수탁기관 근로자의 고용·근로조건
5. 책임능력 및 공신력

(나) 근로조건 개선 및 사회적 가치 달성을 한 기관 우대 B54

서울특별시 행정사무의 민간위탁에 관한 조례 제7조 제4호의 "수탁기관 근로자의 고용·근로조건"과 관련하여서는 고용 승계 및 유지, 비정규직 근로자의 정규직 전환 및 유지 등과 정규직 비율, 이직율, 근로복지, 근로형태 등을 살펴야 할 것이다. 서울특별시 행정사무의 민간위탁에 관한 조례 시행규칙은 근로자의 고용·근로조건 개선을 위해 노력하는 기관을 우대하는 조항을 두고 있다.

▣ 서울특별시 행정사무의 민간위탁에 관한 조례 시행규칙 제4조(수탁기관 선정) ① 조례 제8조 따른 수탁기관 선정 시 근로자의 근로조건 개선 및 사회적 가치 달성을 위하여 노력하는 기관을 수탁기관 선정 우선 대상 기관으로 고려할 수 있다. <개정 2014. 7. 31.>

(다) 책임능력 및 공신력 관련 검토사항 B55

서울특별시 행정사무의 민간위탁에 관한 조례 시행규칙은 책임능력 및 공신력의 검토에 고려할 사항에 관한 조항을 두고 있다. 이에 더하여 책임능력 및 공신력 확보의 문제로서 주민의 신뢰확보를 위해 신청인의 신뢰성, 장래성 등을 종합적으로 검토할 필요가 있을 것이다.[1)]

---

1) 민간위탁 실무편람, 33쪽.

▣ 서울특별시 행정사무의 민간위탁에 관한 조례 시행규칙 제4조(수탁기관 선정) ② 시장은 수탁기관 선정시 조례 제7조 제5호에 따른 수탁기관의 책임능력 및 공신력의 검토를 위하여 다음 각 호의 사항을 검토하여야 한다. <신설 2014. 7. 31.>
1. 「지방자치단체를 당사자로 하는 계약에 관한 법률」 제31조에 따른 수탁기관의 최근 2년간 입찰참가자격 제한(부정당업자 제재) 사실
2. 수탁기관이 최근 3년 간 수행한 시장의 위탁사무 관련 감사 · 지도 · 점검 · 종합성과평가 및 회계감사 결과 등

(라) 자격의 제한 B56

민간위탁의 목적 · 성질 · 규모 등을 고려하여 필요한 경우에는 관계 법령에 위배되지 아니하는 범위 내에서 수탁기관의 자격을 제한하는 것도 가능할 것이다.

(2) 선정기준의 사전 공고 B57

(가) 필요적 공고 B58

시장은 수탁기관 선정을 위한 공고 시에 선정기준 및 배점 등을 공개하여야 한다(서울특별시 행정사무의 민간위탁에 관한 조례 제8조 제1항 제2문). 사전공고는 임의적인 것이 아니라 필수적이다. 즉, 반드시 하여야 한다. 선정기준 및 배점의 사전 공고는 서울특별시 행정의 투명성의 확보와 서울특별시민의 신뢰확보에 기여한다.

▣ 서울특별시 행정사무의 민간위탁에 관한 조례 제8조(수탁기관 선정) ① 수탁기관의 선정은 공개모집을 원칙으로 하며, 시장은 수탁기관 선정을 위한 공고시에 선정기준 및 배점 등을 공개하여야 한다. <개정 2014. 5. 14.>

(나) 공고사항 B59

서울특별시는 선정기준의 공고 시에 「위탁사업명, 위탁사업내용, 위탁기간, 예산지원액(또는 예산지원방법 등), 응모자격, 응모방법, 제안요청서 및 요청에 필요한 서류, 제안서 제출기간, 제안서(신청서)의 내용, 제안서의 평가요소 · 배점 및 평가방법, 그 밖에 계약담당자가 필요하다고 인정하는 사항」을 명기하도록 하고 있다.[1)]

1) 민간위탁 관리지침(2014), 24쪽.

(3) 평가방법 B60

(가) 일반론 B61

평가방법으로는 서면평가, 면접평가, 방문평가 등이 있으나 사실상 지원자가 제출한 사업계획서를 중심으로 한 서면평가를 하고 있는 실정이다. 시간상의 제약으로 서면검토에 한계가 발생하는 경우가 있을 수 있으므로 담당부서에서는 짧은 시간내 효과적인 평가 및 선정을 위해 기준에 따라 사업계획서 내용의 개요표를 만들어 배포하는 것이 좋을 것이다.[1)]

(나) 평가요소 및 배점 B62

서울특별시는 ① 분야별 배점한도 10점 범위 내에서 배점을 가감 조정하는 것을 가능한 것으로 하고, ② 평가결과 합산점수가 70점이상(100점 기준)인 경우에 적격대상자로 인정하며, ③ 평가결과 최종 합산점수가 동일할 때에는 근로자의 근로조건 및 사회적가치 평가항목 점수가 높은 기관을 우선 대상기관으로 선정할 수 있도록 하고(서울특별시 행정사무의 민간위탁에 관한 조례 시행규칙 제4조 제1항), ④ 수행실적 평가는 ⓐ 5억원(연간) 미만 사무형 위탁사무의 경우에는 최근 1년 이내의 수행실적, 그 밖의 사무의 경우에는 최근 3년 이내의 수행실적을 기준으로 하고, ⓑ 동일분야 업무수행 실적 외에 유사분야 업무수행 실적도 인정하는 것(예: 복지시설 운영실적은 여성시설 운영실적으로, 정신요양원 운영실적은 정신상담센터 운영실적으로 인정하는 것)을 기준으로 하고 있다.[2)]

▣ 서울특별시 행정사무의 민간위탁에 관한 조례 시행규칙 제4조(수탁기관 선정) ① 조례 제8조에 따른 수탁기관 선정 시 근로자의 근로조건 개선 및 사회적 가치 달성을 위하여 노력하는 기관을 수탁기관 선정 우선 대상 기관으로 고려할 수 있다. <개정 2014. 7. 31.>

---

1) 민간위탁 실무편람, 33쪽.
2) 민간위탁 관리지침(2014), 24쪽.

[평가표(예시)][1] B63

구 분		평가항목(예시)	배점한도	비고
계			100	
기술능력평가	정 량 적 평가분야 (계량화)	▪ 수행경험(실적) ▪ 경영상태(재정부담 능력) ▪ 기술인력 보유상태 ▪ 신인도(공신력, 책임능력 등) ▪ 그 밖에 필요한 사항	20	▪ 사업담당자 평가
	정 성 적 평가 분야	▪ 기술 · 지식능력(전문성) ▪ 사업수행계획 ▪ 지원기술 · 사후관리 ▪ 상호협력 관계 ▪ 근로자의 고용안정성 등 고용 · 근로조건 - 고용승계 · 유지, 정규직 전환 · 유지 등 ▪ 지역사회공헌도 및 지속가능성 등 사회적 가치 기여도 ▪ 그 밖에 필요한 사항	60	▪ 적격자심의 위원회 위원 평가
가 격 평 가			20	※ 위탁사무 특성에 따라 평가요소에서 제외 가능

1) 정량적 평가분야는 해당 계약목적물의 성질 · 규모 등과 창의성 · 기술성 · 전문성 등의 취지를 고려하여 적합하게 세부기준을 정해야 한다.

2) 입찰가격 평점산식

① 입찰가격이 추정가격의 100분의 80 이상인 경우
평점 = 입찰가격평가 배점한도 × (최저입찰가격 / 해당입찰가격)

② 입찰가격이 추정가격의 100분의 80 미만인 경우
평점 = 입찰가격이 추정가격의 100분의 80일 경우의 평점[입찰가격평가 배점한도 × (최저입찰가격 / 추정가격의 80% 상당가격)] + [2 × (추정가격의 80% 상당가격 - 해당입찰가격)/(추정가격의 80% 상당가격 - 추정가격의 60% 상당가격)]

※ 1. 입찰가격이 추정가격의 100분의 60미만일 경우에는 100분의 60으로 계산
2. 예정가격을 작성한 경우에는 추정가격을 예정가격으로 적용

3) 정량적 분야의 평가항목은 계약의 특성에 따라 예시항목 이외에 새로운 항목을 정할 수 있다.

4) 최저 낙찰하한율은 예정가격의 87.745% 이상이 되게 하고 아래산식으로 평가한다.

▪ 입찰가격 평점 = 입찰가격평가 배점한도 × (최저입찰가격 / 해당입찰가격)

※ 입찰가격이 예정(추정)가격의 87.745% 미만인 자의 입찰가격 평점은 0점으로 처리한다.

1) 민간위탁 관리지침(2014), 25쪽에서 옮긴 것이다.

[가산점 부여표(예시)][1] B64

가산점은 기술능력평가의 정량적 평가분야 배점(20점) 한도 내에서 부여한다.

심사분야	심사항목	배점(16.6점) 배점한도	평 점
약자 및 우수기업	1. 중증장애인생산품 생산시설(보건복지부 지정)	2	2
	1. 사회적 기업(고용노동부 지정) 2. 예비 사회적 기업(지방자치단체 지정) 3. 사회적협동조합(정부부처 지정) 4. 자활기업(지방자치단체 지정) 5. 마을기업(안전행정부 지정)	1.8	1.8 0.9 1.8 0.9 0.9
	1. 장애인기업 2. 장애인고용 우수기업 가. 장애인고용률이 3% 이상인 기업 나. 장애인고용률이 1.5% 이상인 기업	1.2	1.2 1.2 0.6
	1. 여성기업 2. 여성고용률이 30% 이상인 기업 3. 남녀고용평등 우수기업(고용노동부 지정)	1	1 1 1
	1. 최근 3개월간 평균 5% 이상 신규채용 2. 최근 3개월간 평균 2.5% 이상 신규채용	0.6	0.6 0.3
	1. 모범납세자 2. 노사문화 우수기업(고용노동부 선정) 3. 가족친화경영 우수기업(여성가족부 지정) 4. 소비자 중심경영 인증	1	0.3 0.5 0.5 0.5
중소기업	1. 소기업 또는 소상공인 2. 중기업	1.5	1.5 1
	1. 서울소재 소기업 또는 소상공인 2. 서울소재 중기업	1.5	1.5 1
일자리창출	1. 당해 사업 관련 신규인력 채용 (월 급여 100만원 이상 신규직원 1명당 0.2점, 최고 2점)	2	2
고용안정	1. 비정규직 정규직화 또는 장애인 신규 채용 (1명당 0.4점, 최고 10인이상 4점)	4	4
임금지급 준수정도	1. 임금체불 사실 확인된 업체(건당 -1점, 최고 -5점 감점)	-5	-5

※ 그 밖의 수탁기관 선정 절차 및 방법 등은 지방계약법('협상에 의한 계약 체결기준')의 준용이 가능하다.

1) 민간위탁 관리지침(2014), 26쪽에서 옮긴 것이다.

(4) 기타 고려 사항 B65

(가) 최저가 낙찰제의 보완 B66

민간위탁 대상업체가 다수인 경우에 기계적으로 최저가 입찰업체를 수탁자로 선정한다면, 재정부담능력, 시설 및 장비·기술보유 상태, 책임능력과 공신력이 낮은 업체가 선정될 우려가 있다. 이러한 부실업체를 배제하면서 최적의 수탁자를 선정하기 위해 공개입찰로 하되, 입찰참가자격심사 후 적격심사에 의하여 수탁자를 결정하는 방식으로 부실업체 낙찰의 단점을 보완하는 것이 최적의 방법일 것이다.[1] 지나친 최저가 입찰제도는 서비스 질 저하에 따른 주민피해를 초래할 수 있음을 유의하여야 한다.

(나) 협의의 민간위탁 우선 B67

민간위탁의 목적이 민간의 우수한 기술을 행정에 접목시켜 행정의 경영성과 효율성을 제고하는 데 있다는 점을 감안할 때 산하단체인 시설관리공단 등 공공법인체보다는 순수 민간법인 및 개인 참여가 바람직하다.[2] 물론 운영 프로그램 등 전문성이 요구되는 사무·시설이나 책임성이 문제되는 전문적 기술사무는 가급적 민간보다는 공공단체에 위탁하는 것이 바람직하고, 단순 반복적 집행업무는 공법인 또는 사법인·개인에 위탁하는 것이 가능할 것이고, 국가공인자격증 소지자를 활용하는 것도 고려할 것이다.[3]

(다) 사회적 경제기업의 배려 B68

민간위탁금이 일정액(예: 5억원) 이하인 사무를 위탁하는 경우, 사회적 경제기업은 과거 업무수행실적을 1년 이내로 하거나, 가산점을 부여하거나 하여 사회적 경제기업의 육성을 도모할 수도 있을 것이다.

(5) 준용법규 B69

수탁기관 선정방법·절차 등 일반적인 사항은 법령 또는 조례 등에서 규정하고 있는 경우를 제외하고는 지방자치단체를 당사자로 하는 계약에 관한 법률을 준용함을 원칙으로 한다.[4]

---

1) 민간위탁 실무편람, 30쪽.
2) 민간위탁 실무편람, 34쪽.
3) 민간위탁 실무편람, 34쪽.
4) 민간위탁 관리지침(2014), 22쪽.

3. 민간수탁자 선정방법 B70

(1) 공개모집의 원칙 B71

공개모집이 원칙이다(서울특별시 행정사무의 민간위탁에 관한 조례 제8조 제1항 제1문). 수의계약은 예외의 방식이 된다.[1] 일부업체에 독점적 공급으로 인한 비효율 등 폐해를 예방하기 위해 형식적인 수의계약을 지양하여야 한다. 수의계약 사유를 엄격하게 적용하여 공개경쟁 원칙을 강화하면서 업체 간의 경쟁체제를 유도하여야 하고 형식적인 위탁·수탁의 반복은 없어야 한다. 다양한 선정방법의 장·단점을 표로 보기로 한다.[2]

[수탁업체 선정방법의 장·단점 비교] B72

입 찰 방 법	장 점	단 점
경쟁(제한)입찰	업체 선정 투명성 확보, 수의계약에 비해 낮은 가격으로 낙찰가능	우수업체 탈락가능, 부적격 업체 낙찰로 부실화 우려
적격심사후 입찰	능력 있는 적격업체 선정가능	참가업체가 적어 적격심사의 필요성 희박
수의계약	능력 있는 적격업체 선정가능	업체선정의 투명성 결여, 위탁비용 고가우려
협상에 의한 계약	능력 있는 적격업체 선정가능	업체선정의 투명성 결여, 위탁비용 고가우려

(2) 공개모집의 실패와 수의계약 B73

서울특별시의 경우, 공개모집에도 불구하고 2회에 걸쳐 유찰된 경우에는 수의협약의 방식으로 수탁기관을 선정하여 민간위탁을 추진하는 것이 가능하며, 이러한 경우에는 민간위탁 운영평가위원회의 심의는 생략이 가능하다.[3]

1) 관련 사항의 해설은 A319 이하를 보라.
2) 민간위탁 실무편람, 31쪽.
3) 민간위탁 관리지침(2014), 22쪽.

4. 민간수탁자 선정을 위한 적격자 심의위원회의 구성 · 운영[1] B74

(1) 적격자 심의위원회의 구성 B75

이에 관해서는 서울특별시 행정사무의 민간위탁에 관한 조례 제9조 제1항과 제2항이 규정하고 있다.

▣ 서울특별시 행정사무의 민간위탁에 관한 조례 제9조(적격자 심의위원회) ① 심의위원회는 위원장과 부위원장 각 1명을 포함하여 6명 이상 9명 이내의 위원으로 구성하되, 위원장은 외부위원 중에서 호선한다. <개정 2013. 8. 1.>
② 위원은 다음 각 호의 사람 중에서 시장이 임명 또는 위촉하되, 공무원인 위원의 수는 전체 위원수의 4분의 1이내로 하고 심의가 끝나면 심의위원회는 해산한 것으로 본다. <개정 2013. 8. 1.>
1. 서울특별시의회 의원
2. 변호사 · 공인회계사 · 기술사 · 건축사 또는 세무사 자격이 있는 사람
3. 시민단체(「비영리민간단체 지원법」 제2조에 따른 비영리민간단체를 말한다)에서 추천한 사람
4. 대학에서 해당 민간위탁사무 분야와 관련된 학과를 담당하는 부교수 이상으로 재직 중인 사람
5. 관계공무원
6. 그 밖에 심의위원회 심의의 전문성 · 공정성 등을 위하여 시장이 필요하다고 인정하는 사람

(2) 적격자 심의위원회의 운영 B76

이에 관해서는 서울특별시 행정사무의 민간위탁에 관한 조례 제9조 제3항 등이 규정하고 있다. 물론 위원이 심의 대상기관과 직접적인 이해관계가 있는 경우 해당 위원은 안건의 심의에 참여할 수 없다(서울특별시 행정사무의 민간위탁에 관한 조례 시행규칙 제5조).

▣ 서울특별시 행정사무의 민간위탁에 관한 조례 제9조(적격자 심의위원회) ③ 심의위원회는 사업계획서 등의 심사 및 현장 확인과 신청인에 대하여 필요한 소명자료를 제출하게 할 수 있다.
④ 심의위원회는 재적위원 과반수의 출석으로 개의하고 출석위원 과반수의 찬성으로 의결한다.
⑤ 심의위원회에 출석한 위원에 대하여는 예산의 범위 내에서 수당과 여비를 지급할 수 있다. 다만, 공무원인 위원이 그 직무와 관련하여 참석하는 경우에는 그러하지 아니하다. <개정 2009. 7. 30.>

---

1) 이 부분의 상세는 A730 이하를 보라.

▣ 서울특별시 행정사무의 민간위탁에 관한 조례 시행규칙 제5조(적격자 심의위원회 운영) 위원이 심의 대상기관과 직접적인 이해관계가 있는 경우 해당 위원은 안건의 심의에 참여할 수 없다. [전문개정 2013. 11. 14.]

(3) 선정결과의 게시 B77

소관부서의 장은 수탁기관 선정결과 및 위탁사항을 홈페이지 등에 게시하여야 한다(서울특별시 행정사무의 민간위탁에 관한 조례 시행규칙 제6조 제3항). 선정결과의 게시는 서울특별시 행정의 투명성의 확보와 서울특별시민의 신뢰확보에 기여한다.

▣ 서울특별시 행정사무의 민간위탁에 관한 조례 시행규칙 제6조(협약의 체결) ③ 소관부서의 장은 수탁기관 선정결과 및 위탁사항을 홈페이지 등에 게시하여야 한다.

Ⅵ. 계약심사 등 B78

서울특별시의 경우, 민간수탁자가 선정된 후, 협약을 체결하는 단계에서는 2종류의 심사, 즉 사업비 심사와 협약(서)의 적정성 심사가 이루어진다.[1)]

1. 민간위탁 계약심사(사업비 심사) B79

민간위탁의 계약심사는 계약심사과(민간위탁심사팀)에서 서울특별시 계약심사업무처리규칙 제3조에 근거하여 심사한다. 심사는 수탁기관 선정 또는 협약 체결 전에 하며, 사업비용 변경의 경우는 매년 사업시행 전에 한다. 사업계획 미확정 등으로 계약심사가 어려운 경우에는 사업계획이 확정되어 사업비를 발주하기 전에 심사할 수 있다. 신규 민간위탁 사무뿐만 아니라 재위탁·재계약 사무도 심사대상이 된다. 수익창출형 민간위탁사무는 심사대상에서 제외할 수 있다. 민간위탁 사업 비용, 즉 인건비, 운영비, 사업비 등을 심사한다.

1) 이 부분은 민간위탁 관리지침(2014), 27쪽의 내용에 약간의 손질을 가한 것이다.

2. 민간위탁 협약(서) 적정성 심사 B80

민간위탁 협약(서)의 적정성은 재무과(계약심사단)에서 심사한다. 심사의 근거는 서울특별시 계약심사단 운영규정이며, 수탁기관과 협약 체결 전에 심사한다. 신규 민간위탁 사무뿐만 아니라 연간 사업비 10억원 이상인 재위탁·재계약 사무도 심사대상이 된다. 위탁비용, 시설 등 재산관리, 수입금의 징수·처리, 수탁기관의 책임, 위탁해지 사유 등 협약사항의 적정성을 심사한다.

Ⅶ. 위탁·수탁 협약 체결 B81

1. 위탁·수탁 협약서 주요내용 B82

협약서에 포함되어야 할 주요내용은 서울특별시 행정사무의 민간위탁에 관한 조례 제11조에서 규정되고 있다.

▣ 서울특별시 행정사무의 민간위탁에 관한 조례 제11조(협약체결 등) ① 시장은 사무를 위탁할 경우 수탁기관과 다음 각 호의 내용이 포함된 위탁협약을 체결하여야 하며 협약내용은 공증을 하도록 하여야 한다. <개정 2014. 5. 14.>

1. 수탁기관의 성명 및 주소
2. 위탁기간
3. 위탁사무 및 그 내용
4. 시설의 안전관리에 관한 사항
5. 근로자에 대한 고용·근로조건 개선 노력
6. 지도·점검, 종합성과평가 등에 관한 사항
7. 그 밖에 위탁사무의 수행을 위하여 시장이 필요하다고 인정하는 사항

② 위탁기간은 3년 이내로 한다. <개정 2009. 7. 30.>

③ 시장은 불가피한 사유가 있는 경우 수탁기관과 협의하여 1회에 한하여 90일의 범위에서 위탁기간을 일시 연장할 수 있다.

(1) 협약의 당사자 B83

협약의 당사자는 권리·의무의 귀속주체이어야 하는바, 위탁자는 서울특별시, 민

간수탁자는 사인(자연인 · 법인)으로 하여야 한다. 서울특별시장과 법인의 대표인 자연인은 당사자가 아니다. 서울특별시장과 법인의 대표자는 서울특별시와 법인의 대표자일 뿐이다. 민간수탁자로서 자연인의 경우에는 특별한 문제가 없다.

(2) 위탁기간 B84

위 · 수탁기간은 일자까지 명시하여야 한다(예: ○○년 ○월 ○일부터 ○○년 ○월 ○일까지). 그런데 위 · 수탁기간이 만료될 때까지 다음 수탁기관이 선정되지 못하는 경우도 발생할 수 있으므로 이에 대한 대비책도 필요하다. 따라서 부득이한 경우에는 협의로 계약기간을 연장할 수도 있음을 협약내용으로 반영할 필요도 있다.[1] 위탁기간의 내용 등에 관해서는 앞에서 살펴본 바 있다.[2]

(3) 위탁사무 B85

(가) 사무의 내용 B86

위탁 · 수탁사무를 최대한 구체적으로 명시하여야 한다. 위탁 · 수탁기관 간 비용부담의 범위 및 시설물 보수 · 운영의 한계 등을 명확하게 하여야 한다. 업무처리 기준을 설정하고, 연간비용 지급단가의 결정방식 등도 포함하여야 할 것이다. 그리고 수탁기관의 노조 파업시 비상운영대책, 비용청구 및 지출방법 등 예산집행의 투명성 확보 등도 반영할 것이다.[3]

(나) 재산관리 B87

협약에는 민간수탁자 또는 제3자가 위탁기관이 맡긴 시설 및 장비 등을 파손하거나 망실한 경우, 수탁기관의 배상책임에 관해 규정하고(천재지변 등 불가항력의 경우 제외), 협약체결 이후 이후 시 또는 민간수탁자의 부담으로 설치 · 구입하는 시설(신 · 증축, 개 · 보수 포함) 및 장비는 시에 기부하고, 수탁재산에 포함시켜 관리토록 규정하고, 수탁재산을 제3자에게 권리설정, 양도 · 전매, 대여, 교환, 재위탁하는 것 등을 금지하는 내용도 포함하여야 할 것이다.[4]

---

1) 이와 관련하여 B24를 보라.
2) 관련 사항의 해설은 A538 이하를 보라.
3) 민간위탁 실무편람, 35쪽.
4) 서울특별시 민간위탁협약 개선 가이드라인 8쪽.

(다) 민간위탁금의 지급 B88

협약에 분기별 또는 월별 지급을 명시할 필요가 있다. 금액은 예산과 사업계획 등을 서울특별시가 결정할 것이지만, 사업비는 서울특별시가 정하는 목적과 용도에 따라 사용할 것을 명시하고, 민간위탁금에 관한 별도의 계좌를 개설하고, 아울러 회계책임자를 임명하여 관리할 것을 명시하여야 할 것이다.

(라) 수입금의 징수 · 처리 B89

협약에는 수탁사업과 관련하여 ① 이용자 등에게 관련 법령 및 조례 등에서 정하는 이용료 · 수수료 · 비용 징수시 사전에 승인을 받을 것, ② 이용료 등 수입은 사업 운영경비로 사용 가능하지만 만료 또는 해지시 정산할 것, ③ 수입금은 별도의 계좌로 관리할 것, ④ 수입 · 집행계획 및 정산내역서 제출할 것 등을 규정하여야 할 것이다.[1)]

(마) 사업비의 정산 B90

협약에는 매 분기마다 정산서를 제출할 것을 규정하되, 제출시기는 해당 분기 종료 후 15일 이내로 하고, 예외적으로 정산서 제출시기를 달리 할 수 있도록 하며, 수탁기간 만료 또는 협약 해지의 경우에는 만료일 또는 해지일로부터 15일 이내에 정산서를 작성 · 제출토록 하고, 집행에 잔액이 있는 경우에는 서울특별시에 반납할 것을 규정하여야 할 것이다. 그리고 수탁사무와 관련된 서류들을 제출토록 하여야 할 것이다.

(바) 수탁재산 등의 원상회복 B91

협약서에는 민간위탁기간의 만료, 협약의 해지 등이 있는 경우, 수탁재산의 원상회복 및 인도의무들을 규정하여야 한다.

(4) 시설의 안전관리 B92

시설의 유지와 보수 등 시설이 관리의 제대로 함으로써 시설로 인해 주민의 생명이나 재산에 피해가 발생하지 않도록 하는 내용을 포함하여야 할 것이고, 만약 시설의 안전관리의무를 게을리하여 주민에게 피해가 발생한 경우에는 그 피해의 배상에 관한 사항도 포함하여야 할 것이다.

---

1) 서울특별시 민간위탁협약 개선 가이드라인, 9쪽.

(5) 근로자에 관한 사항 B93

(가) 일반적 사항 B94

협약에는 사업계획서에 사업수행에 필요한 기구 및 인력 운용계획을 명시하여야 한다. 기구 및 인력 운용계획에는 근로자의 채용·급여·복리후생 등 근로조건을 명시하고, 사무편람(수탁사무별 처리부서·기간·과정·기준·구비서류·수수료 등)을 작성·비치하며, 사무처리 지연 및 부당한 행위의 금지, 부당한 차별의 금지를 규정하고, 특정 종교 명칭을 사용하거나 종교적 활동·차별을 금지하는 것을 규정하여야 할 것이다.[1] 서울특별시는 민간수탁자가 종사자 권익보호 이행서약서를 작성·제출하게 하고 있다.

(나) 근로약정의 이행과 고용승계 B95

협약에 노동관계법령을 준수하고, 근로약정에 따른 의무를 이행하고, 기존 수탁기관 근로자에 대한 우선 고용을 노력하고, 수탁 만료시 새로운 수탁기관에게 고용승계를 협조할 것을 포함시킬 필요가 있다.[2]

(6) 지도·점검, 종합성과평가 B96

연 1회 이상의「위탁사무 처리실태 등에 대한 점검」을 실시한다는 것, 정기 지도·점검 일정을 협약서(또는 특수조건)에 명시하는 것, 사업계획서에 위탁사무의 목표수준을 명확히 설정하고 목표 달성 여부를 측정할 수 있도록 구체적인 성과목표를 설정하도록 명시하는 것, 위법·부당한 처분에 대하여 취소·정지·시정조치 등을 할 수 있다는 것을 포함하여야 할 것이다.

(7) 기타 사항 B97

(가) 제3자 위탁의 금지 B98

민간위탁은 위탁기관과 민간수탁자 사이의 신뢰를 기초로 한다. 그런데 민간수탁자가 제3자에게 임의로 다시 위탁하면 위탁기관과 제3자 사이에 당연히 신뢰관계를 가져오는 것은 아니므로, 민간수탁자가 임의적으로 제3자에 대하여 위탁하는 것은 허용될 수 없다.[3]

---

1) 서울특별시 민간위탁협약 개선 가이드라인, 8쪽.
2) 서울특별시 민간위탁협약 개선 가이드라인, 8쪽.
3) 관련 사항의 해설은 A604를 보라.

[종사자 권익보호 서약서(안)] B99

≪ 종사자 권익보호 이행서약서(안) ≫

○○○는 서울특별시 △△△사무를 수탁 운영함에 있어 종사자의 근로조건 및 권익보호를 위하여 다음 사항을 이행할 것을 서약합니다.

1. ○○○는 수탁사무 종사자의 근로 수행과 관련하여 근로자의 인권 증진과 보호를 위하여 최대한 노력하고, 근로자의 안전과 건강을 위한 관련 조치를 다하겠습니다.

2. 수탁사무 종사자에게는 서울특별시와 사전 협의된 임금수준 또는 지원받은 임금수준으로 임금을 지급하겠습니다. 아울러 퇴직금, 의료보험, 국민연금, 산재보험, 고용보험 등 관계 법령이 정한 금액을 책정하여 지급하겠습니다.

3. 수탁사무 종사자의 적정 근로시간, 휴게시간 및 휴가 등을 통하여 종사자의 기본적 생활을 보장하고, 기타 「근로기준법」, 「최저임금법」등 노동관계법령을 준수하겠습니다.

○○○는 서울특별시 수탁사무를 수행함에 있어 위에서 명시한 내용을 성실히 이행할 것이며, 만일 이를 이행하지 않을 경우 관련 법령이 정하는 바에 따라 책임을 질 것을 서약합니다.

년 월 일

주 소:

수탁기관명:

대 표 자: (인)

협약에 민간수탁자가 자신의 지위를 제3자에게 이전하거나 위탁하는 것을 금지하는 것을 명시하여야 한다. 다만, 서울특별시의 사전 승인을 받아 제3자에게 위탁하는 것은 가능하도록 길을 열어 두는 것이 필요하다. B100

(나) 협약이행의 보증과 면제 B101

1) 이행보증의무 B102

시장은 예산을 지원하는 경우, 협약의 이행을 보증하게 하여야 한다(서울특별시 행정사무의 민간위탁에 관한 조례 제13조 제2항 제1문). 이행의 보증방법 등에 관하여는 「지방자치단체를 당사자로 하는 계약에 관한 법률」을 준용할 수 있다(서울특별시 행정사무의 민간위탁에 관한 조례 제13조 제2항 제2문).

▣ 지방자치단체를 당사자로 하는 계약에 관한 법률 시행령 제51조(계약의 이행보증) ① 지방자치단체의 장 또는 계약담당자는 공사계약을 체결하려는 경우 계약상대자에게 다음 각 호의 방법 중 어느 하나를 선택하여 계약의 이행을 보증하게 하여야 한다. 다만, 지방자치단체의 장 또는 계약담당자는 공사계약의 특성상 필요하다고 인정되는 경우에는 제2호에 따른 방법으로 한정할 수 있으며, 제42조 제1항 제1호, 제6장 및 제9장에 따른 공사계약인 경우에는 반드시 제2호에 따른 방법으로 계약의 이행을 보증하게 하여야 한다. <개정 2010. 7. 26>
1. 계약보증금을 계약금액의 100분의 15 이상 내는 방법
2. 계약보증금을 내지 아니하고 공사이행보증서[해당 공사의 계약상 의무를 이행할 것을 보증한 기관이 계약상대자를 대신하여 계약상의 의무를 이행하지 아니하는 경우에는 계약금액의 100분의 40(예정가격의 100분의 70 미만으로 낙찰된 공사계약의 경우에는 계약금액의 100분의 50을 말한다) 이상을 낼 것을 보증하는 것이어야 한다]를 제출하는 방법
제55조(손해보험의 가입) ① 지방자치단체의 장 또는 계약담당자는 계약을 체결할 때 필요하다고 인정하면 해당 계약의 목적물 등에 대하여 손해보험에 가입하거나 계약상대자에게 손해보험에 가입하게 할 수 있다.

2) 이행보증방법 B103

이행보증의 방법은 지방자치단체를 당사자로 하는 계약에 관한 법률 시행령 제51조가 정하는 바에 의한다.

3) 이행보증금의 면제 B104

「지방자치단체를 당사자로 하는 계약에 관한 법률 시행령」 제53조에 따라 계약보증금을 면제할 수도 있다.

▣ 지방자치단체를 당사자로 하는 계약에 관한 법률 시행령 제53조(계약보증금 면제) ① 법 제15조 제1항 단서에 따라 계약보증금을 면제할 수 있는 경우는 다음 각 호와 같다. <개정 2011. 9. 15.>
1. 제37조 제3항 제1호부터 제5호까지 및 제6호의2에 규정된 자와 계약을 체결하는 경우
2. 계약금액이 5천만원 이하인 계약을 체결하는 경우
3. 일반적으로 공정·타당하다고 인정되는 계약의 관습에 따라 계약보증금 징수가 적합하지 아니한 경우
4. (생략)

위의 시행령 제1호는 수탁기관이 국가기관 및 다른 지방자치단체, 공공기관의 운영에 관한 법률에 따른 공기업과 준정부기관, 국가나 지방자치단체가 기본재산의 100분의 50이상을 출자 또는 출연한 법인 등을 말하고, 제4호의 경우에도 서울특별시는 관습에 따라 협약보증금 징수가 적합하지 아니한 경우 이외에는 계약보증금 납부 사유가 발생한 경우 해당 금액을 낼 것을 확약하는 내용의 문서를 제출하게 하고 있다.[1) B105

(다) 협의조정 가능성의 확보 B106

협약체결에 만전을 기한다고 하여도 계약당사사의 인식의 한계, 계약환경의 급격한 변화 가능성 등으로 인해 분쟁발생의 가능성이 있다. 이에 대비하여 양당사자가 협의로 협약내용을 조정할 수 있는 가능성을 열어두는 것도 필요하다. 말하자면 상호 협의에 의해 사무 조정이 가능하도록 규정할 필요가 있다.

(라) 협약의 해지, 해지의 통고 B107

일정한 사유가 있는 경우에는 중도에 협약을 해지할 수 있음을 협약서에 명기하여야 한다. 물론 해지는 일정한 기간(예: 3개월) 안에 문서로 하도록 규정하여야 할 것이다. 서울특별시가 해지하고자 할 때에는 해지사유를 밝히고 상대방에게 의견진술의 기회를 부여하여야 한다. 수탁기관이 해지하는 경우, 수탁기관의 손해배상청구권은 인정하지 않는 것이 필요할 것이다. 서울특별시 민간위탁협약서(표준안)는 협약해지의 사유로 다음을 들고 있다. 이와 별도로 해지의 통고도 명기할 필요가 있다.[2)

1. 민간수탁기관과 해지하기로 합의한 경우 B108
2. 민간수탁기관이 정당한 이유 없이 협약사항을 이행하지 아니하는 경우
3. 민간수탁기관이 사업을 수행함에 있어 다수의 민원을 야기하거나, 각종 사건·사고에 연루되어 사업수행에 심각한 지장을 초래한 경우
4. 민간수탁기관이 사업을 수행함에 있어 인권침해, 회계부정, 횡령, 부당노동행위 등 사회적 물의를 야기한 경우
5. "시"의 시정조치에도 불구하고 민간수탁기관의 불성실한 업무 수행으로 위탁업무의 원활한 수행을 기대하기 어려운 경우

1) 민간위탁 관리지침(2014), 29쪽.
2) 이와 관련하여 A572 각주 3)을 보라.

6. 수탁기관 선정과정에서 거짓서류를 제출 또는 담합하여 부당하게 선정된 경우

7. 협약체결 및 협약이행 과정에서 관계공무원 등에게 뇌물을 제공한 경우

8. 민간수탁기관의 부도 · 파산 · 해산 · 영업정지 · 등록말소 등으로 인하여 더 이상 협약 이행이 곤란하다고 판단되는 경우

9. 해당 협약이행과 관련하여 민간수탁기관이 최저임금법 제6조 제1항 · 제2항이나 근로기준법 제43조를 위반하여 최저임금법 제28조나 근로기준법 제109조에 따라 처벌을 받은 경우(다만, 지체 없이 시정된 경우에는 그러하지 아니한다)

10. 정상적인 협약관리를 방해하는 불법 · 부정행위가 있거나 협약조건을 위반하고 그 위반으로 인하여 협약의 목적을 달성할 수 없다고 인정될 경우

11. 천재지변, 전쟁 또는 사변, 그 밖에 이에 준하는 경우로서 협약을 계속 유지할 수 없는 경우

(마) 협약의 효력 B109

협약은 수탁기간 개시일부터 만료일까지 효력을 갖는 것으로 정하여야 한다. 다만, 민 · 형사상의 사건 · 사고가 발생하는 경우 그 사건 · 사고와 관련하여서는 그 사건 · 사고의 종료 시까지 효력을 갖는 것으로 정할 필요가 있을 것이다. 정산비에 대한 정산이 완료되지 아니하는 경우에는 그 정산이 완료되는 때까지 관련조항에 한하여 효력을 갖는 것으로 하여야 할 것이다. 물론 민간수탁자가 법인인 경우, 법인의 명칭 및 대표자 등이 변경되면 지체 없이 서울특별시에 보고하고, 협약은 그대로 승계되는 것으로 명시할 필요가 있다.

2. 협약체결 후 절차(협약서의 공증) B110

시장은 사무를 위탁할 경우 … 협약내용은 공증을 하도록 하여야 한다(서울특별시 행정사무의 민간위탁에 관한 조례 제11조 제1항 본문). 소관부서의 장은 협약을 체결하고 공증을 완료한 후 지체 없이 협약서 사본을 조직담당관에 제출하여야 한다(서울특별시 행정사무의 민간위탁에 관한 조례 제6조 제2항).

Ⅷ. 위탁사무 인계 · 인수[1] B111

1. 인계 · 인수서 작성 B112

① 협약서와 별도로 시설물 현황, 기구 · 비품 · 기자재 목록 등에 대한 인계 · 인수서를 작성한다. 인계 · 인수서를 작성함에 있어서는 인계 · 인수서에 기재할 내용을 명확하게 하여 추후 위탁기관과 민간수탁자가 인계 · 인수서에 기재된 내용에 대한 해석을 달리하는 사태가 발생하지 않도록 유의하여야 한다. ② 재산 · 시설물의 전 배경을 사진 또는 영상 촬영한 기록물을 보관한다.

2. 위탁대상 시설물 등 인계 B113

인계 시에는 재고자산 평가차원에서 위탁대상사무(시설)의 물품관리 대장을 작성하여 항목별로 관리한다. 여기에는 시설 · 물품명, 구매일자, 사용연한, 재산가액, 재산상태 등을 명기한다. 이러한 것은 운영상태 점검, 책임소재의 명확화 및 시설 개 · 보수비용 산정 시에 활용된다. 한편, 위탁대상 시설물 등을 인계할 때에 인계 · 인수서에 기재된 시설물 등과 실제 인계가 이루어지는 시설물 등 일치하는 것을 확인하는 절차를 확보하는 것도 필요한 일이다.

3. 기존의 관리인력 인계(고용승계시) B114

고용승계시 기존인력이 새로운 환경에 적응할 수 있도록 배려하여야 한다.

4. 인수자 시험운영 B115

민간위탁에 따른 시행착오 방지를 위해 민간위탁 개시 전 1개월 정도 위 · 수탁자 합동으로 시험운영기간을 가질 필요가 있다. 인수자 시험운영기간은 인수자가 민간위탁의 의미를 실현하고 시행착오를 방지하기 위해 필요한 적정한 기간으로 하면 될 것이다. 반드시 민간위탁 개시 전 1개월 정도로 위 · 수탁자 합동으로 시험운영기간을

---

1) 민간위탁 관리지침(2014), 31쪽.

가져야 하는 것은 아닐 것이다.

5. 사무편람 승인 · 비치 B116

민간수탁기관으로 하여금 사무편람을 비치하도록 하여야 한다. 사무편람에는 처리기간 · 처리과정 · 처리기준 · 구비서류 · 서식과 수수료 등을 구분하여 명시하여야 한다(서울특별시 행정사무의 민간위탁에 관한 조례 제17조). 이를 위해 민간위탁추진부서는 민간수탁기관이 위탁 개시 전까지 사무편람을 작성하여 시장의 승인을 받아 수탁기관에 비치하도록 지도하고, 사무편람 내용이 부당하거나 미흡한 경우 보완 · 지도하여야 한다. 사무편람 승인 · 비치는 민간수탁자의 수탁사무처리에 필요하지만, 그것은 주민에게 정보제공의 의미도 갖는다.

▣ 서울특별시 행정사무의 민간위탁에 관한 조례 제17조(사무편람) ① 수탁기관은 수탁사무의 종류별로 처리부서 · 처리기간 · 처리과정 · 처리기준 · 구비서류 · 서식과 수수료 등을 구분하여 명시한 사무편람을 작성 · 비치하여야 한다.
② 수탁기관은 제1항의 편람을 작성한 때에는 시장의 승인을 얻어야 한다. <개정 2009. 7. 30.>

Ⅸ. 사후관리 B117

A. 일반론 B118

사후관리란 민간수탁기관이 자기에게 주어진 의무를 제대로 수행하는 것을 확보하여 민간위탁의 목적을 달성하기 위한 제반 작용을 말한다.

1. 수탁기관의 의무 B119

수탁기관의 의무를 협약서에 명기할 필요가 있다. 수탁자의 의무는 서울특별시 행정사무의 민간위탁에 관한 조례 제15조에서 규정되고 있다.[1)]

---

1) 민간수탁자의 의무는 ① 위탁기관과 민간수탁자의 관계에서 민간수탁자가 지는 의무와 ② 민간수탁자와 사인(국민 · 주민)과의 관계에서 민간수탁자가 지는 의무로 구분할 수 있다. 자세한 것은 A606 이하와 A630 이하

▣ 서울특별시 행정사무의 민간위탁에 관한 조례 제15조(수탁기관의 의무) ① 수탁기관은 위탁사무를 처리함에 있어 사무의 지연처리·불필요한 서류의 요구·불공정한 사무처리 및 비용 등의 부당 징수행위를 하여서는 아니 된다.
② 수탁기관은 위탁받은 목적 외에 위탁시설·장비·비용 등을 사용하여서는 아니 된다.
③ 수탁기관은 관계법령, 이 조례 및 위탁협약사항을 준수하여야 하며, 시장의 명령이나 처분 등 지시사항을 이행하여야 한다.
④ 수탁기관은 위탁받은 시설을 증·개축하거나, 추가로 시설을 신축하는 등의 경우에는 사전에 시장의 승인을 받아야 한다.
⑤ 시장은 제4항에 따라 증·개축 또는 추가로 신축하는 시설에 대하여 이를 시장에게 기부하게 할 수 있다. <개정 2009. 7. 30.>
⑥ 수탁기관은 위탁받은 사무를 다른 법인·단체 또는 그 기관이나 개인에게 다시 위탁할 수 없다. 다만, 위탁받은 사무의 일부에 대해 시장의 승인을 받은 경우에는 다시 위탁할 수 있다. <신설 2014. 5. 14.>
⑦ 수탁기관은 매 사업연도마다 결산서를 작성하여 시장이 지정하는 회계법인 또는 공인회계사의 회계감사를 받아 해당 사업연도 종료 후 3개월 이내에 시장에게 제출하여야 한다. 이 경우, 회계감사의 대상, 절차 및 방법 등은 규칙으로 정한다. <신설 2014. 5. 14.>
⑧ 수탁기관은 수탁사무를 수행하는 근로자의 고용·근로조건 개선을 위해 노력하여야 한다. <신설 2014. 5. 14.>

한편, 위의 의무 외에도 ① 민간수탁자는 수탁재산 및 이용자들의 안전사고에 대비하여야 하고, ② 화재보험·손해보험에 가입하여야 하며, ③ 매년도 구체적인 성과목표를 포함한 사업계획서 작성·제출하여야 하고, ④ 종합성과평가에 협조하여야 하며, ⑤ 가능한 한 수탁사무 운영을 위한 물품 등 구매 시에는 재래시장·소형마트 등을 이용하여야 한다. **B120**

2. 지도·점검 실시 **B121**

▣ 서울특별시 행정사무의 민간위탁에 관한 조례 제16조(지도·점검 등) ① 시장은 수탁기관에 대하여 위탁사무의 처리와 관련하여 필요한 사항을 보고하게 할 수 있다. <개정 2014. 5. 14.>
② 시장은 수탁기관에 대하여 매년 1회 이상 지도·점검을 실시하여야 하며, 지도·점검 시 필요한 서류, 시설 등을 검사할 수 있다. <개정 2014. 5. 14.>
③ 시장은 제1항 및 제2항에 따른 보고 및 지도·점검 결과 위탁사무의 처리가 위법 또는 부당하다고 인정될 때에는 수탁기관에 대하여 시정요구 등 필요한 조치를 하여야 한다. <개정 2014. 5. 14.>
④ 시장은 제3항에 따라 시정조치를 할 경우 문서로 수탁기관에 통보하고 사전에 의견진술의

를 보라.

기회를 주어야 한다. <신설 2014. 5. 14.>
⑤ 시장은 위탁사무에 대한 감사가 필요하다고 인정할 경우 감사를 실시할 수 있다. <신설 2014. 5. 14.>
[제목개정 2014. 5. 14.]

(1) 실시의무 B122

시장은 수탁기관에 대하여 매년 1회 이상 지도·점검을 실시하여야 한다(서울특별시 행정사무의 민간위탁에 관한 조례 제16조 제2항 제1문). 정기적인 지도·점검을 협약서에 명기할 필요가 있다.[1)]

(2) 실시시기 B123

주관부서의 사정에 맞게 지도·점검 시기 및 횟수를 조정하여 운영한다. 협약서에 정기점검 일자를 명기할 필요가 있다.

(3) 내용 B124

협약내용의 이행여부, 성과점검, 예산집행실태(물품 구매시 재래시장 등 이용현황 포함), 근로자의 고용형태 및 근로조건 개선 노력, 재산관리 실태 등 위탁사무 전반에 관한 사항이 점검의 대상이 된다.[2)] 정기 지도·점검과 연계하여 민간위탁 재산에 대한 정리대장 작성·관리가 필요하다.

(4) 성과점검[3)] B125

(가) 의의 B126

성과점검에 관해서는 서울특별시 행정사무의 민간위탁에 관한 조례 시행규칙 제9조가 정하고 있다. 지도·점검에는 성과점검이 포함된다(서울특별시 행정사무의 민간위탁에 관한 조례 시행규칙 제9조 본문). 성과점검이란 위탁사무의 서비스 목표수준 달성도에 대한 점검을 말한다. 성과점검은 서울특별시 행정사무의 민간위탁에 관한 조례 제9조 단서의 해석상 매년 이루어져야 할 것이다.

---

1) 관련 사항의 해설은 A608 이하를 보라.
2) 아래의 지도·점검 체크리스트(안)(민간위탁 관리지침(2014), 37쪽, 38쪽에서 옮겨온 것임) 참조.
3) 민간위탁 관리지침(2014), 34쪽.

▣ 서울특별시 행정사무의 민간위탁에 관한 조례 시행규칙 제9조(지도 · 점검) 시장은 조례 제16조 제2항에 따른 지도·점검을 하는 경우 성과점검을 포함하여야 한다. 다만, 조례 제18조 제1항에 따라 종합성과평가를 실시하는 경우에는 당해 사업연도의 성과점검을 생략할 수 있다.
[전문개정 2014. 7. 31.]

(나) 성과목표 명확화 **B127**

성과점검을 위해서는 성과목표 달성여부를 측정할 수 있도록 사전 협약서 또는 사업계획서 등에 성과목표를 명확하고 구체적으로 설정하여야 한다.

(다) 성과점검의 내용 **B128**

성과점검은 사업수행을 위한 인력·자원 투입의 적정성, 사업 이행 시기·방법 등 과정의 적정성, 사업목표 달성수준 등을 대상으로 한다.[1)]

(라) 성과점검의 활용 **B129**

성과점검 결과는 향후 종합성과평가에서 자료로 활용될 것이고, 또한 재계약 적정성 심의 자료로 활용될 것이다. 성과목표 달성이 저조(60% 미만)하면, 2개월 내 보완계획을 마련하여 시행해야 한다.

(마) 성과점검의 생략 **B130**

종합성과평가를 실시하는 경우에는 당해 사업연도의 성과점검을 생략할 수 있다.

1) 아래의 지도·점검 체크리스트(안)(민간위탁 관리지침(2014), 39쪽에서 옮겨온 것임) 참조.

≪지도 · 점검 체크리스트(안)≫ B131

[일반운영 분야]

분 야		점검 항목	점검 내용	확인
공통지표	회계관리	1. 민간위탁금 관리	① 입출금 통장 확인 ② 위탁금 목적 외 사용 여부 ③ 위탁금 정산 및 반납 등 이행 여부 ④ 회계장부 정리 및 비치 ⑤ 일일결산, 기재 누락 등 확인	양호, 보통, 미흡, 해당없음 미흡사유:
		2. 수입금 관리	① 수입금 입금, 지출부 작성 여부 ② 수입금 수입결의 및 지출결의 여부	양호, 보통, 미흡, 해당없음 미흡사유:
		3. 후원금 관리	① 후원금 입금, 지출부 작성 여부 ② 후원금 수입결의 및 지출결의 여부 ③ 후원금 영수증 발행 여부 ④ 후원금 목적 외 사용 여부	양호, 보통, 미흡, 해당없음 미흡사유:
		4. 통장관리 및 증빙	① 예금통장의 구분, 예금주명의, 인장관리적정여부 ② 적당한 채주 지급, 지출증빙서류 검토	양호, 보통, 미흡, 해당없음 미흡사유:
		5. 정보 공개	① 예산, 결산 공개 여부 ② 수입금, 후원금, 자체부담금 등 공개 여부	양호, 보통, 미흡, 해당없음 미흡사유:
		6. 재위탁 여부	① 위탁 사업 중 일부 재위탁 여부 확인 ② 재위탁 서류 및 업체 확인 ③ 서울시 보고 및 허락 여부 확인	양호, 보통, 미흡, 해당없음 미흡사유:
		7. 예산 담당자 인터뷰 및 어려운 점 및 불만사항 체크 (현장 방문하여 인터뷰 실시)		인터뷰 보고서 작성
		8. 기타		보고서 작성
	고용	1. 인사 관리	① 공개채용 확인 ② 승급, 인사의 공개 확인 ③ 인사 관련 서류 확인(이력서, 자격증 등) ④ 인사위원회 구성 여부	양호, 보통, 미흡, 해당없음 미흡사유:
		2. 복무 관리	① 근무 형태 확인 ② 근무상황 확인(병가, 공가, 연가 등)	양호, 보통, 미흡, 해당없음 미흡사유:
		3. 급여 관리	① 급여지급 기준(호봉, 수당 적정 여부) ② 4대 보험 적정 납부 여부 ③ 퇴직금 적립여부	양호, 보통, 미흡, 해당없음

분 야		점검 항목	점검 내용	확인
개별 지표			④ 임금 지급조서와 실수령 금액 확인	미흡사유:
		4. 근로자 인터뷰	실사 방문하여 근로자 인터뷰	인터뷰 보고서 작성
	시민	1. 시민만족도 조사	① 100인 이상 이용자 있는 경우 10% 이상 시민 만족도 조사할 것	만족도 조사 정리
		2. 정보공개	① 시민이용자 불편사항 및 건의함 ② 이용자 간담회 구성 및 실시 여부 ③ 기관 홈페이지 및 소식지 발행 여부	양호, 보통, 미흡, 해당없음 미흡사유:
		3. 의사소통	① 이용자 건의사항 반영 정도(상, 중, 하) ② 이용자 위원회 구성 및 활성화 ③ 이용자 욕구 조사 실시 유무 ④ 민원 발생 및 해결 정도	양호, 보통, 미흡, 해당없음 미흡사유:
		4. 기타		
	전문 기술	1. 안전 관리	① 보험(화재, 상해 등) 가입 여부 ② 안전 점검 확인(안전점검 일지 작성 및 관리) ③ 비상대책 모의 훈련 실시 여부 ④ 소방시설 설치 및 관리	양호, 보통, 미흡, 해당없음 미흡사유:
		2. 물품 및 시설관리	① 물품, 시설 재물조사 실시 여부 ② 물품 관리자, 시설 관리자 지정 및 책임여부 ③ 물품 및 시설 관리(구입, 유지보수, 폐기) 확인 ④ 비품, 소모품 수불 사항 정리 여부	양호, 보통, 미흡, 해당없음 미흡사유:
		3. 기타		

[운영성과 분야(성과점검)]

분야	점검 항목 (점수)	점검 내용	확인
투입	인력 (10)	① 인력의 적정성 (자격증 경력 확인) ② 적정 인력 투입 (사업 및 이용자 대비 인원수)	양호, 보통, 미흡, 해당 없음 미흡사유:
	자원 (10)	① 사업과정별 예산 집행의 적정성 ② 시설 및 기자재 활용 적절성 ③ 지역사회 및 관련 전문가 활용 정도	양호, 보통, 미흡, 해당 없음 미흡사유:
과정	준수성 (10)	① 사업계획 이행 여부(시기, 방법 등) ② 서비스 및 업무 과정기록의 충실성 ③ 관련 법규, 규정, 안전 수칙 및 지침 준수	양호, 보통, 미흡, 해당 없음 미흡사유:
	노력성 (10)	① 지역사회 내 관련단체 및 기관의 연계 ② 외부자원(인적, 물적자원) 동원 노력 ③ 목표달성을 위한 홍보 노력	양호, 보통, 미흡, 해당 없음 미흡사유:
산출	사업성과 달성 (50)	① 사업별 성과 달성율 확인	양호, 보통, 미흡, 해당 없음 달성율: %
	사업성과 미달 (60% 미만) 사업	① 사업달성 미비(60%미만) 사업 확인 ② 사업달성 미비(60%미만) 사업 목록 작성 ③ 사업달성 미비(60%미만) 사업 사유서 작성 ④ 사업달성 미비(60%미만) 사업 보완계획 작성	목록, 사유서, 보완계획 작성현황
활용	피드백 (10)	① 이용자 만족도 조사 유무 ② 이용자 만족도 반영 및 활용 여부 ③ 자체 성과점검 및 평가 유무 ④ 지난 평가 수정 사항 반영 여부	양호, 보통, 미흡, 해당 없음 미흡사유:

3. 회계감사 B132

(1) 의의 B133

수탁기관은 매 사업연도마다 결산서를 작성하여 시장이 지정하는 회계법인 또는 공인회계사의 회계감사를 받아 해당 사업연도 종료 후 3개월 이내에 시장에게 제출하여야 한다. 이 경우, 회계감사의 대상, 절차 및 방법 등은 규칙으로 정한다(서울특별시 행정사무의 민간위탁에 관한 조례 제15조 제7항). 사업연도가 1년에 미달하는 경우에는 기간을 달리 정할 수도 있을 것이다.

(2) 대상 B134

서울특별시 행정사무의 민간위탁에 관한 조례 제15조 제7항에 따라 수탁기관이 결산서를 작성하여 회계감사를 받아야 하는 위탁사무는 연간 사업비 10억원 이상인 사무로 한다. 다만, 법령이나 조례 등에 따라 회계감사를 받는 사무는 그 결과로 대체할 수 있다(서울특별시 행정사무의 민간위탁에 관한 조례 시행규칙 제8조의2). 실무상 연간 사업비는 위탁사무 관련 세입·세출총액을 기준으로 한다. 시의 예산을 지원하지 않는 수익창출형 사무도 대상이 된다.

4. 시정조치 또는 위탁의 취소 등 B135

시정조치 또는 위탁의 취소 등을 협약서에 명기할 필요가 있다. 시정조치는 서울특별시 행정사무의 민간위탁에 관한 조례 제16조 제3항, 위탁의 취소는 같은 조례 제19조에서 규정되고 있다. 시정조치 또는 위탁의 취소 등에 관해서는 앞에서 이미 살펴본 바 있다.[1)]

■ 서울특별시 행정사무의 민간위탁에 관한 조례 제16조(지도 · 점검 등) ③ 시장은 제1항 및 제2항에 따른 보고 및 지도·점검 결과 위탁사무의 처리가 위법 또는 부당하다고 인정될 때에는 수탁기관에 대하여 시정요구 등 필요한 조치를 하여야 한다. <개정 2014. 5. 14.>
④ 시장은 제3항에 따라 시정조치를 할 경우 문서로 수탁기관에 통보하고 사전에 의견진술의 기회를 주어야 한다. <신설 2014. 5. 14.>
제19조(위탁의 취소 등) ① 시장은 다음 각 호의 어느 하나에 해당하는 사유가 발생한 때에는

---

1) 관련 사항의 해설은 A618을 보라.

위탁을 취소할 수 있다.

1. 수탁기관이 제15조의 의무를 이행하지 아니한 때
2. 수탁기관이 위탁계약 조건을 위반한 때

② 시장이 제1항에 따라 위탁을 취소하고자 하는 경우에는 사전에 수탁기관에 의견진술의 기회를 주어야 한다. <개정 2009. 7. 30.>

③ 시장은 제1항에 따라 위탁을 취소하는 경우에는 위탁비용 지원금의 환수, 공유재산 및 물품에 대한 사용허가의 취소 등 필요한 조치를 하여야 한다.

5. 위탁기간의 일시연장 B136

시장은 불가피한 사유가 있는 경우 수탁기관과 협의하여 1회에 한하여 90일의 범위에서 위탁기간을 일시 연장할 수 있다(서울특별시 행정사무의 민간위탁에 관한 조례 제11조 제3항).

6. 위탁기간 종료 시 조치 B137

위탁기간 만료 전의 협약해지 등으로 인한 민간위탁의 종료를 포함하여 민간위탁의 종료 시에는 민간위탁 종료 사유, 종료 시기 및 향후계획 등을 민간위탁 총괄부서(조직담당관)에 통보하여 서울특별시 민간위탁사무의 관리에 만전을 기하여야 할 것이다.

B. 종합성과평가 B138

2014년 5월에 개정된 서울특별시 행정사무의 민간위탁에 관한 조례는 종전의 「경영평가」를 「종합성과평가」로 아래에서 보는 바와 같이 규정내용을 변경하였다.

▣ 서울특별시 행정사무의 민간위탁에 관한 조례 제18조(종합성과평가) ① 시장은 위탁사무 중 규칙으로 정하는 사무에 대하여 위탁기간의 만료 90일 전까지 종합성과평가를 실시하여야 한다. <개정 2014. 5. 14.>

② 시장은 제1항에 따른 종합성과평가를 전문평가기관에 위탁할 수 있다. <개정 2014. 5. 14.>

③ 시장은 제1항에 따른 종합성과평가 결과를 운영위원회에 보고하고, 시 홈페이지에 공개하여야 한다. <신설 2014. 5. 14.> [본조신설 2009. 7. 30.] [제목개정 2014. 5. 14.]

▣ 서울특별시 행정사무의 민간위탁에 관한 조례 시행규칙 제10조(종합성과평가 대상 사무) ① 조례 제18조 제1항에 따라 시장이 종합성과평가를 실시하여야 하는 위탁사무는 연간 사업비 5억원 이상인 사무로 한다. 다만, 법령이나 조례 등에 따라 별도의 평가를 하는 사무는 그 결과로 대체할 수 있다.
② 시장은 제1항에 해당하지 않는 위탁사무에 대해서도 필요하다고 인정하는 경우에는 종합성과평가를 실시할 수 있다. [본조신설 2014. 7. 31.]

1. 대상사무 B139

평가대상은 위탁사무 중 규칙으로 정하는 사무이나(서울특별시 행성사무의 민간위탁에 관한 조례 제18조 제1항). 서울특별시 행정사무의 민간위탁에 관한 조례 시행규칙은 연간 사업비 5억원 이상인 사무를 평가대상으로 하고 있다(서울특별시 행정사무의 민간위탁에 관한 조례 시행규칙 제10조 제1항). 다만, 법령이나 조례 등에 따라 별도의 평가를 하는 사무는 그 결과로 대체할 수 있다(서울특별시 행정사무의 민간위탁에 관한 조례 시행규칙 제10조 제1항). 연간 사업비 5억원 이상인 사무가 아니라고 하여도 시장이 필요하다고 인정하면 평가할 수 있다.

2. 실시시기 B140

종합성과평가는 위탁기간의 만료 90일 전까지 실시하여야 한다(서울특별시 행정사무의 민간위탁에 관한 조례 제18조 제1항).

3. 평가항목[1] B141

평가는 ① 위탁사무의 사업성과(목표달성도), ② 재정운영 효율성(비용절감 효과, 재정운영실적, 자체부담금 등), ③ 조직운영 효율성(인력관리 적정성, 정규직 비율, 근로여건 등), ④ 사회적가치 기여도(지역사회 공헌, 정보공개 등), ⑤ 시민만족도(민원발생 및 해결여부, 만족도 조사결과 등), ⑥ 시설관리 적정성 등(시설관리실적, 안전사고, 시설가동율 등) 위탁사무의 운영 전반을 내용으로 한다.

---

1) 민간위탁 관리지침(2014), 42쪽.

4. 평가주체 B142

평가의 주체는 시장이다. 시장은 평가내용, 평가방법 등을 포함한 별도의 평가계획을 수립하여 추진할 것이다. 평가의 신뢰성 및 객관성 확보를 위해 외부 전문평가기관에 위탁할 수도 있다(서울특별시 행정사무의 민간위탁에 관한 조례 제18조 제2항). 공인회계사의 회계분석자료 등을 활용할 필요가 있을 것이다. 문제점이 발견된다면, 대책의 강구도 필요할 것이다.

5. 평가결과 B143

(1) 공개 B144

시장은 제1항에 따른 종합성과평가 결과를 운영위원회에 보고하고, 시 홈페이지에 공개하여야 한다(서울특별시 행정사무의 민간위탁에 관한 조례 제18조 제3항).

(2) 활용 B145

평가결과는 재계약시에 활용될 수 있다. 말하자면 평가결과를 바탕으로 재계약 여부 및 위탁기간 등의 결정에 인센티브나 페널티를 부여할 것인가의 여부를 판단하는 기준으로 활용할 수 있다. 평가결과가 불량(전체 배점의 60% 미만)으로 나타나면, 해당 수탁기관과 재계약을 배제하고 공개모집 등으로 전환할 수도 있다. 근로자의 70% 또는 75% 이상을 비정규직으로 활용하는 경우에도 재계약에서 배제할 수 있음을 규정하는 것도 고려할 필요가 있다. 만약 평가결과가 우수하여 재계약이 필요한 경우, 민간위탁 운영평가위원회에 재계약 적정성의 심의를 의뢰하게 될 것이다. 평가결과서가 함께 제출되어야 할 것이다.

C. 민간위탁전산관리시스템 등록 · 관리 (주관부서) B146

1. 관리의 목적 B147

민간위탁 사무에 대한 각종 자료를 체계적으로 관리하고, 주관부서의 위탁사무 관리·운영을 효율적으로 지원하기 위하여 민간위탁전산관리시스템에 등록·관리한다.

2. 관리의 주체 B148

민간위탁 사무 담당자가 해당 사무현황을 시스템에 등록·관리한다.

3. 관리의 내용 B149

① 기본사항으로 위탁사무명, 담당부서, 근거법규, 위탁유형, 위탁내용, 시설위치, 업무담당자 등을 등록·관리한다.

② 수탁·예산 관련 사항으로 수탁기관 선정방법, 수탁기관 현황, 위탁기간, 재계약횟수, 방침서, 협약서, 예산현황 등을 등록·관리한다.

③ 운영 관련 사항으로 지도·점검, 성과평가, 재물조사 및 물품관리 현황을 등록·관리한다.

④ 위원회 심의 관련 사항으로 적격자 심의위원회, 민간위탁 운영평가위원회 심의 내용 및 결과를 등록·관리한다.

⑤ 의회동의 관련 사항으로 의회(상임위, 본회의) 동의 및 보고 현황을 등록·관리한다.

4. 관리의 범위 B150

신규로 민간위탁을 추진하는 경우는 물론 재위탁이나 재계약의 경우 모두 민간위탁전산관리시스템에 등록·관리하여야 한다. 위탁사무의 현황에 변경이 있으면 또한 민간위탁전산관리시스템에 등록·관리하여야 한다. 말하자면 민간위탁에 관련된 모든 사항을 민간위탁전산관리시스템에 등록·관리하여야 한다.

제2장 재위탁·재계약 추진절차 B151

[재위탁 · 재계약 추진절차 개요] B152

재위탁				재계약	
공모		수의			
절 차	주관부서	절 차	주관부서	절차	주관부서
Ⅰ. 사전조사	추진부서	Ⅰ. 사전조사	추진부서	Ⅰ. 사전조사	추진부서
Ⅱ. 추진계획	추진부서	Ⅱ. 추진계획	추진부서	Ⅱ. 추진계획	추진부서
				Ⅲ. 수탁기관 심의	적심위 추진부서
		Ⅲ. 수탁기관 심의	위탁위 추진부서	Ⅳ. 수탁기관 적정성 심의	위탁위 추진부서
Ⅲ. 상임위 보고	추진부서	Ⅳ. 상임위 보고	추진부서	Ⅴ. 상임위 보고	추진부서
Ⅳ. 수탁기관 선정	적심위				
Ⅴ. 계약 심사	재무국	Ⅴ. 계약심사	재무국	Ⅵ. 계약심사	재무국
Ⅵ. 계약체결	추진부서	Ⅵ. 계약체결	추진부서	Ⅶ. 계약체결	추진부서
Ⅶ. 사후관리	추진부서 총괄기관	Ⅶ. 사후관리	추진부서 총괄기관	Ⅷ. 사후관리	추진부서 총괄기관

1. 위의 그림에서 '추진부서'는 민간위탁 추진부서, '총괄기관'은 민간위탁 총괄기관, '위탁위'는 민간위탁 운영평가위원회, '적심위'는 적격자심사위원회를 의미한다.
2. 서울특별시의 경우, 민간위탁에 관한 업무의 총괄기관으로 조직담당관이다.
3. 재위탁이란 민간위탁하기로 결정된 사무에 대해 기존 수탁기관과의 위탁기간 만료 또는 그 밖의 사유로 새로운 수탁기관을 선정하여 위탁하는 것을 말한다(서울특별시 행정사무의 민간위탁에 관한 조례 제2조 제4호).
   - 재위탁의 사유
   - 기존 수탁기관과의 위탁기간 만료로 새로운 수탁기관을 선정하려는 경우
   - 기존 위탁기간 만료 전 기존 수탁기관의 수탁포기로 수탁기관을 다시 선정하여야 하는 경우

- 기존 위탁기간 만료 전 또는 만료로 새로운 수탁기관을 추가로 선정하여 기존 수탁기관과 함께 공동위탁하고자 하는 경우(예: 민간수탁자인 A법인이 자법인인 B법인을 설립하고 A법인이 민간수탁을 받은 사무의 일부를 B법인으로 하여금 수행하게 하려는 경우) 등

4. 재계약이란 민간위탁하기로 결정된 사무에 대해 위탁기간 만료 후 기존 수탁기관과 다시 계약하는 것을 말한다(서울특별시 행정사무의 민간위탁에 관한 조례 제2조 제5호).

Ⅰ. 재위탁 · 재계약 추진계획 수립 B153

1. 민간위탁 대상사무가 민간위탁에 적합한지 재확인 B154

재위탁하고자 하는 사무의 성격 및 사무수행의 명의와 책임 소재 등에 비추어 민간위탁 대상사무 기준에 적합한지 재확인하여야 한다. 재확인의 문제에 대한 검토는 신규 민간위탁 추진절차 중 「Ⅰ. 민간위탁 사전 조사」 부분의 검토로 대체한다.[1)]

2. 민간위탁 지속 필요성 검토 B155

민간위탁 지속 필요성 검토와 관련하여 그동안의 운영이 투명하고 우수하였는지 여부, 공개모집을 하는 경우에 원활한 사업운영이 가능할 것인지 여부 등을 고려하여 지속 여부를 판단하여야 할 것이다. 이와 관련하여 시의 직영 등 기타 효율적 사무추진 방식이 가능한지 여부도 검토할 필요가 있다. 한편, 공행정은 공무원에 의한 것이 원칙이라고 볼 때, 민간위탁은 공행정사무를 민간으로 하여금 수행하게 하는 것이므로, 재위탁의 경우에는 민간위탁을 지속할 것인지의 여부에 대한 판단이 매우 중요하다.

3. 재위탁 · 재계약 추진을 위한 위탁내용 등 확정 B156

재위탁 · 재계약의 대상인 위탁사무의 내용을 결정하고, 위탁기간, 위탁비용 산정, 수탁자 선정방법도 결정하고, 향후 지도 · 점검 및 평가계획 등을 수립하여야 한다. 재위탁 · 재계약 추진을 위한 위탁내용 등 확정의 문제에 대한 검토는 신규 민간위탁 추진절차 중 「Ⅱ. 민간위탁 추진계획 수립」 부분의 검토로 대체한다.[2)]

---

1) B4~B15를 보라.
2) B16~B34를 보라.

Ⅱ. 재계약 적격자 심의 B157

1. 적격자 심의위원회의 구성 · 운영 B158

심의위원회는 위원장과 부위원장 각 1명을 포함하여 6명 이상 9명 이내의 위원으로 구성하되, 위원장은 외부위원 중에서 호선한다(서울특별시 행정사무의 민간위탁에 관한 조례 제9조 제1항). 적격자 심의위원회 구성 · 심의의 문제에 대한 검토는 신규 민간위탁 추진절차 중 「V. 민간수탁자 선정 — 적격자 심의위원회 심의」 부분의 검토로 대체한다.1) B159

2. 심의내용 B160

심의위원회는 기존의 수탁기관과 재계약을 하거나 공모(공개경쟁)로 재위탁을 하는 경우에 수탁기관의 적정 여부를 심의 · 의결한다.

[재계약 적정성 심사기준(예시)] B161

심사항목	세부내용	배점(100)
수탁기관 운영 · 관리 적정성	○ 수탁기관의 책임능력 및 공신력 - 공공위탁사무 수행의 적합성 및 책임성 - 수탁기관의 신뢰도 및 사회적가치 기여도 등 ○ 인력 운영 관리의 적정성 및 전문성 - 종사자 정원관리, 인력 운영의 적정성 및 전문성 - 근로조건, 정규직 비율, 고용승계 및 고용유지 등 ○ 재무회계 등 예산집행의 투명성 및 재정능력 - 예산 편성 및 집행 관리의 적정성, 재정능력 - 회계처리규정 준수 및 정보공개 현황 등	30
사업수행 능력(운영실적의 적정성)	○ 위탁사무 각 세부사업별 추진실적 - 각종 사업 계획 대비 추진실적 및 사업 효과 등 ○ 위탁사무의 서비스 품질 향상 정도 - 신규 사업 · 프로그램 개발 운영 실적 - 공공서비스 품질 향상 노력도 ○ 위탁 시설 관리의 적정성 등	50

1) B49~B80을 보라.

	- 위탁시설 적정 관리 및 안정성 확보 여부 등	
향후 사업운영계획 적정성	○ 향후 위탁사무 비전제시 및 운영계획 - 비전 및 운영계획의 구체성, 타당성, 이행가능성 등 ○ 사업계획의 적합성, 이행능력 및 기대효과 - 사업계획의 전문성, 실행가능성, 기대효과 등	20

※ 전체 배점(100점)에서 총점 70점 이상인 경우 적격자 인정

Ⅲ. 민간위탁 운영평가위원회 심의 B162

1. 운영위원회의 심의가 필요한 경우 B163

재계약을 하거나 수의계약을 통해 재위탁을 하고자 하는 경우에는 민간위탁 운영평가위원회의 심의·의결을 거쳐야 한다. 공개모집에 의한 재위탁 추진의 경우에는 운영위원회 심의는 생략된다.

2. 재위탁(수의협약)·재계약 심의 의뢰 B164

재위탁(수의협약)·재계약 심의 의뢰는 후속절차(의회보고, 협약체결, 인수인계 등)를 고려하여 충분한 시간을 확보하면서 의뢰하여야 한다. 심의 의뢰를 하는 경우에는 민간위탁 지속 필요성, 위탁내용 및 추진계획 등을 제시하여야 한다.

3. 재위탁(수의협약)·재계약 심의 기준 B165

재계약시 적정성 심의기준으로 ① 현재의 수탁업체가 위탁기간 동안 성과를 내었는지의 여부, ② 공개경쟁을 통해 더 우수한 민간수탁자를 선정할 수 있는지 여부, ③ 시장에서 경쟁성이 없어 현 수탁기관이 아니면 운영이 불가능한지 여부, ④ 기타 긴급성 또는 특수성 등으로 재계약이 불가피한 것인지 여부 등을 고려하여야 할 것이다. 특히 ①의 심사와 관련하여 운영에 대한 평가, 지도·점검, 주관부서의 적격자 심의위원회 심의 결과 등을 고려하여야 할 것이다. 그리고 수탁기관과 장기간 상호 신뢰에 의해 안정적인 관계가 형성되어 운영실적이 우수한 경우는 배려하는 것도 고

려할 일이다. 한편, 민간위탁 운영평가위원회 구성·심의에 관한 검토는 신규 민간위탁 추진절차 중「Ⅲ. 민간위탁 운영평가위원회 심의」부분의 검토로 대체한다.[1]

B

4. 심의결과 통보 B166

연속하여 3회를 초과하는 재계약 사무 또는 10년을 초과하는 재계약 사무의 경우에는 공개모집으로 전환하는 것을 검토할 필요가 있다. 심의결과통보에 대한 검토는 신규 민간위탁 추진절차 중「Ⅲ. 민간위탁 운영평가위원회의 심의」부분의 검토로 대체한다.[2]

Ⅳ. 시의회 보고 B167

1. 시의회 보고가 필요한 경우 B168

공모에 의하거나 수의계약에 의하거나를 불문하고 재위탁 또는 재계약을 추진하는 경우에는 소관 상임위원회에 보고하여야 한다(서울특별시 행정사무의 민간위탁에 관한 조례 제4조의3 단서).

2. 보고의 내용·방법 등 B169

① 보고의 내용은 민간위탁 중인 대상사무를 지속적으로 민간위탁으로 하겠다는 것이고, ② 보고 방법은 주관부서별로 시의회의 소관 상임위원회에 보고하는 것이며, ③ 보고의 시기는 소관 상임위원회 보고 이후에 진행될 절차(예: 수탁기관 선정, 협약 체결)에 소요되는 기간 등을 고려하여 충분한 시간을 갖고 이루어져야 할 것이다.

---

1) B35~B41을 보라.

2) B35~B41을 보라.

Ⅴ. 수탁기관 선정 B170

1. 적격자 심의위원회 구성 · 운영 B171

공개모집으로 재위탁을 추진하는 경우에는 수탁기관 선정을 위한 적격자 심의위원회를 구성하고 심의하여야 한다. 적격자 심의위원회 구성·운영에 관한 사항은 신규로 민간위탁을 추진하는 경우와 같다.

2. 선정기준 등 B172

적격자 심의위원회가 행하는 수탁기관의 선정기준과 선정방법 등은 신규로 민간위탁을 추진하는 경우와 같다.

Ⅵ. 민간위탁 계약심사 등 B173

1. 민간위탁 계약심사 (사업비 심사) B174

① 계약심사의 주체는 계약심사과(민간위탁심사팀)이다. ② 심사의 시기는 수탁기관 선정 또는 협약 체결 전이다. 사업비용 변경의 경우에는 매년 사업시행 전이다. ③ 심사의 내용은 민간위탁 사업 비용(인건비, 운영비, 사업비 등)이다.

2. 민간위탁 협약(서) 적정성 심사 B175

① 협약서 적정성 심사의 주체는 재무과(계약심사단)이다. ② 심사시기는 수탁기관과 협약 체결 전이다. ③ 심사대상은 연간 사업비 10억원 이상인 재위탁 · 재계약 사무이다. ④ 심사내용은 협약서 내용의 적정성 등이다.

Ⅶ. 재위탁 · 재계약 협약 체결 B176

1. 재위탁 · 재계약 협약서 체결 B177

이 부분에 대한 검토는 신규 민간위탁 추진절차 중「Ⅶ. 위탁 · 수탁 협약 체결」 부분의 검토로 대체한다.[1)]

2. 위탁기간 B178

이 부분에 대한 검토는 신규 민간위탁 추진절차 중「Ⅱ. 민간위탁 추진계획 수립 2. 위탁기간의 결정」 부분의 검토로 대체한다.[2)] 위탁기간의 일시연장도 가능하다(서울특별시 행정사무의 민간위탁에 관한 조례 제11조 제3항).

3. 협약체결 후 공증 B179

이 부분에 대한 검토는 신규 민간위탁 추진절차 중「Ⅶ. 위탁 · 수탁 협약 체결」 부분의 검토로 대체한다.[3)]

4. 협약의 이행보증 B180

이 부분에 대한 검토는 신규 민간위탁 추진절차 중「Ⅶ. 위탁 · 수탁 협약 체결」 부분의 검토로 대체한다.

---

1) B81~B110을 보라.
2) B21~B26을 보라.
3) B81~B110을 보라.

Ⅷ. 위탁사무 인계 · 인수 B181

1. 인계 · 인수서 작성, 위탁대상 시설물 등 인계 B182

이 부분에 대한 검토는 신규 민간위탁 추진절차 중 「Ⅷ. 위탁사무 인계 · 인수」 부분의 검토로 대체한다.[1)]

2. 기존의 관리인력 인계(고용승계시) 및 시험운영 B183

이 부분에 대한 검토는 신규 민간위탁 추진절차 중 「Ⅷ. 위탁사무 인계 · 인수」 부분의 검토로 대체한다.[2)]

3. 사무편람 승인 및 비치 B184

이 부분에 대한 검토는 신규 민간위탁 추진절차 중 「Ⅷ. 위탁사무 인계 · 인수」 부분의 검토로 대체한다.[3)]

Ⅸ. 사후관리 및 종합성과평가 등 B185

1. 수탁기관 관리사항 및 사무편람 등 점검 B186

이 부분에 대한 검토는 신규 민간위탁 추진절차 중 「Ⅸ. 사후관리」 부분의 검토로 대체한다.[4)]

---

1) B111~B116을 보라.
2) B114~B116을 보라.
3) B116을 보라.
4) B117~B131을 보라.

2. 연1회 이상 의무적 지도 · 점검 실시 B187

이 부분에 대한 검토는 신규 민간위탁 추진절차 중 「Ⅸ. 사후관리」 부분의 검토로 대체한다.[1]

3. 수탁기관의 위법 · 부당한 사항에 대한 시정조치 또는 위탁의 취소 등 B188

이 부분에 대한 검토는 신규 민간위탁 추진절차 중 「Ⅸ. 사후관리」 부분의 검토로 대체한다.[2]

4. 회계감사 및 종합성과평가 실시 등 B189

이 부분에 대한 검토는 신규 민간위탁 추진절차 중 「Ⅸ. 사후관리」 부분의 검토로 대체한다.[3]

5. 민간위탁전산관리시스템 자료 등록 · 관리 B190

이 부분에 대한 검토는 신규 민간위탁 추진절차 중 「Ⅸ. 사후관리 C.」 부분의 검토로 대체한다.[4]

1) B121~B124를 보라.
2) B135를 보라.
3) B138~B145를 보라.
4) B146~B150을 보라.

PART

민간위탁 **협약서 예문**

[비고]

1. 아래 협약서(예문)는 기본적인 사항을 내용으로 구성하였다.
2. 실무상으로는 협약마다 이 협약서(예문)에서 필요한 항목을 선택하여 작성하면 될 것이다.
3. 이 협약서(예문)에 없는 사항일지라도 개별 협약에 필요한 사항 또는 특수한 사항이 있는 경우에는 추가하여야 할 것이다.

[예문 목차]

C1

C

Ⅰ. 제목과 전문[1] C2

■ 사무 · 시설 위탁형 ■

서울특별시립 A노인종합복지관 관리 · 운영사무의 위탁 · 수탁 협약서

서울특별시립 A노인종합복지관 관리 · 운영사무의 위탁 · 수탁에 관한 협약서[2]

서울특별시(이하 "시"라 한다)와 복지법인 행복(이하 "수탁자"라 한다)은 「서울특별시 사회복지시설 설치 및 운영에 관한 조례」 제6조(사무의 위탁) 제1항과 「서울특별시 행정사무의 민간위탁에 관한 조례」 제3조(적용범위)에 근거하여 서울특별시립 A노인종합복지관(이하 "복지관"이라 한다)의 관리 · 운영사무를 위탁 · 수탁하기 위하여 다음과 같이 협약을 체결한다.

• 사무 위탁형 •

서울특별시 산학연 협력사업의 위탁 · 수탁 협약서

서울특별시 산학연 협력사업의 위탁 · 수탁에 관한 협약서

서울특별시(이하 "시"라 한다)와 서울산업통상진흥원(이하 "수탁자"라 한다)은 「서울특별시 전략산업육성 및 기업지원에 관한 조례」 제23조의2(사무의 위탁)와 「서울특별시 행정사무의 민간위탁에 관한 조례」 제3조(적용범위)에 근거하여 서울특별시 산학연 협력사업을 위탁 · 수탁하기 위하여 다음과 같이 협약을 체결한다.

1) 이하의 예문들은 서울특별시의 민간위탁 관리지침(2014)에 있는 「서울특별시 민간위탁 위 · 수탁 협약서(표준안)」의 예문에 저자가 약간의 손질을 가한 것이다.

2) 협약서의 제목은 두 가지 예시 중 선택하면 된다.

Ⅱ. 계약체결의 목적

C3

■ 사무 · 시설 위탁형 ■

제○조(목적) 이 협약은 "시"가 「서울특별시 ○○구 ○○로 ○○번지」에서 설립한 서울특별시 ○○노인종합복지관(이하 "복지관"이라 한다)을 보다 효율적으로 운영하기 위하여 "복지관"의 관리 · 운영을 "수탁자"에게 위탁함에 있어 "시"와 "수탁자"가 갖는 권리와 지는 의무 등을 규정하는 것을 목적으로 한다.

• 사무 위탁형 •

제○조(목적) 이 협약은 서울특별시 산학연 협력사업을 보다 효율적으로 운영하기 위하여 서울특별시 산학연 협력사업의 운영을 "수탁자"에게 위탁함에 있어 "시"와 "수탁자"가 갖는 권리와 지는 의무 등을 규정하는 것을 목적으로 한다.

Ⅲ. 용어의 정의

C4

제○조(용어의 정의) 이 협약에서 사용하는 용어의 뜻은 다음과 같다.

1. "계약담당공무원"이란 지방자치단체를 당사자로 하는 계약에 관한 법률 시행규칙 제2조에서 말하는 계약담당자를 말한다.
2. "주민"이란 주민등록법에 따라 서울특별시 관할 구역 안에 있는 자치구에 주민등록이 되어 있는 사람을 말한다.

Ⅳ. 민간위탁의 대상(위탁사무)

1. 위탁사무의 범위 C5

■ 사무·시설 위탁형 ■

제○조(위탁사무의 범위) ① "시"는 "수탁자"에게 다음 각 호의 사무를 위탁한다.
1. 무료급식사업
2. 식당사업

② 제1항의 위탁으로 인해 "수탁자"가 관리하는 재산은 [붙임 1]과 같다.

• 사무 위탁형 •

제○조(위탁사무의 범위) "시"는 "수탁자"에게 다음 각 호의 사무를 위탁한다.
1. 무료급식사업
2. 식당사업

2. 위탁사무의 조정 C6

제○조(위탁사무의 조정) ① "시"는 위탁사무의 효율적인 수행을 위해 필요한 경우에 위탁사무의 범위를 조정할 수 있다.

② "시"는 제1항의 조정을 하기 전에 "수탁자"로부터 "시"의 조정방침에 대한 의견을 들어야 한다.

Ⅴ. 위탁사무의 수행

1. 원칙

C7

제○조(위탁사무의 수행방식, 지위이전의 금지) ① "수탁자"는 수탁사무를 신의에 좇아 성실히 수행하여야 한다
② "수탁자"는 이 협약 또는 이 협약에 따른 사업에 관한 지위를 제3자에게 이전하거나 이 협약에 따른 수탁업무를 제3자에게 다시 위탁 또는 용역하게 할 수 없다.
③ "수탁자"는 이 협약 또는 이 협약에 따른 사업에 관한 권리를 제3자에게 양도할 수 없고, 그로 인한 의무를 제3자에게 인수하게 할 수 없다.
④ 제2항에도 불구하고 "수탁자"는 이 사업의 본질적 내용을 구성하지 아니하는 한도 내에서 "시"로부터 사전 승인을 받아 그 사무의 일부를 제3자에게 위탁하거나 용역을 하게 할 수 있다.
⑤ "수탁자"는 제4항에 따른 제3자의 위탁 또는 용역으로 인하여 발생하는 모든 결과에 대하여 책임을 진다.

2. 사업계획

C8

제○조(사업계획) ① "수탁자"는 수탁사무의 수행에 필요한 사업계획서를 작성하여 "시"의 승인을 받은 후 사업을 시행하여야 한다.
② 사업계획서에는 수탁사무의 서비스 목표 수준을 명확히 설정하고, 목표 달성 여부를 측정할 수 있도록 성과목표를 구체적으로 설정하여야 한다. [아래 사업 목표 및 성과목표 설정(예시) 참조]
③ 제1항의 사업계획서에는 세부사업과 소요예산 내역, 인력운용계획과 채용·급여·복리후생 등 근로자의 근로조건을 포함하여야 한다.
④ "시"는 사업계획서가 미흡하거나 불충분하다고 판단되면 "수탁자"에게 그 수정·보완을 요구할 수 있다.
⑤ "수탁자"는 "시"의 승인을 받은 사업계획을 변경하고자 할 때에도 "시"의 승인을 받아야 한다. 다만, 경미한 사항의 변경의 경우에는 그러하지 아니하다.

3. 사업 목표 및 성과목표 설정(예시)[1]

C9

(1) 사업 목표 등 설정 시 유의사항

㈎ 사업의 필요성

○ 민간위탁 사업 실시 전, 사업의 필요성과 정당성을 명확히 함

㈏ 사업 대상

○ 사업의 필요성에 따라서 적절한 대상을 선별하여 명시
○ 실제 공공서비스를 제공받는 실인원과 연인원을 성과측정의 중요한 지표로 하여, 수탁기관은 달성 가능한 목표인원 설정
○ 유사한 사업을 담당하고 있는 민간기관이나 다른 지역의 동일한 민간위탁 사업과 비교분석하여 민간위탁 지원액 대비로 최대한의 사업성과를 높이는 목표 인원 설정

㈐ 사업 목표

○ 사업 목표를 설정하고 사업 성과목표를 명시
○ 위탁기간동안 서비스를 어떻게 정의하고 규정하며, 측정·보고·관리되어질 것인가를 포함하여 서비스의 세부사항, 특징, 기준, 대상, 주요성과지표 등 구체화
○ 사업의 목표는 구체적으로 숫자, 측정 가능한 지표 등으로 명시하여 사업의 종결 후 그 성과를 확인할 수 있도록 함
○ 위탁 사업의 목적과 목표를 명시하고, 세부목표를 설정하여 측정 가능한 목표(10명, 10% 등) 설정
○ 위탁사업에 대한 목적과 목표가 세워지면, 그에 따른 대상자를 선정하고, 목표에 따른 프로그램의 세부계획을 구체적으로 명시

(2) 민간위탁 사업 목표 및 성과목표 설정 예시

[예시: 장애인복지관에서 실시하는 발달장애인 직업재활 활성화 프로그램]

1. 사업목적

○ 발달장애인의 직업능력과 노동시장을 개발하고, 취업의 기회를 확대하여 자립생활을 돕는다.

2. 사업목표

○ 목표 1. 다양한 훈련을 통해 직업능력을 향상시킨다.

1) 민간위탁 관리지침(2014), 71~72쪽.

– 세부목표 1. 사회적응기술을 향상시킨다.
2. 직업적응기술을 향상시킨다.

○ 목표 2. 노동시장을 개발한다.

– 세부목표 1. 발달장애인의 취업이 가능한 기업체 100곳에 홍보한다.
2. 취업체 10곳을 개발한다.
3. 취업체 개발을 위한 시청각 자료 1개를 제작한다.

○ 목표 3. 발달장애인의 취업을 알선한다.

– 세부목표 1. 20명의 신규 훈련생을 모집하여 훈련한다.
2. 신규 훈련생 중 10명을 취업시킨다.
3. 기존 취업자의 이직률을 10%로 줄인다.
4. 자녀취업을 위한 장애인 부모교육을 실시한다.

○ 목표 4. 발달장애인을 위한 지원고용 프로그램을 개발한다.

– 세부목표 1. 직무분석 방법 및 사례집 1권을 발간한다.
2. 지원고용 워크숍을 1회 실시한다.
3. 발달장애인에게 적절한 직종 10개를 개발한다.

4. 운영위원회 등 설치[1]

C10

제○조(□□운영위원회) ① "수탁자"는 수탁사무에 관한 다음 각호의 사항을 심의(또는 심의·의결)하기 위하여 □□운영위원회(이하 "위원회"라 한다)를 둔다.

1. 수탁사무처리의 기본방향의 설정
2. 사업계획의 수립

② "위원회"는 위원장 1명과 위원 □명으로 구성하되, "수탁자(또는 수탁자의 대표)"가 위원장이 되며, 위원은 아래와 같이 한다.

1. "시"가 위촉하는 위원 □명
2. "수탁자(또는 수탁자의 대표)"가 위촉하는 위원 □명

1) 시가 운영위원회 등의 설치를 요구할 때에만 이 예문을 활용하면 된다.

Ⅵ. 민간위탁의 기간

C11

■ 일반적인 경우 ■

> 제○조(위탁기간) ① 이 협약에 의한 □□사무의 위탁 · 수탁기간은 □□□□년 □월 □일부터 □□□□년 □월 □일까지(5년)로 한다.
>
> ② 제1항에도 불구하고 불가피한 사유가 있는 경우에는 "시"와 "수탁자"가 협의하여 1회에 한하여 90일의 범위에서 위탁기간을 연장할 수 있다.

• 단기 계약기간이 필요한 경우 •

> 제○조(위탁기간) 이 협약에 의한 □□사무의 위탁 · 수탁기간은 □□□□년 □월 □일부터 □□□□년 □월 □일까지(3개월)로 한다.

Ⅶ. 민간수탁자의 권리

1. 민간위탁금(운영비 · 사업비)의 지급(수령)

C12

> 제○조(위탁금, 사업비) ① "시"는 "수탁자"에게 위탁금(운영비)으로 매년 □□□□원을 지급한다.
>
> ② 위탁금(운영비)은 분기별로 4회에 나누어(또는 매월) 지급한다.
>
> ③ 위탁금액은 "시"의 예산과 수탁사무의 사업계획, 소요경비 산출내역 및 사업집행 결과 등을 고려하여 "시"가 정한다.
>
> ④ "수탁자"는 시"로부터 위탁금을 지급받고자 하는 경우에는 집행 1개월 전에 관련 사업계획, 소요경비 산출내역 등을 기재한 서면으로써 "시"에게 청구한다.

2. 민간위탁금(운영비 · 사업비)의 관리 C13

제○조(위탁금의 관리) ① "수탁자"는 "시"로부터 받은 위탁금(운영비)을 이 협약서에 기재된 목적과 용도에 따라 사용하여야 한다,

② "수탁자"는 위탁금을 지방재정법, 서울특별시 재무회계규칙, □□□보조금관리조례 등 관련 법령이 정하는 바에 따라 관리 · 집행하여야 한다.

③ "수탁자"는 사업비 관리를 위하여 수탁사무와 관련하여 별도의 계좌를 개설하는 등 수탁재산과 고유재산을 분리하여 관리하여야 하고, 회계책임자를 임명하여 이를 관리하게 하여야 한다.

3. 민간위탁금(운영비 · 사업비)의 정산과 반환 C14

제○조(위탁금의 정산과 반환) ① "수탁자"는 "시"가 지급한 사업비에 대하여 매 분기마다 사업비 정산서를 작성하여, 해당 분기 종료 후 15일 이내에 "시"에게 제출하여야 한다. 다만, "시"는 특별한 사정이 있는 경우에는 사업비 정산서를 매 회계연도마다 제출하게 할 수 있으며, 이 경우 "수탁자"는 해당 회계연도 종료 후 15일 이내에 "시"에 사업비 정산서를 제출하여야 한다.

② "수탁자"는 위 · 수탁기간이 만료되거나 협약이 해지되는 때에는 만료일 또는 해지일부터 15일 이내에 사업비 정산서를 작성하여 "시"의 승인을 받은 후 집행 잔액을 지체 없이 반납하여야 한다.

③ "수탁자"는 수탁사무가 서울특별시 행정사무의 민간위탁에 관한 조례에 따라 공인회계사에 의한 회계감사를 받아야 하는 사무인 경우에는 사업연도 종료 후 3개월 내에 위탁사무의 결산서를 작성하여 공인회계사에 의한 회계감사를 받은 후 "시"에 제출하여야 한다.

④ "수탁자"는 수탁기간이 만료되거나 이 협약이 해지되는 경우에는 수탁사무와 관련하여 자기가 채무자로 되어 있는 채무를 모두 변제하고, 이러한 내역을 기재한 확인서를 "시"에 즉시 제출하여야 한다.

4. 민간위탁수수료

C15

제○조(위탁수수료) ① "시"는 "수탁자"에게 위탁수수료를 지급한다.
② 위탁수수료는 위탁금(운영비)에 포함된 것으로 하며, 그 비율은 위탁금의 □%로 한다.
③ 위탁기간이 1년 미만인 경우에는 제2항의 금액을 달로 나누어 계산한다.

5. 수수료(사용료 · 이용료) 징수권

C16

제○조(수수료의 징수) ① "수탁자"는 법령 및 조례가 정하는 범위 안에서 주민으로부터 사용수수료 또는 이용수수료를 징수할 수 있다.
② "수탁자"가 제1항에서 정한 사용수수료 또는 이용수수료를 징수하고자 하는 경우에는 "시"의 사전승인을 받아야 한다.
③ "수탁자"는 주민으로부터 징수한 사용수수료 또는 이용수수료의 총계표를 작성하여 분기 말에 "시"에게 제출하여야 한다.
④ "수탁자"는 제1항의 규정에 의하여 징수한 수수료를 "시"의 승인을 받아 사업 운영 경비로 사용할 수 있다. 다만, 이 협약의 중도 해지 또는 만료 등으로 인하여 운영 사업 경비로 사용할 수 없는 경우에는 "시"와 "수탁자"의 협의에 의하여 정산한다.
⑤ "수탁자"는 징수한 수수료에 대하여 사업비 등 다른 수탁재산과 구별하여 별도의 계좌를 개설하고 제○조 제○항과 같은 방법[1]으로 관리하여야 하며, 그 수입 · 집행계획 및 그 정산내역서를 제○조[2]에 정한 사업계획서와 함께 "시"에게 제출하여야 한다.

1) C13의 조문을 말한다.
2) C12의 조문을 말한다.

C

Ⅷ. 민간수탁자의 의무

1. 민원사무편람 비치의무 C17

제○조(민원사무편람의 비치) ① "수탁자"는 수탁사무의 종류별 처리부서 · 처리기간 · 처리과정 · 처리기준 · 구비서류 · 서식과 수수료 등을 구분하여 사무편람을 작성하고 "시"의 승인을 얻은 후 게시(인터넷 등을 통한 게시를 포함한다)하거나 비치하여 민원인이 볼 수 있게 하여야 한다.
② "수탁자"는 주민의 요청이 있으면, 즉시 민원사무편람을 보여 주어야 한다.

2. 위탁재산 관리의무 (1) C18

■ 사무 · 시설 위탁형 ■

제○조(위탁재산의 관리) ① "수탁자"는 수탁의 본래 취지에 따라 선량한 관리자의 주의로써 위탁사무를 처리하여야 하며, 수탁 목적 외의 용도로 사용하여서는 아니 된다.
② "수탁자"는 수탁재산을 개수하거나 · 보수하려면 사전에 "시"의 승인을 받아야 한다.
③ "수탁자"는 수탁사무의 수행을 위해 위탁금 등 "시"의 부담으로 구입 또는 설치한 시설물을 "시"에 귀속시킨 후 수탁재산에 포함하여 관리하여야 한다.
④ "수탁자"는 수탁사무의 수행을 위해 위탁금 등 "시"의 부담으로 개발한 지식재산권을 "시"에 귀속시킨 후 수탁재산에 포함하여 관리하여야 한다.
⑤ "수탁자"는 "시"의 사전 허가를 받음이 없이 수탁재산의 전부나 일부를 제3자에게 매각, 대여, 권리설정 등을 할 수 없다.
⑥ "수탁자"의 잘못으로 수탁재산에 피해가 발생하면, "수탁자"는 "시"에 그 피해를 배상하여야 한다. 다만, "수탁자"에게 참작할 만한 중요한 사유가 있는 경우에 "시"는 "수탁자"의 면책을 결정할 수 있다.
⑦ "수탁자"는 천재지변 등으로 인해 수탁재산의 관리에 특별한 조치가 필요하면, 즉시 필요한 조치를 하고 "시"에 보고하여야 한다.

3. 위탁재산 관리의무 (2)

C19

제○조(수탁재산의 원상회복 등) ① 수탁기간이 만료되거나 협약의 해지 등이 있는 경우에 "수탁자"는 수탁재산(수탁기간 중 취득한 시설, 장비 등도 포함한다)을 원상회복하여 "시"에게 즉시 인도하여야 한다. 다만, 원상회복이 불가능한 경우에는 "시"와 미리 협의하여 그로 인하여 "시"에 발생하는 손실을 즉시 보상한다.
② 수탁기간이 만료되거나 협약의 해지 등이 있는 경우 "수탁자"는 수탁사업과 관련하여 "수탁자"가 관리하고 있는 일체의 문서, 자료 및 그 밖의 필요한 정보를 "시"에 즉시 반환한다.

4. 자부담계획의 이행의무[1)]

C20

제○조(자부담계획의 이행) ① "수탁자"는 수탁자 선정 시에 제출한 (연도별) 자부담계획을 성실히 이행하여야 한다.
② 자부담계획이 여러 해에 걸쳐 시행되어야 하는 경우에는 자부담계획에 따른 연도별 집행계획을 작성하여 매년 ○월 말일까지 제출하여 "시"의 승인을 받아야 한다.

5. 사무처리 등의 보고의무

C21

제○조(사무처리의 보고 등) ① "수탁자"는 이 협약서에 정한 사무와 관련하여 "시"가 정한 사항을 6개월마다 보고하여야 한다.
② "수탁자"는 제1항에도 불구하고 필요하다고 판단하는 경우에 수시로 "시"에 보고할 수 있다.
③ "수탁자"는 이 협약 체결 후 법인의 명칭이나 대표자 변경 등 경영상 변동사항이 있는 경우에 지체 없이 "시"에 보고하여야 한다.

1) 수탁자 선정시에 자부담계획을 제출한 경우에 이 조항을 활용하게 될 것이다.

6. 법령준수의무 등 C22

제○조(법령준수의무 등) ① "수탁자"는 이 협약에서 정하는 수탁사무를 수행함에 있어 관련 법령("시"의 자치법규 포함한다)을 준수하여야 한다.
② "수탁자"는 이 협약에서 정하는 수탁사무를 수행함에 있어 이용자나 참여자에게 공평하여야 하며, 부당한 행위를 하거나 요구할 수 없다.
③ "수탁자"는 수탁사무를 수행하면서 특정 종교의 명칭을 사용하거나 종교적 활동을 할 수 없으며, 소속 근로자, 이용자와 참여자 등 모두에 대하여 종교적 차별을 하여서는 아니 된다.

7. 정보보호의무(비밀유지의무) C23

제○조(정보보호의무) ① 이 협약을 위한 준비절차, 협약의 체결, 이행을 비롯한 이 협약의 이행과 관련하여 취득한 "시"의 비밀사항, 그 밖의 관련 정보 일체를 이 협약의 이행을 위한 목적 외에 다른 목적으로 이용하여서는 아니 되고, 위 정보 등을 제3자에게 제공하거나 누설하여서는 아니 된다.
② "수탁자"는 이용자나 참여자 등의 개인정보에 관한 사항을 취급하는 경우에 「개인정보 보호법」 등 관계 법령을 준수하여야 한다.

8. 근로자 보호의무(일반적 사항) C24

제○조(근로자, 직원의 보호) ① "수탁자"는 근로 관련 법령과 근로약정을 준수하여 소속 근로자(직원)가 업무를 성실하게 수행할 수 있도록 하여야 한다.
② "수탁자"는 근로약정에 따른 소속 근로자(직원)의 임금지급의무를 성실히 이행하여야 하며, "수탁자"는 분기별로 소속 근로자(직원)에 대한 임금지급명세서를 "시"에 제출하여야 한다.
③ "수탁자"는 근로약정에서 정하는 소속 근로자(직원)에 대한 복리후생·교육에 관한 의무를 이행하여야 한다.
④ "수탁자"는 이 조와 제○조에서 정하는 의무를 성실히 수행할 것을 확실히 약속하기 위하여 소속 근로자(직원) 권익보호 이행서약서를 작성하여 "시"에게 제출하여야 한다.

9. 근로자 보호의무(정책적 사항)

C25

제○조(근로자, 직원의 계속 고용 등) ① "수탁자"는 이 협약에서 정한 수탁기간 동안에는 특별한 사정이 없는 한 소속 근로자(직원)에 대하여 계속 고용하도록 최대한 노력하여야 한다.
② "수탁자"는 이 협약이 만료되는 때 수탁사무에 종사하고 있는 소속 근로자(직원)에 대하여 계속 고용하도록 최대한 노력하여야 한다.
③ "수탁자"는 이 협약의 체결 전부터 수탁사무와 관련하여 종전의 수탁기관에 고용된 근로자(직원)를 계속 고용함으로써 고용승계가 이루어질 수 있도록 최대한 노력하여야 한다.
④ "수탁자"는 협약이 해지되거나 만료되는 경우 또는 위탁사무를 축소하는 경우, "시"의 위탁사무를 수행하게 될 새로운 수탁기관에 고용승계가 될 수 있도록 최대한 노력하여야 한다.
⑤ "수탁자"는 □명 이상의 장애인을 고용하도록 노력하여야 한다.
⑥ "수탁자"는 이 협약을 이행함에 있어 소속 근로자의 정규직 비율을 25% 이상이 되도록 유지하여야 하고, 그러하지 아니할 경우 "시"는 위·수탁기간 만료시 "수탁자"에게 동일한 사무를 다시 위탁하지 아니할 수 있다.

10. 수익수수료 납부의무

C26

■ 수익창출형 민간위탁 ■

제○조(수익수수료 납부) ① "수탁자"는 "수탁자"가 징수한 사용수수료 또는 이용수수료의 총액에서 인건비, 운영비, 사업비, 그리고 "시"가 인정하는 비용을 공제한 후 남는 금액을 "시"에 납부하여야 한다.
② 제1항의 수익수수료의 납부는 분기마다 하되 분기말부터 5일 이내에 한다.

11. 협약이행의 보증 C27

제○조(협약이행의 보증) ① "수탁자"는 수탁기간 동안 최초 사업연도를 포함하여 매년 이 협약의 이행을 보증하기 위하여 매 사업연도 ○월 ○일까지 "시"가 지급하기로 한 연간 총사업비의 100분의 ○ 이상에 해당하는 금액을 협약보증금으로 납부하거나, 보험업법에 의한 이행보증보험에 "시"를 피보험자로 가입하여 그 보험증권 원본을 "시"에게 제출한다. 다만, 최초 사업연도의 경우 협약 체결일부터 ○일 이내에 이행보증금을 납부하거나 이행보증보험증권 원본을 "시"에게 제출한다.
② "시"는 "수탁자"가 이 협약상의 의무를 이행하지 아니하는 경우 제1항의 협약보증금을 "시"에 귀속시킨다.

12. 보험가입의무 C28

제○조(보험가입) ① "수탁자"는 수탁재산 중 "시"가 정하는 시설에 대하여 화재보험(손해보험)에 가입하고, 수탁기간이 개시되기 전까지 보험증권 원본을 "시"에 제출하여야 한다.
② "수탁자"는 이용자들의 안전사고에 대비하기 위하여 관련 보험(손해보험)에 가입하고, 수탁기간이 개시되기 전까지 보험증권 원본을 "시"에 제출하여야 한다.

13. 손해배상책임 C29

제○조(손해배상책임 등) ① "수탁자"가 이 협약에서 정하는 수탁사무를 수행하면서 발생하는 불법행위로 인하여 제3자가 입은 피해에 대한 배상책임은 "수탁자"가 진다.
② "수탁자"가 이 협약에서 정하는 수탁사무를 수행하면서 발생하는 불법행위로 인한 피해에 대하여 "시"가 손해배상을 한 경우에 "수탁자"는 지체 없이 "시"에 이를 상환하여야 한다.

C

14. 민 · 형사상 책임

C30

제○조(민 · 형사상 책임) ① "수탁자"는 이 협약 및 이 협약에 따른 사업과 관련하여 발생하는 사건 · 사고에 대하여 민 · 형사상의 모든 책임을 진다. 다만, "수탁자"가 귀책사유가 없음을 증명하는 경우에는 그러하지 아니 하다.
② "수탁자"의 귀책사유로 "시"가 제3자에게 이 협약 및 이 협약으로 인한 사업과 관련된 손해배상을 한 경우에 "수탁자"는 이로 인하여 발생한 "시"의 손해(소송대리인 선임비용 및 기타 방어를 위해 소요된 비용을 포함함)를 즉시 "시"에게 배상하여야 한다.

Ⅸ. 지원, 지도 · 감독

1. 위탁사무의 지원

C31

제○조(행정상 지원 등) ① "시"는 위탁사무의 수행을 위하여 필요하다고 판단하는 경우에 "수탁자"에게 행정상 지원 등을 할 수 있다.
② "수탁자"는 수탁사무의 수행을 위하여 필요하다고 판단하는 경우에 "시"에 행정상 지원 등을 요청할 수 있다.

2. 지도와 점검(검사 · 감사) C32

제○조(지도 · 점검) ① "시"는 위탁사무와 관련한 협약내용 이행여부, 예산집행 및 재산관리 실태, 근로환경 등 "수탁자"의 업무 전반에 대하여 지도 · 점검한다.

② "시"는 사전에 특정한 시기를 지정하여 위탁사무 전반에 걸쳐 연 1회 이상 정기적인 지도 · 점검을 하며, 이 경우 정기 재물조사와 병행하여 실시할 수 있다(그 시기는 매년 ○월 ○째 주, ○월 ○째 주로 한다). 또한, "시"가 필요하다고 인정할 때에는 수시로 운영실태에 대해 지도 · 점검할 수 있다.

③ "시"는 위탁기간 만료시에 "수탁자"에게 다시 동일한 사무를 위탁하고자 하는 경우에는 지도 · 점검 결과를 심사자료로 활용할 수 있다.

3. 자료제출 요구[1) C33

제○조(자료의 제출의 요구) ① "시"는 필요한 경우에 "수탁자"에게 다음 각 호의 사항에 대한 자료제출을 요구할 수 있다.

1. 협약내용의 이행 여부
2. 예산집행의 실태
3. 재산관리의 실태
4. 그 밖에 "시"가 요구하는 사항

② 제1항의 요구를 받은 "수탁자"는 "시"가 정하는 방식에 따라 지체 없이 제출하여야 한다.

1) C21의 사무처리 등의 보고의무는 수탁자의 일반적 의무의 하나이고, C33의 자료제출은 위탁자의 감독수단의 하나이다.

4. 시정조치의 요구 C34

제○조(시정조치의 요구) ① “시”는 “수탁자”의 수탁사무처리가 법령이나 협약에 위반하는 경우에 그 사무처리를 시정할 것을 요구할 수 있다.
② “수탁자”는 정당한 사유가 없는 한 “시”로부터 시정조치를 요구받은 즉시 시정조치를 하여야 한다.

5. 사무처리의 취소 · 정지 C35

제○조(사무처리의 취소 · 정지) “시”는 다음 각 호의 경우에 “수탁자”의 사무처리를 정지하거나 취소할 수 있다.

1. “수탁자”가 “시”의 시정조치의 요구에 따른 시정조치를 하지 아니한 때
2. “수탁자”의 사무처리가 법령이나 협약에 위반하였으나 성질상 시정조치를 요구할 시간적인 여우가 없는 경우

6. 협약의 변경, 해제 · 해지, 해지의 통고 C36

제○조(협약의 변경) “시”는 다음 각 호의 경우에 협약을 변경할 수 있다.

1. “수탁자”의 요청이 있는 경우
2. “시”가 필요하다고 판단하는 경우

제○조(협약의 해제 · 해지) ① “시” 또는 “수탁자”가 이 협약을 해제 또는 해지(이하 “해지 등”이라 한다) 하고자 하는 경우에는 그 사유를 기재한 문서로써 상대방에게 통지하여야 한다.
② “시”는 다음 각 호의 경우에 이 협약에 대하여 해지 등을 할 수 있다.

1. “수탁자”가 이 협약 및 관련 법령을 위반하여 이 협약을 계속 유지하기 어려운 사정이 있는 때
2. “수탁자”가 정당한 사유 없이 “시”의 시정조치 요구에 응하지 아니 하거나 불성실하게 응하여 수탁 사무의 원활한 수행을 기대하기 어려운 때
3. “수탁자”가 사업을 수행함에 있어 다수의 민원을 야기하는 등 각종 사건 · 사고에 연루되어 사업수행에 심각한 지장을 초래하거나, 사업을 수행함에 있어 인권침해, 회계부정, 부당노동행위 등 사회적 물의를

일으킨 때

4. "수탁자" 또는 그 대표자가 사업비를 횡령하거나, 수탁받은 사무 및 이 협약의 이행과 관련하여 유죄의 확정판결을 받은 때
5. "수탁자"가 수탁기관 선정과정에서 거짓 또는 위·변조된 서류를 제출하거나 담합행위를 한 때
6. "수탁자"가 수탁을 포함하여 이 협약의 체결 및 이행 과정에서 관계 공무원 등에게 뇌물을 제공한 때
7. "수탁자"의 부도, 회생절차 개시, 파산, 해산, 영업정지, 등록말소 등으로 인하여 더 이상 이 협약의 이행이 곤란하다고 판단되는 때
8. "수탁자"가 이 협약의 이행과 관련하여 「최저임금법」 제6조 제1항, 제2항이나 「근로기준법」 제43조를 위반하여 「최저임금법」 제28조나 「근로기준법」 제109조에 따른 유죄의 확정판결을 받은 때 (다만, 지체 없이 시정된 경우에는 그러하지 아니할 수 있다)
9. 정상적인 협약관리를 방해하는 부정행위가 있는때
10. 천재지변 전쟁 또는 사변, 그 밖에 이에 준하는 사유로 이 협약을 계속 유지할 수 없는 때
11. 그 밖에 "수탁자"에 대한 "시"의 신뢰가 파괴되어 협약사항의 이행이 현저히 곤란한 때

③ "시"가 이 협약에 대하여 해지 등을 하고자 하는 때에는 사전에 "수탁자"에게 의견진술의 기회를 주어야 한다.
④ "시"가 이 협약에 대하여 해지 등을 하고자 하는 때에는 해지 등의 예정일부터 3개월 전까지 하여야 한다.
⑤ "시"가 제2항을 이유로 협약을 해지하는 경우에 "수탁자"는 "시"에 손해배상을 청구할 수 없다.

제○조(협약해지의 통고) ① "시" 는 "수탁자"와 해지를 하기로 합의한 때 협약해지의 통고를 할 수 있다.
② 제1항의 협약해지의 통고는 문서로써 한다.
③ 제1항의 통고를 받은 날부터 ○○일이 경과하면 해지의 효력이 생긴다.

7. 종합성과평가 등 C37

제○조(종합성과평가) ① "수탁자"는 "시"와 협의하여 수탁사무의 서비스 제고 등 성과목표를 구체적으로 설정하고, 설정한 성과목표를 달성하도록 최선을 다하여야 한다.
② "시"는 제2조에 따른 수탁사무가 서울특별시 행정사무의 민간위탁에 관한 조례에 따른 종합성과평가 대상 사무인 경우에 위·수탁기간의 만료 90일 전까지 종합성과평가를 실시할 수 있으며, "수탁자"는 협조하여야 한다.
③ 제2항의 평가점수가 전체 배점의 60% 미만인 경우에 "시"는 "수탁자"에게 동일한 사무를 다시 위탁하지 아니할 수 있다.
④ "시"가 "수탁자"에게 동일한 사무를 다시 위탁하는 경우에 제2항의 평가점수에 따라 위탁기간 등에 불이익을 줄 수 있다.

⑤ 종합성과평가 평가항목에는 근로자의 근로여건 및 고용안정과 관련된 항목을 포함할 수 있으며, 근로여건에는 근로자의 근무여건 및 처우개선을 위한 노력 등을 반영하고, 고용안정에는 정규직 중심의 인력운용 등을 반영할 수 있다.

Ⅹ. 적용법규와 효력

C38

제○조(적용법규와 해석 등) ① 이 협약에 명시되지 아니한 사항은 「○○○○에 관한 법률」, 「서울특별시 ○○○○조례」, 「서울특별시 행정사무의 민간위탁에 관한 조례」, 그 밖의 관계 법령 및 "시"의 조례, 규칙이 정하는 바에 의한다.

② 제1항에 의한 규정이 없거나 이 협약의 해석에 대하여 "시"와 "수탁자"의 해석이 다를 경우에는 상호 협의에 의한다.

③ 제2항의 규정에 의한 협의가 원만히 성립되지 아니하여 이 협약과 관련하여 소송을 제기하는 경우에 그 관할법원은 "시"의 소재지를 관할하는 법원으로 한다.

XI. 협약의 효력 등

C39

제○조(협약의 효력 등) ① 이 협약은 제○조[1]의 규정에 의한 위탁 · 수탁이 개시되는 날부터 위탁 · 수탁기간이 만료되는 날 또는 제○조[2]의 규정에 따라 협약의 해지 등의 효력이 발생하기 전까지 효력이 있다.

② 제1항에도 불구하고 다음 각 호의 경우를 특례로 한다.

1. 위탁 · 수탁기간이 만료된 후에도 민 · 형사상의 사건 · 사고가 발생하는 경우에는 그 사건 · 사고로 인한 판결 및 배상 등이 종결될 때까지 효력이 있다.
2. "시"가 지급한 운영비에 대한 정산이 완료되지 아니 하는 경우에는 그 정산이 완료되는 때까지 효력이 있다.
3. 지도 · 감독 또는 감사와 관련하여 필요한 경우에는 그 지도 · 감독 또는 감사가 종료될 때까지 관계된 규정에 한하여 그 효력이 있다.
4. 제○조[3]에 정한 비밀유지의무는 이 협약에서 정한 위탁 · 수탁기간의 만료 후에도 그 효력이 있다.

XII. 협약체결의 일자와 서명날인

C40

"시"와 "수탁자"는 이 협약의 체결과 그 내용을 증명하기 위하여 협약서 정본 2부를 작성하고, "시"와 "수탁자"가 서명날인한 후 각각 1부를 보관하며, "시"가 보관하는 1부는 공증을 받아둔다.

20□□. □□. □□.

"시"	서울특별시 중구 세종대로 110	서울특별시장 □□□ (직인)
"수탁자"	서울특별시 송파구 올림픽로 □□□	○○법인 □□□ 대표 □□□ (직인)

1) C11의 조문을 말한다.
2) C36의 조문을 말한다.
3) C23의 조문을 말한다.

부록

민간위탁 운영평가 위원회 **심의의뢰서** 제출서식

이 서식들은 서울특별시 민간위탁 관리지침에서 옮겨온 것으로서 현재 서울특별시에서 사용되고 있는 것이다.

▢ 유형별 제출서식

<table>
<tr><th colspan="2" rowspan="2">유 형</th><th rowspan="2">심의 내용</th><th colspan="2">제출서식</th></tr>
<tr><th>제출서식</th><th>추가 제출자료</th></tr>
<tr><td rowspan="6">예산지원형</td><td rowspan="3">시설</td><td>민간위탁 시행 사무 선정 심의 (제5조 제1항)[1]</td><td>공통서식</td><td>별첨1(시설위치도), 별첨2(현장사진) + 자체 방침서 + 참고자료(사업운영 개요, 유사시설 비교표, 법령 등)</td></tr>
<tr><td>수의협약 적정성 심의 (제8조 제3항)</td><td>추가서식 1</td><td>별첨1(시설위치도), 별첨2(현장사진) 별첨3(수탁자세부현황), 별첨4(민간위탁 수의협약사유서) + 자체 방침서 + 참고자료(사업운영 개요, 유사시설 비교표, 법령 등)</td></tr>
<tr><td>재계약 적정성 심의 (제12조)</td><td>추가서식 2</td><td>별첨1(시설위치도), 별첨2(현장사진), 별첨3(수탁자세부현황) + 자체 방침서 + 종합성과평가 및 적격심사 방침서(결과보고서 등) + 참고자료(사업운영 개요, 유사시설 비교표, 법령 등)</td></tr>
<tr><td rowspan="3">사무</td><td>민간위탁 시행 사무 선정 심의 (제5조 제1항)</td><td>공통서식</td><td>자체 방침서 + 참고자료(사업운영 개요, 유사사무 비교표, 법령 등)</td></tr>
<tr><td>수의협약 적정성 심의 (제8조 제3항)</td><td>추가서식 1</td><td>별첨3(수탁자세부현황), 별첨4(민간위탁 수의협약사유서) + 자체 방침서 + 참고자료(사업운영 개요, 유사사무 비교표, 법령 등)</td></tr>
<tr><td>재계약 적정성 심의 (제12조)</td><td>추가서식 2</td><td>별첨3(수탁자세부현황) + 자체 방침서 + 종합성과평가 및 적격심사 방침서(결과보고서 등) + 참고자료(사업운영 개요, 유사사무 비교표, 법령 등)</td></tr>
<tr><td colspan="2" rowspan="3">수 익 창출형</td><td>민간위탁 시행 사무 선정 심의 (제5조 제1항)</td><td>공통서식</td><td>별첨1(시설위치도), 별첨2(현장사진) + 자체 방침서 + 참고자료(사업운영 개요, 유사시설 비교표, 법령 등)</td></tr>
<tr><td>수의협약 적정성 심의 (제8조 제3항)</td><td>추가서식 1</td><td>별첨1(시설위치도), 별첨2(현장사진) 별첨3(수탁자세부현황),별첨4(민간위탁 수의협약사유서) + 자체 방침서 + 참고자료(사업운영 개요, 유사시설 비교표, 법령 등)</td></tr>
<tr><td>재계약 적정성 심의 (제12조)</td><td>추가서식 2</td><td>별첨1(시설위치도), 별첨2(현장사진), 별첨3(수탁자세부현황) + 자체 방침서 + 종합성과평가 및 적격심사 방침서(결과보고서 등) + 참고자료(사업운영 개요, 유사시설 비교표, 법령 등)</td></tr>
</table>

1) 서울특별시 행정사무의 민간위탁에 관한 조례의 조문이다.

[작성 방법]

1. 유형별(시설, 사무, 수익창출형)로 구분하여 작성
   (1) '공통서식'은 기본정보와 민간위탁의 타당성에 관한 정보를 작성
      ⇨ 모든 심의에 있어 공통적으로 작성 · 제출
   (2) '추가서식'은 수의협약, 재계약 심의에 따라 누적적으로 추가 작성 · 제출

2. 심의 내용별 작성방식
   (1) 최초 위탁의 경우
      ① 최초로 민간위탁을 추진하면서 공개경쟁으로 수탁자 선정하는 경우는 '시행사무 선정 심의'만 받으므로 '공통서식' 작성
      ② 최초로 민간위탁을 추진하면서 수의협약으로 수탁자를 선정하는 경우 '민간위탁 시행사무 선정 심의'와 '수의협약 적정성 심의'를 일괄 심의
         ⇨ '공통서식'과 '추가서식1'

   (2) 기존 사무 계약만료 후 수의협약 · 재계약하는 경우
      : '수의협약 적정성 심의'와 '재계약 적정성 심의'를 구분하여 작성
      ① 현 수탁자가 아닌 타 업체와 수의협약 하는 경우에만 '수의협약 적정성 심의'
         ⇨ '공통서식'과 '추가서식1' 작성
      ② 현 수탁자와 다시 수의협약 하는 경우에는 '재계약 적정성 심의'
         ⇨ '공통서식'과 '추가서식1'과 '추가서식2' 작성

3. 기타 작성시 유의사항
   - 글씨체 및 글자크기는 서식에서 정한 대로 유지
   - 기재 분량이 많을 경우 칸을 확장하거나 별지 작성 가능
   - 추가 제출자료(위치도, 사진, 수탁자세부현황, 방침서 등)는 심의의뢰서에 바로 붙여 하나의 문서로 제출

[① 시설] 민간위탁 운영평가위원회 심의의뢰서

'시설' 공통서식: 기본 심의자료로서 모든 심의에 있어 작성

구분				
위탁사무명				
실·국명 (주관부서)			부서장	(직급, 성명, 전화번호)
			팀 장	(직급, 성명, 전화번호)
			담당자	(직급, 성명, 전화번호)
시설개요	시 설 명			
	소 재 지			
	시설규모			
	시설용도			
	준공일자		개원일자	
	이용대상		수용인원	
	보유장비 현 황			
민간위탁 운영 평가위원회 과거 심의내용	○ 심의일자: ○○년 ○월 제○차 위원회 ○ 심의결과: 적정, 부적정, 조건부 적정 등 ○ 조건이행: 조건내용, 이행결과 기재 등 ※ 조건이행 관련 보완방침서 또는 검토서 첨부			
사업목적 및 위탁내용	○ 사업목적 – ○ 위탁하는 사무 내용을 구체적으로 기재 – – ※ 위탁사무가 여러 개의 사업으로 구성시 각 사업별 세부 사업내용 및 소요예산 함께 적시 ○ 전년도 대비 위탁내용이 추가·삭제·변경되었을 경우, 추가·삭제·변경된 내용 및 그 사유를 기재 –			
민간위탁 예정기간	○ (예시) 3년 (2012.1.1 ~ 2014.12.31)			

<table>
<tr><td>수탁자 선정방법, 수탁자명</td><td>○ 최초 위탁의 경우 공개모집 또는 수의협약 등 추후 수탁자 선정 방법 기재
○ 수의협약인 경우는 수의협약 예정인 업체명,
재계약인 경우는 현 수탁자명을 기재
– 해당업체의 성격 및 분야에 대해 개략적으로 설명</td></tr>
<tr><td>사업비용 및 수입내역</td><td>○ 최초 위탁인 경우에는 연간 위탁금 예상액을 기재
○ 재위탁 또는 재계약의 경우 지난 2년간 위탁금 및 향후 위탁하고자 하는 기간의 위탁금을 예상 기재
○ 수입내역이 있는 경우 최근 3년간 수입내역 기재
※ 사업비용 〈단위: 천원〉
<table>
<tr><td>연도별</td><td>사업비용</td><td>예산과목</td><td>세부 내역</td></tr>
<tr><td>2012년</td><td></td><td></td><td>인건비, 사업비, 관리비 등</td></tr>
<tr><td>2013년</td><td></td><td></td><td></td></tr>
<tr><td>2014년</td><td></td><td></td><td></td></tr>
<tr><td>2015년</td><td></td><td></td><td></td></tr>
<tr><td>2016년...</td><td></td><td></td><td></td></tr>
</table>
※ 최근 3년간 수입내역 〈단위: 천원〉
<table>
<tr><td>연도별</td><td>수입금</td><td>세부 내역</td></tr>
<tr><td>2012년</td><td></td><td></td></tr>
<tr><td>2013년</td><td></td><td></td></tr>
<tr><td>2014년</td><td></td><td></td></tr>
</table></td></tr>
<tr><td>민간위탁 추진경위</td><td>○ 민간위탁 추진과정
– ○○년 ○월 △법령에 의거 및 자체 방침 등
–
○ 민간위탁 추진현황(※최초 위탁의 경우는 생략)
– 최초 위탁시부터 현재까지 수탁기간별 수탁자, 수탁자 선정방법 등
–
○ 향후 계획
–</td></tr>
</table>

사전 타당성 검토	□ **민간위탁 사전타당성 검토** ○ 법령 및 조례에서 시의 사무로 규정되었는지 여부 – – ○ 해당사무를 위탁하는 근거법령(조례포함) 및 방침서 기재 – 개별법령이나 조례에 민간위탁 근거가 있는 경우 해당조문 기재 – 민간위탁조례에 의거 민간위탁 하는 경우 제6조 각호 중 해당사항 기재 ○ 공익성(공공성)이 강해 민간위탁이 제한 되는지 여부 – 시민의 권리·의무에 직접 영향을 미치는 사무인지 여부 – 공신력이 요구되는 사무인지 여부 – 시의 상시·지속적 사무인지 여부 ○ 직영과의 비교 분석 – 민간위탁에 따른 인력·예산절감 효과 – 서비스 향상 효과 – 전문성 제고 등을 구체적으로 기재 ※ 사업 중복성 검토 ○ 타 부서의 민간위탁 사업과의 중복성 여부(통합가능성 여부) 검토 – ○ 투자출연기관 등의 고유사업으로 전환 가능성 여부 –

'시설' 추가서식 1: 수의협약·재계약시 추가로 작성

수탁기관 적정성	
수탁기관 수행능력	○ 수의협약 하고자 하는 업체의 인력·기구·장비·시설 및 기술수준 – ○ 재정적인 부담능력 – ○ 전문성 확보여부 및 사무처리 실적 – ○ 위탁사업을 수행하는 근로자의 고용 안정성 등 – 정규직 비율 – 이직률
해당분야 시장여건 분 석	○ 해당시설의 수탁가능 업체 수 – ○ 공개모집시 경쟁가능성 등(유사사례 등을 조사하여 상세하게 기재) –
수의협약 · 재 계 약 사 유	○ 수의협약에 대한 법적근거 – 지방자치단체를 당사자로 하는 계약에 관한 법률 시행령 제25조에 해당 여부 ○ 공개모집원칙에도 불구하고 수의협약·재계약하려는 사유 – 구체적 제시 – ○ 공개모집을 통한 수탁자 선정시 문제점 –

'시설' 추가서식 2: 재계약시 추가로 제출

<table>
<tr><th colspan="4">현 수탁자 현황</th></tr>
<tr><td>수탁자명</td><td></td><td>전화번호</td><td></td></tr>
<tr><td>수탁기간</td><td></td><td>선정방법</td><td></td></tr>
<tr><td>재계약
현 황</td><td colspan="3">○ 재계약 회수: 회, 총 수탁기간: 년
– (각각의 재계약 기간, 재계약 사유)
–</td></tr>
<tr><td rowspan="4">재무구조</td><td>재 산</td><td colspan="2">총 천원(동산: 천원, 부동산: 천원)</td></tr>
<tr><td>부 채</td><td colspan="2">총 천원</td></tr>
<tr><td>수 입</td><td colspan="2">연 천원(재산수입: 천원, 사업수입: 천원)</td></tr>
<tr><td>재 무
건전성</td><td colspan="2">○ 주관부서 의견을 기재</td></tr>
<tr><td>위탁사업
직원현황</td><td colspan="3">○ 민간위탁 사업 수행 직 원: 총 명(정규직 명, 비정규직 명)
○ 자원봉사자: 총 명 (※ 등록된 자원봉사자 수를 기재)
– 1일 평균 자원봉사자 수: 명</td></tr>
</table>

부록

추진 실적	
재정부담 이행실적	○ 연도별 재정부담계획 대비 이행실적을 기재 – ※ 법인전입금 등 수탁자가 재정부담하는 경우에 작성
서 비 스 개선실적	○ 위탁 전·후 만족도 조사결과 등 서비스 개선 결과를 구체적으로 기재 –
사업추진 실 적	※ 핵심내용 위주로 1 page 이내 작성 ○ 사업추진결과 우수성과 기재 – ○ 동종 시설간 비교우위사항 – 동종시설간 외부 또는 자체 평가자료 제시 – ○ 언론보도사항, 대외 수상실적 등을 기재 –

재계약 시 추진계획	
재정투자 계 획	○ 연도별 재정투자계획을 기재 – ※ 법인전입금 등 수탁자가 재정부담계획이 있는 경우 작성
서 비 스 개선계획	○ 서비스 개선방안 및 목표를 구체적으로 기재 –
주 요 사업계획	※ 핵심내용 위주로 1 page 이내 작성 ○ – ○ –

<table>
<tr><th colspan="2">종합성과평가 및 지도 · 점검 현황</th></tr>
<tr><td>종합성과
평가
현 황</td><td>○ 최근 3년간 종합성과평가 실시 현황을 기재
– 평가일시
– 평가기관
– 평가내용
– 평가결과 및 평가순위 등을 자세히 기재
※ 해당 종합성과평가 결과서 심의서 뒷면 첨부</td></tr>
<tr><td>지도 · 점검
현 황</td><td>○ 최근 3년간 지도 · 점검 실시 현황을 기재
– 일 시
– 점검기관
– 지도 · 점검내용
– 지적사항
– 조치결과</td></tr>
</table>

적격자 심의위원회 심의 결과	
주관부서별 「적격자 심의위원회」 개최결과	○ 개 요 – 일시, 장소, 참석자 등 ○ 심의결과: 1. 민간위탁의 타당성 – 민간위탁 계속 추진 필요성 등 2. 수탁기관 적정성 – 수탁기관의 인적·물적 수행능력, 전문성 확보여부, 사무처리 실적 등 – 현 수탁업체와 재계약 사유, 가능성 여부 등 ○ 최종의견 – 적합, 부적합, 조건부 중 하나로 ○ 기타 (참고사항) ※ 해당 적격심사결과보고서 심의서 뒷면에 첨부

추가 제출 자료

【별첨 1】

시 설 위 치 도

(S=1 : 10,000)

N

S

범 례	

지역여건	

【별첨 2】

현 장 사 진

사진설명	
사진설명	

【별첨 3】

수탁자 세부현황

1. 명 칭(대표):

2. 소재지(전화번호):

※ 위탁사업 운영 책임자: 직책 · 성명 · 전화번호(사무실, 핸드폰) 등

3. 설립목적:

4. 설립일자 및 연혁

년 월 일	내 용

5. 주요사업(간략히 기재)

○

○

○

6. 대표자 및 임원 현황

직 위	성 명	주요 경력

7. 실제 위탁사업 수행 직원: 총 명, 정규직 명, 비정규직 명

직 위	성 명	자격증 소지현황	담당업무	근무기간	정규직/ 비정규직

※ 신규 사업의 경우 사업 수행 예정 직원 현황만 기재(정규직 비정규직 구분)

8. 운영 조직도(1, 2동시 기재 가능)

1. 수탁자 조직도
2. 실제 위탁사업 종사자 조직도

9. 재무현황

가. 재산현황: 총 천원(현재가치로 환산하여 금액으로 표시)

구 분	유 형	내 용	평가액(천원)

※ '구분': 기본재산, 수익용재산, 기타재산으로 구분
'유형': 동산(토지, 건물), 부동산(현금, 유가증권, 채권 등)으로 구분

나. 부채현황: 총 천원

종 목	내 용	금 액(천원)

다. 수입 현황: 총 천원

종 목	내 용	연 수입액(천원)

10. 세입·세출 내역서(위탁기간 중 연도별) (※ 재계약시만 작성)

※ 해당 시설 운영에 관한 세입·세출서만 작성

【별첨 4】

민간위탁 수의협약 사유서

위탁사무명	○○○(복지관) 운영
예산 및 위탁기간	금50,000,000원, 3년
수탁기관	○○○
준용근거	지방계약법 시행령 제25조 제1항 제5호
경쟁가능성 분석	자체시장 조사('14.1.5~1.15) 및 ○○○ 자문결과 시장 경쟁성 없음
수의협약 사유	○ 현재 민간부분은 경쟁이 발생하기 어려우며, 과거 유사한 △△△ 복지관 수탁기관 선정 시에도 여러 차례 유찰된 바 있으며, ○ .... 휴먼 서비스의 특성상 공신력 있는 기관과 수의협약이 바람직

○○과장: ○○○ ☎○○○○-○○○○ ○○팀장: ○○○ ☎○○○○ 담당: ○○○ ☎○○○○

붙 임 사업방침서(신규/재계약 추진계획서)

붙 임 종합성과평가 및 적격심사 결과보고서

붙 임 종합성과평가 주요사항 요약

참 고 사업운영 개요

참 고 동종(유사)시설 비교표 등

참 고 추진 근거법령

[② 사무] 민간위탁 운영평가위원회 심의의뢰서

'사무' 공통서식: 기본 심의자료로서 모든 심의에 있어 작성

<table>
<tr><td>위탁사무명</td><td colspan="3"></td></tr>
<tr><td rowspan="3">실 · 국명
(주관부서)</td><td rowspan="3"></td><td>부서장</td><td>(직급, 성명, 전화번호)</td></tr>
<tr><td>팀 장</td><td>(직급, 성명, 전화번호)</td></tr>
<tr><td>담당자</td><td>(직급, 성명, 전화번호)</td></tr>
<tr><td>사무개요</td><td colspan="3">○
–
○
–</td></tr>
<tr><td>민간위탁
운영
평가위원회
과거
심의내용</td><td colspan="3">○ 심의일자: ○○년 ○월 제○차 위원회
○ 심의결과: 적정, 부적정, 조건부 적정 등
○ 조건이행: 조건내용, 이행결과 기재 등
※ 조건이행 관련 보완방침서 또는 검토서 첨부</td></tr>
<tr><td>사업목적
및
위탁내용</td><td colspan="3">○ 사업목적
–
○ 위탁하는 사무 내용을 구체적으로 기재
–
–
※ 위탁사무가 여러 개의 사업으로 구성시 각 사업별 세부 사업내용 및 소요예산 함께 적시
○ 전년도 대비 위탁내용이 추가 · 삭제 · 변경되었을 경우,
추가 · 삭제 · 변경된 내용 및 그 사유를 기재
–</td></tr>
<tr><td>민간위탁
예정기간</td><td colspan="3">○ (예시) 3년 (2012.1.1 ~ 2014.12.31)</td></tr>
</table>

부록

<table>
<tr>
<td>수탁자
선정방법,
수탁자명</td>
<td>○ 최초 위탁의 경우 공개모집 또는 수의협약 등 추후 수탁자 선정 방법 기재
○ 수의협약인 경우는 수의협약 예정인 업체명,
재계약인 경우는 현 수탁자명을 기재
– 해당업체의 성격 및 분야에 대해 개략적으로 설명</td>
</tr>
<tr>
<td>사업비용
및
수입내역</td>
<td>○ 최초 위탁인 경우에는 연간 위탁금 예상액을 기재
○ 재위탁 또는 재계약의 경우 지난 2년간 위탁금 및 향후 위탁하고자 하는 기간의 위탁금을 예상 기재
○ 수입내역이 있는 경우 최근 3년간 수입내역 기재
※ 사업비용 〈단위: 천원〉
<table>
<tr><th>연도별</th><th>사업비용</th><th>예산과목</th><th>세부 내역</th></tr>
<tr><td>2012년</td><td></td><td></td><td>인건비, 사업비, 관리비 등</td></tr>
<tr><td>2013년</td><td></td><td></td><td></td></tr>
<tr><td>2014년</td><td></td><td></td><td></td></tr>
<tr><td>2015년</td><td></td><td></td><td></td></tr>
<tr><td>2016년...</td><td></td><td></td><td></td></tr>
</table>
※ 최근 3년간 수입내역 〈단위: 천원〉
<table>
<tr><th>연도별</th><th>수입금</th><th>세부 내역</th></tr>
<tr><td>2012년</td><td></td><td></td></tr>
<tr><td>2013년</td><td></td><td></td></tr>
<tr><td>2014년</td><td></td><td></td></tr>
</table>
</td>
</tr>
<tr>
<td>민간위탁
추진경위</td>
<td>○ 민간위탁 추진과정
– ○○년 ○월 △법령에 의거 및 자체 방침 등
–
○ 민간위탁 추진현황(※최초 위탁의 경우는 생략)
– 최초 위탁시부터 현재까지 수탁기간별 수탁자, 수탁자 선정방법 등
–
○ 향후 계획
–</td>
</tr>
</table>

사전 타당성 검토	☐ 민간위탁 사전타당성 검토 ○ 법령 및 조례에서 시의 사무로 규정되었는지 여부 – – ○ 해당사무를 위탁하는 근거법령(조례포함) 및 방침서 기재 – 개별법령이나 조례에 민간위탁 근거가 있는 경우 해당조문 기재 – 민간위탁조례에 의거 민간위탁 하는 경우 제6조 각호 중 해당사항 기재 ○ 공익성(공공성)이 강해 민간위탁이 제한 되는지 여부 – 시민의 권리·의무에 직접 영향을 미치는 사무인지 여부 – 공신력이 요구되는 사무인지 여부 – 시의 상시·지속적 사무인지 여부 ○ 직영과의 비교 분석 – 민간위탁에 따른 인력·예산절감 효과 – 서비스 향상 효과 – 전문성 제고 등을 구체적으로 기재 ☐ 사업 중복성 검토 ○ 타 부서의 민간위탁 사업과의 중복성 여부(통합가능성 여부) 검토 – ○ 투자출연기관 등의 고유사업으로 전환 가능성 여부 –

'사무' 추가서식 1: 수의협약·재계약시 추가로 작성

수탁기관 적정성	
수탁기관 수행능력	○ 수의협약 하고자 하는 업체의 인력·기구·장비·시설 및 기술수준 – ○ 재정적인 부담능력 – ○ 전문성 확보여부 및 사무처리 실적 – ○ 위탁사업을 수행하는 근로자의 고용 안정성 등 – 정규직 비율 – 이직률
해당분야 시장여건 분 석	○ 해당사무의 수탁가능 업체 수 – ○ 공개모집시 경쟁가능성 등(유사사례 등을 조사하여 상세하게 기재) –
수의협약 · 재 계 약 사 유	○ 수의협약에 대한 법적근거 – 지방자치단체를 당사자로 하는 계약에 관한 법률 시행령 제25조에 해당 여부 ○ 공개모집원칙에도 불구하고 수의협약·재계약하려는 사유 – 구체적 제시 – ○ 공개모집을 통한 수탁자 선정시 문제점 –

'사무' 추가서식 2: 재계약시 추가로 제출

<table>
<tr><th colspan="4">현 수탁자 현황</th></tr>
<tr><td>수탁자명</td><td colspan="2"></td><td>전화번호</td><td></td></tr>
<tr><td>수탁기간</td><td colspan="2"></td><td>선정방법</td><td></td></tr>
<tr><td>재계약 현 황</td><td colspan="4">○ 재계약 회수: 회, 총 수탁기간: 년
– (각각의 재계약 기간, 재계약 사유)
–</td></tr>
<tr><td rowspan="4">재무구조</td><td>재 산</td><td colspan="3">총 천원(동산: 천원, 부동산: 천원)</td></tr>
<tr><td>부 채</td><td colspan="3">총 천원</td></tr>
<tr><td>수 입</td><td colspan="3">연 천원(재산수입: 천원, 사업수입: 천원)</td></tr>
<tr><td>재 무 건전성</td><td colspan="3">○ 주관부서 의견을 기재</td></tr>
<tr><td>위탁사업 직원현황</td><td colspan="4">○ 민간위탁 사업 수행 직 원: 총 명(정규직 명, 비정규직 명)
○ 자원봉사자: 총 명 (※ 등록된 자원봉사자 수를 기재)
– 1일 평균 자원봉사자 수: 명</td></tr>
</table>

추진 실적	
재정부담 이행실적	○ 연도별 재정부담계획 대비 이행실적을 기재 – ※ 법인전입금 등 수탁자가 재정부담하는 경우에 작성
서 비 스 개선실적	○ 위탁 전·후 만족도 조사결과 등 서비스 개선 결과를 구체적으로 기재 –
사업추진 실 적	※ 핵심내용 위주로 1 page 이내 작성 ○ 사업추진결과 우수성과 기재 – ○ 동종 사무간 비교우위사항 – 동종사무간 외부 또는 자체 평가자료 제시 – ○ 언론보도사항, 대외 수상실적 등을 기재 –

재계약 시 추진계획	
재정투자 계 획	○ 연도별 재정투자계획을 기재 – ※ 법인전입금 등 수탁자가 재정부담계획이 있는 경우 작성
서 비 스 개선계획	○ 서비스 개선방안 및 목표를 구체적으로 기재 –
주 요 사업계획	※ 핵심내용 위주로 1 page 이내 작성 ○ – ○ –

종합성과평가 및 지도 · 점검 현황	
종합성과 평가 현황	○ 최근 3년간 종합성과평가 실시 현황을 기재 – 평가일시 – 평가기관 – 평가내용 – 평가결과 및 평가순위 등을 자세히 기재 ※ 해당 종합성과평가 결과보고서 심의서 뒷면 첨부
지도 · 점검 현황	○ 최근 3년간 지도 · 점검 실시 현황을 기재 – 일 시 – 점검기관 – 지도 · 점검내용 – 지적사항 – 조치결과

적격자 심의위원회 심의 결과	
주관부서별 「적격자 심의위원회」 개최결과	○ 개 요 – 일시, 장소, 참석자 등 ○ 심의결과: 1. 민간위탁의 타당성 – 민간위탁 계속 추진 필요성 등 2. 수탁기관 적정성 – 수탁기관의 인적·물적 수행능력, 전문성 확보여부, 사무처리 실적 등 – 현 수탁업체와 재계약 사유, 가능성 여부 등 ○ 최종의견 – 적합, 부적합, 조건부 중 하나로 ○ 기타 (참고사항) ※ 해당 적격심사결과 보고서 심의서 뒷면에 첨부

추가 제출 자료

【별첨 3】

수탁자 세부현황

1. 명 칭(대표):

2. 소재지(전화번호):

※ 위탁사업 운영 책임자: 직책 · 성명 · 전화번호(사무실, 핸드폰) 등

3. 설립목적:

4. 설립일자 및 연혁

년 월 일	내 용

5. 주요사업(간략히 기재)

○

○

○

6. 대표자 및 임원 현황

직 위	성 명	주요 경력

7. 실제 위탁사업 수행 직원: 총 명, 정규직 명, 비정규직 명

직 위	성 명	자격증 소지현황	담당업무	근무기간	정규직/ 비정규직

※ 신규 사업의 경우 사업 수행 예정 직원 현황만 기재(정규직 비정규직 구분)

8. 운영 조직도(1, 2동시 기재 가능)

1. 수탁자 조직도
2. 실제 위탁사업 종사자 조직도

9. 재무현황

가. 재산현황: 총 천원(현재가치로 환산하여 금액으로 표시)

구 분	유 형	내 용	평가액(천원)

※ '구분': 기본재산, 수익용재산, 기타재산으로 구분
'유형': 동산(토지, 건물), 부동산(현금, 유가증권, 채권 등)으로 구분

나. 부채현황: 총 천원

종 목	내 용	금 액(천원)

다. 수입 현황: 총 천원

종 목	내 용	연 수입액(천원)

10. 세입·세출 내역서(위탁기간 중 연도별) (※ 재계약시만 작성)

※ 해당 사무 운영에 관한 세입·세출서 작성

【별첨 4】

민간위탁 수의협약 사유서

위탁사무명	○○○(복지관) 운영
예산 및 위탁기간	금50,000,000원, 3년
수탁기관	○○○
준용근거	지방계약법 시행령 제25조 제1항 제5호
경쟁가능성 분석	자체시장 조사('14.1.5~1.15) 및 ○○○ 자문결과 시장 경쟁성 없음
수의협약 사유	○ 현재 민간부분은 경쟁이 발생하기 어려우며, 과거 유사한 △△△복지관 수탁기관 선정 시에도 여러 차례 유찰된 바 있으며, ○ .... 휴면 서비스의 특성상 공신력 있는 기관과 수의협약이 바람직

○○과장: ○○○ ☎○○○○－○○○○ ○○팀장: ○○○ ☎○○○○ 담당: ○○○ ☎○○○○

붙 임 사업방침서(신규/재계약 추진계획서)

붙 임 종합성과평가 및 적격심사 결과보고서

붙 임 종합성과평가 주요사항 요약

참 고 사업운영 개요

참 고 동종(유사)사무 비교표 등

참 고 추진 근거법령

[③ 수익창출형] 민간위탁 운영평원회 심의의뢰서

'수익형' 공통서식: 기본 심의자료로서 모든 심의에 있어 작성

<table>
<tr><td>위탁사무명</td><td colspan="5"></td></tr>
<tr><td rowspan="3">실·국명
(주관부서)</td><td colspan="2" rowspan="3"></td><td>부서장</td><td colspan="2">(직급, 성명, 전화번호)</td></tr>
<tr><td>팀 장</td><td colspan="2">(직급, 성명, 전화번호)</td></tr>
<tr><td>담당자</td><td colspan="2">(직급, 성명, 전화번호)</td></tr>
<tr><td rowspan="7">시설개요</td><td>시 설 명</td><td colspan="4"></td></tr>
<tr><td>소 재 지</td><td colspan="4"></td></tr>
<tr><td>시설규모</td><td colspan="4"></td></tr>
<tr><td>시설용도</td><td colspan="4"></td></tr>
<tr><td>준공일자</td><td colspan="2"></td><td>개원일자</td><td></td></tr>
<tr><td>이용대상</td><td colspan="2"></td><td>수용인원</td><td></td></tr>
<tr><td>보유장비
현 황</td><td colspan="4"></td></tr>
<tr><td>민간위탁 운영
평가위원회
과거 심의내용</td><td colspan="5">○ 심의일자: ○○년 ○월 제○차 위원회
○ 심의결과: 적정, 부적정, 조건부 적정 등
○ 조건이행: 조건내용, 이행결과 기재 등
※ 조건이행 관련 보완방침서 또는 검토서 첨부</td></tr>
<tr><td>사업목적
및
위탁내용</td><td colspan="5">○ 사업목적
–
○ 위탁하는 사무 내용을 구체적으로 기재
–
–
※ 위탁사무가 여러 개의 사업으로 구성시 각 사업별 세부 사업내용 및 소요예산 함께 적시
○ 전년도 대비 위탁내용이 추가·삭제·변경되었을 경우, 추가·삭제·변경된 내용 및 그 사유를 기재
–</td></tr>
<tr><td>민간위탁
예정기간</td><td colspan="5">○ (예시) 3년 (2012.1.1 ~ 2014.12.31)</td></tr>
</table>

<table>
<tr>
<td>수탁자
선정방법,
수탁자명</td>
<td>○ 최초 위탁의 경우 공개모집 또는 수의협약 등 추후 수탁자 선정 방법 기재
○ 수의협약인 경우는 수의협약 예정인 업체명,
재계약인 경우는 현 수탁자명을 기재
- 해당업체의 성격 및 분야에 대해 개략적으로 설명</td>
</tr>
<tr>
<td>사업비용
및
수입내역</td>
<td>○ 최초 위탁인 경우에는 연간 위탁금 예상액을 기재
○ 재위탁 또는 재계약의 경우 지난 2년간 위탁금 및 향후 위탁하고자 하는 기간의 위탁금을 예상 기재
○ 수입내역이 있는 경우 최근 3년간 수입내역 기재
※ 사업비용 〈단위: 천원〉
<table>
<tr><th>연도별</th><th>사업비용</th><th>예산과목</th><th>세부 내역</th></tr>
<tr><td>2012년</td><td></td><td></td><td>인건비, 사업비, 관리비 등</td></tr>
<tr><td>2013년</td><td></td><td></td><td></td></tr>
<tr><td>2014년</td><td></td><td></td><td></td></tr>
<tr><td>2015년</td><td></td><td></td><td></td></tr>
<tr><td>2016년...</td><td></td><td></td><td></td></tr>
</table>
※ 최근 3년간 수입내역 〈단위: 천원〉
<table>
<tr><th>연도별</th><th>수입금</th><th>세부 내역</th></tr>
<tr><td>2012년</td><td></td><td></td></tr>
<tr><td>2013년</td><td></td><td></td></tr>
<tr><td>2014년</td><td></td><td></td></tr>
</table>
</td>
</tr>
<tr>
<td>민간위탁
추진경위</td>
<td>○ 민간위탁 추진과정
- ○○년 ○월 △법령에 의거 및 자체 방침 등
-
○ 민간위탁 추진현황(※최초 위탁의 경우는 생략)
- 최초 위탁시부터 현재까지 수탁기간별 수탁자, 수탁자 선정 방법 등
-
○ 향후 계획
-</td>
</tr>
</table>

사전 타당성 검토	☐ 민간위탁 사전타당성 검토 ○ 법령 및 조례에서 시의 사무로 규정되었는지 여부 – – ○ 해당사무를 위탁하는 근거법령(조례포함) 및 방침서 기재 – 개별법령이나 조례에 민간위탁 근거가 있는 경우 해당조문 기재 – 민간위탁조례에 의거 민간위탁 하는 경우 제6조 각호 중 해당사항 기재 ○ 공익성(공공성)이 강해 민간위탁이 제한 되는지 여부 – 시민의 권리·의무에 직접 영향을 미치는 사무인지 여부 – 공신력이 요구되는 사무인지 여부 – 시의 상시·지속적 사무인지 여부 ○ 직영과의 비교 분석 – 민간위탁에 따른 인력·예산절감 효과 – 서비스 향상 효과 – 전문성 제고 등을 구체적으로 기재 ☐ 사업 중복성 검토 ○ 타 부서의 민간위탁 사업과의 중복성 여부(통합가능성 여부) 검토 – ○ 투자출연기관 등의 고유사업으로 전환 가능성 여부 –

'시설' 추가서식 1: 수의협약·재계약시 추가로 작성

수탁기관 적정성	
수탁기관 수행능력	○ 수의협약 하고자 하는 업체의 인력·기구·장비·시설 및 기술수준 – ○ 재정적인 부담능력 – ○ 전문성 확보여부 및 사무처리 실적 – ○ 위탁사업을 수행하는 근로자의 고용 안정성 등 – 정규직 비율 – 이직률
해당분야 시장여건 분 석	○ 해당시설의 수탁가능 업체 수 – ○ 공개모집시 경쟁가능성 등(유사사례 등을 조사하여 상세하게 기재) –
수의협약 · 재 계 약 사 유	○ 수의협약에 대한 법적근거 – 지방자치단체를 당사자로 하는 계약에 관한 법률 시행령 제25조에 해당 여부 ○ 공개모집원칙에도 불구하고 수의협약·재계약하려는 사유 – 구체적 제시 – ○ 공개모집을 통한 수탁자 선정시 문제점 –

'시설' 추가서식 2: 재계약시 추가로 제출

현 수탁자 현황			
수탁자명		전화번호	
수탁기간		선정방법	
재계약 현 황	○ 재계약 회수: 회, 총 수탁기간: 년 – (각각의 재계약 기간, 재계약 사유) –		
재무구조	재 산	총 천원(동산: 천원, 부동산: 천원)	
	부 채	총 천원	
	수 입	연 천원(재산수입: 천원, 사업수입: 천원)	
	재 무 건전성	○ 주관부서 의견을 기재	
위탁사업 직원현황	○ 민간위탁 사업 수행 직 원: 총 명(정규직 명, 비정규직 명) ○ 자원봉사자: 총 명 (※ 등록된 자원봉사자 수를 기재) – 1일 평균 자원봉사자 수: 명		

추진 실적	
재정부담 이행실적	○ 연도별 재정부담계획 대비 이행실적을 기재 – ※ 법인전입금 등 수탁자가 재정부담하는 경우에 작성
서 비 스 개선실적	○ 위탁 전·후 만족도 조사결과 등 서비스 개선 결과를 구체적으로 기재 –
사업추진 실 적	※ 핵심내용 위주로 1 page 이내 작성 ○ 사업추진결과 우수성과 기재 – ○ 동종 시설간 비교우위사항 – 동종시설간 외부 또는 자체 평가자료 제시 – ○ 언론보도사항, 대외 수상실적 등을 기재 –

<table>
<tr><th colspan="2">재계약 시 추진계획</th></tr>
<tr><td>재정투자
계　　획</td><td>○ 연도별 재정투자계획을 기재
　－
※ 법인전입금 등 수탁자가 재정부담계획이 있는 경우 작성</td></tr>
<tr><td>서 비 스
개선계획</td><td>○ 서비스 개선방안 및 목표를 구체적으로 기재
　－</td></tr>
<tr><td>주　　요
사업계획</td><td>※ 핵심내용 위주로 1 page 이내 작성

○
　－
○
　－</td></tr>
</table>

종합성과평가 및 지도 · 점검 현황	
종합성과 평 가 현 황	○ 최근 3년간 종합성과평가 실시 현황을 기재 – 평가일시 – 평가기관 – 평가내용 – 평가결과 및 평가순위 등을 자세히 기재 ※ 해당 종합성과평가결과 보고서 심의서 뒷면에 첨부
지도 · 점검 현 황	○ 최근 3년간 지도 · 점검 실시 현황을 기재 – 일 시 – 점검기관 – 지도 · 점검내용 – 지적사항 – 조치결과

적격자 심의위원회 심의 결과

주관부서별 「적격자 심의위원회」 개최결과	○ 개 요 – 일시, 장소, 참석자 등 ○ 심의결과: 1. 민간위탁의 타당성 – 민간위탁 계속 추진 필요성 등 2. 수탁기관 적정성 – 수탁기관의 인적·물적 수행능력, 전문성 확보여부, 사무처리 실적 등 – 현 수탁업체와 재계약 사유, 가능성 여부 등 ○ 최종의견 – 적합, 부적합, 조건부 중 하나로 ○ 기타 (참고사항) ※ 해당 적격심사결과보고서 심의서 뒷면에 첨부

추가 제출 자료

【별첨 1】

시 설 위 치 도

(S=1:10,000)

N

S

범 례	

지역여건	

【별첨 2】

현 장 사 진

사진설명	
사진설명	

【별첨 3】

수탁자 세부현황

1. 명 칭(대표):

2. 소재지(전화번호):

※ 위탁사업 운영 책임자: 직책 · 성명 · 전화번호(사무실, 핸드폰) 등

3. 설립목적:

4. 설립일자 및 연혁

년 월 일	내 용

5. 주요사업(간략히 기재)

○

○

○

6. 대표자 및 임원 현황

직 위	성 명	주요 경력

7. 실제 위탁사업 수행 직원: 총 명, 정규직 명, 비정규직 명

직 위	성 명	자격증 소지현황	담당업무	근무기간	정규직/ 비정규직

※ 신규 사업의 경우 사업 수행 예정 직원 현황만 기재(정규직 비정규직 구분)

8. 운영 조직도 (1, 2동시 기재 가능)

1. 수탁자 조직도
2. 실제 위탁사업 종사자 조직도

9. 재무현황

가. 재산현황: 총   천원(현재가치로 환산하여 금액으로 표시)

구 분	유 형	내 용	평가액(천원)

※ '구분': 기본재산, 수익용재산, 기타재산으로 구분
'유형': 동산(토지, 건물), 부동산(현금, 유가증권, 채권 등)으로 구분

나. 부채현황: 총   천원

종 목	내 용	금 액(천원)

다. 수입 현황: 총   천원

종 목	내 용	연 수입액(천원)

10. 세입·세출 내역서(위탁기간 중 연도별) (※ 재계약시만 작성)

※ 해당 시설 운영에 관한 세입·세출서만 작성

【별첨 4】

민간위탁 수의협약 사유서

위탁사무명	○○○(복지관) 운영
예산 및 위탁기간	금50,000,000원, 3년
수탁기관	○○○
준용근거	지방계약법 시행령 제25조 제1항 제5호
경쟁가능성 분석	자체시장 조사('14.1.5~1.15) 및 ○○○ 자문결과 시장 경쟁성 없음
수의협약 사유	○ 현재 민간부분은 경쟁이 발생하기 어려우며, 과거 유사한 △△△복지관 수탁기관 선정 시에도 여러 차례 유찰된 바 있으며, ○ .... 휴먼 서비스의 특성상 공신력 있는 기관과 수의협약이 바람직

○○과장: ○○○ ☎○○○○-○○○○ ○○팀장: ○○○ ☎○○○○ 담당: ○○○ ☎○○○○

붙 임 **사업방침서(신규/재계약 추진계획서)**

붙 임 **종합성과평가 및 적격심사 결과보고서**

붙 임 **종합성과평가 주요사항 요약**

참 고 **사업운영 개요**

참 고 **동종(유사)시설 비교표 등**

참 고 **추진 근거법령**

조문색인

[헌법]

[법률]

[시행령 · 시행규칙]

[조례·시행규칙]

사항색인

[ㅁ]

[ㅂ]

저자약력

서울대학교 법과대학 졸업
서울대학교 대학원 졸업(법학박사)
독일 Universität Tübingen, Universität Wuppertal, Freie Universität Berlin,
미국 University of California at Berkeley 등에서 행정법연구
한국공법학회 회장(현 고문)
한국지방자치법학회 회장(현 명예회장)
지방자치단체중앙분쟁조정위원회위원장(현) · 행정자치부정책자문위원회위원장(현) · 서울특별시민간위탁운영평가위원회위원장(현) · 주식백지신탁심사위원회위원장 · 지방분권촉진위원회위원 · 민주화운동관련자명예회복및보상심의위원회위원 · 헌법재판소공직자윤리위원회위원 · 행정소송법개정위원회위원 · 행정자치부정책자문위원회위원 · 국무총리행정심판위원회위원 · 중앙분쟁조정위원회위원 · 중앙토지평가위원회위원 · 경찰혁신위원회위원 · 전국시장군수구청장협의회자문교수 · 서울특별시강남구법률자문교수 등
사법시험 · 행정고시 · 입법고시 · 외무고시 · 지방고등고시 등 시험위원
이화여자대학교 법과대학 교수
현재 연세대학교 법학전문대학원 · 법과대학 교수

저 서

헌법과 정치(법문사, 1986)
행정법원리(박영사, 1990)
판례행정법(길안사, 1994)
사례행정법(신조사, 1996)
행정법연습(신조사, 초판 1999, 제 8 판 2008)
신행정법연습(신조사, 초판 2009, 제 2 판 2011)
경찰행정법(박영사, 초판 2007, 제 3 판 2013)
신지방자치법(박영사, 초판 2009, 제 3 판 2015)
행정법원론(상)(박영사, 초판 1992, 제23판 2015)
행정법원론(하)(박영사, 초판 1993, 제23판 2015)
행정법특강(박영사, 초판 2002, 제14판 2015)
신행정법입문(박영사, 초판 2008, 제 8 판 2015)
최신행정법판례특강(박영사, 초판 2011, 제 2 판 2012)
로스쿨 객관식 행정법특강(박영사(공저), 2012)
기본 행정법(박영사, 초판 2013, 제 3 판 2015)
기본 경찰행정법(박영사, 2013)
민간위탁의 법리와 행정실무(박영사, 2015)

민간위탁의 법리와 행정실무

초판인쇄 2015년 2월 10일
초판발행 2015년 2월 20일

지은이 홍정선
펴낸이 안종만

편 집 김선민·문선미
기획/마케팅 조성호
표지디자인 홍실비아
제 작 우인도·고철민

펴낸곳 (주) 박영사
서울특별시 종로구 새문안로3길 36, 1601
등록 1959. 3. 11. 제300-1959-1호(倫)
전 화 02)733-6771
f a x 02)736-4818
e-mail pys@pybook.co.kr
homepage www.pybook.co.kr
ISBN 979-11-303-2682-5 93360

정 가 32,000원